COMPUTAÇÃO
GRÁFICA

EDUARDO AZEVEDO AURA CONCI CRISTINA VASCONCELOS

COMPUTAÇÃO GRÁFICA

TEORIA E PRÁTICA:
GERAÇÃO DE IMAGENS

VOL. 1

ALTA BOOKS
E D I T O R A
Rio de Janeiro, 2022

Computação Gráfica Vol.1

Copyright © 2022 da Starlin Alta Editora e Consultoria Eireli.
ISBN: 978-65-5520-826-9

Impresso no Brasil — 1ª Edição, 2022 — Edição revisada conforme o Acordo Ortográfico da Língua Portuguesa de 2009.

Todos os direitos estão reservados e protegidos por Lei. Nenhuma parte deste livro, sem autorização prévia por escrito da editora, poderá ser reproduzida ou transmitida. A violação dos Direitos Autorais é crime estabelecido na Lei nº 9.610/98 e com punição de acordo com o artigo 184 do Código Penal.

A editora não se responsabiliza pelo conteúdo da obra, formulada exclusivamente pelo(s) autor(es).

Marcas Registradas: Todos os termos mencionados e reconhecidos como Marca Registrada e/ou Comercial são de responsabilidade de seus proprietários. A editora informa não estar associada a nenhum produto e/ou fornecedor apresentado no livro.

Erratas e arquivos de apoio: No site da editora relatamos, com a devida correção, qualquer erro encontrado em nossos livros, bem como disponibilizamos arquivos de apoio e aplicáveis à obra em questão.

Acesse o site www.altabooks.com.br e procure pelo título do livro desejado para ter acesso às erratas, aos arquivos de apoio e/ou a outros conteúdos aplicáveis à obra.

Suporte Técnico: A obra é comercializada na forma em que está, sem direito a suporte técnico ou orientação pessoal/exclusiva ao leitor.

A editora não se responsabiliza pela manutenção, atualização e idioma dos sites referidos pelos autores nesta obra.

Dados Internacionais de Catalogação na Publicação (CIP) de acordo com ISBD

A994c   Azevedo, Eduardo
           Computação Gráfica: Teoria e prática / Eduardo Azevedo, Aura Conci e Fabiana R. Leta. - Rio de Janeiro : Alta Books, 2021.
           368 p. ; 17cm x 24cm.

           Inclui índice.
           ISBN: 978-65-5520-826-9

           1. Computação. 2. Computação Gráfica. 3. Geração de Imagens. I. Conci, Aura. II. Leta, Fabiana R. III. Título.

2021-3324   CDD 004
                                        CDU 004

Elaborado por Vagner Rodolfo da Silva - CRB-8/9410

Produção Editorial
Editora Alta Books

Diretor Editorial
Anderson Vieira
anderson.vieira@altabooks.com.br

Editor
José Ruggeri
j.ruggeri@altabooks.com.br

Gerência Comercial
Claudio Lima
comercial@altabooks.com.br

Gerência Marketing
Andrea Guatiello
marketing@altabooks.com.br

Coordenação Comercial
Thiago Biaggi

Coordenação de Eventos
Viviane Paiva
eventos@altabooks.com.br

Coordenação ADM/Finc.
Solange Souza

Direitos Autorais
Raquel Porto
rights@altabooks.com.br

Produtores Editoriais
Illysabelle Trajano
Larissa Lima
Maria de Lourdes Borges
Paulo Gomes
Thales Silva
Thiê Alves

Equipe Comercial
Adriana Baricelli
Daiana Costa
Fillipe Amorim
Heber Garcia
Kaique Luiz
Maira Conceição
Victor Hugo Morais

Equipe Editorial
Beatriz de Assis
Brenda Rodrigues
Caroline David
Henrique Waldez
Marcelli Ferreira
Mariana Portugal

Marketing Editorial
Jessica Nogueira
Livia Carvalho
Marcelo Santos
Thiago Brito

Atuaram na edição desta obra:

Assistente Editorial
Gabriela Paiva

Capa
Joyce Matos

Editora afiliada à:

ASSOCIADO

Rua Viúva Cláudio, 291 — Bairro Industrial do Jacaré
CEP: 20.970-031 — Rio de Janeiro (RJ)
Tels.: (21) 3278-8069 / 3278-8419
www.altabooks.com.br — altabooks@altabooks.com.br
Ouvidoria: ouvidoria@altabooks.com.br

À memória de minha mãe.

Aura Conci

Dedico este livro a minha família.

Cristina Nader Vasconcelos

Dedico este livro a minha família que, ao meu lado, tem me apoiado incondicionalmente em minha jornada profissional.

Eduardo Azevedo

Os Autores

Aura Conci

Engenheira Civil pela Universidade Federal do Espírito Santo, possui mestrado e doutorado em Engenharia Civil pela Pontifícia Universidade Católica do Rio de Janeiro. Professora do Departamento de Engenharia Mecânica da PUC-RJ de 1988 a 1994. Professora visitante na City University, em Londres, em 2007/2008, e na Universidade de York, no Canadá, em 2013. Pós-doutorado da CAPES em 2011 na Universidad Rey Juan Carlo-URJC de Madri e pesquisadora visitante do Laboratoire de Mécanique et d'Acoustique da Aix-Marseille Université em 2017. É bolsista de produtividade do CNPq, Cientista do Nosso Estado da FAPERJ e professora titular da Universidade Federal Fluminense desde 1994, onde orientou a primeira e a centésima tese de doutorado do Instituto de Computação. Sua linha de pesquisa tem ênfase em Aplicações de Métodos Numéricos e Computação Visual, atuando principalmente nos seguintes temas de computação gráfica, análise e processamento de imagens e aplicações biomédicas. Membro da International Society for Geometry and Graphics-ISGG desde 1998, e vice-presidente desde 2013. Faz parte do corpo editorial do *International Journal of Signal and Imaging Systems Engineering* (IJSISE) e do *Journal of Medical Imaging and Health Informatics* (JMIHI). Tem colaborações internacionais permanentes em pesquisas com Canadá, China, Cuba, Espanha, Emirados Árabes Unidos, Equador, Eslováquia, França e Romênia.

Cristina Nader Vasconcelos

Graduada em Ciência da Computação pela Universidade Federal do Rio de Janeiro (2003), e mestra (2005) e doutora (2009) em Informática pela Pontifícia Universidade Católica do Rio de Janeiro. Tem experiência na área de Ciência da Computação, com ênfase em computação visual, atuando principalmente nos seguintes temas: visão computacional e processamento de imagens, reconhecimento de padrões e computação gráfica. Suas principais contribuições incluem temas de processamento genérico paralelo em hardware gráfico aplicados a tarefas de visão computacional, métodos de otimização discreta em grafos para computação visual, processamento, gerenciamento e formatos de imagens e vídeo, estruturas de dados espaciais e métodos de aprendizado de máquina para análise de sinais. Desde 2014, atua na divulgação e formação de profissionais pesquisadores na área de aprendizado profundo. Atualmente é professora associada no Instituto de Computação da Universidade Federal Fluminense.

Eduardo Azevedo

Autor dos livros *Desenvolvimento de Jogos 3D*, *Computação Gráfica: Imagens Gerativas* e *Computação Gráfica: Processamento de Imagens* e de dezenas de artigos publicados em revistas comerciais e congressos. Criou e coordenou diversas turmas de cursos de jogos e animação 3D nos níveis: técnico, graduação e pós-graduação. Mestre em Educação e Pós-Graduado em Interface pela Universidade Federal Fluminense, atua como Diretor de TI em empresas mídia e tecnologia, realizando a gestão da TI corporativa, do desenvolvimento de portal de vídeo e áudio, de ensino a distância e no desenvolvimento de jogos educacionais.

Agradecimentos

Agradeço aos meus alunos, aos colegas do IC/UFF, aos professores e orientadores que tive ao longo de minha vida e especialmente a minha família.

Aura Conci

Agradeço ao Dr. Paulo Andrade e Raphael Argento pelo apoio prestado na elaboração do capítulo de animação, trazendo para este livro as mais recentes tecnologias no assunto.

Eduardo Azevedo

Sumário

CAPÍTULO 1
VISÃO GERAL — 1
1.1. Um breve histórico — 3
1.2. Áreas — 4
1.3. Características da percepção visual — 5
    1.3.1. Informações monoculares — 5
        1.3.1.1. Perspectiva ou posicionamento face ao horizonte — 5
        1.3.1.2. Familiaridade com a cena ou tamanho relativo — 6
        1.3.1.3. Oclusão — 7
        1.3.1.4. Densidade das texturas — 7
        1.3.1.5. Variação da reflexão da luz e sombras — 8
    1.3.2. Informações visuais óculo motoras — 9
        1.3.2.1. Acomodação — 10
        1.3.2.2. Convergência — 11
    1.3.3. Informações visuais estereoscópicas — 12
1.4. Representação de dados em CG — 13
    1.4.1. *Aliasing* — *15*
1.5. Modelagem e estrutura de dados — 16
    1.5.1. Sólidos — 17
    1.5.2. Sólidos realizáveis — 18
    1.5.3. Formas de representação de sólidos — 19
        1.5.3.1. Representação aramada (*wire frame*) — 19
        1.5.3.2. Representação por faces (ou superfícies limitantes) — 20
        1.5.3.3. Representação por faces poligonais — 22
        1.5.3.4. Fórmula de Euler — 23
        1.5.3.5. Estrutura de dados baseada em vértices — 25
        1.5.3.6. Estrutura de dados baseada em arestas — 25
        1.5.3.7. Considerações finais sobre as listas de dados — 26

CAPÍTULO 2
TRANSFORMAÇÕES GEOMÉTRICAS NO PLANO E NO ESPAÇO — 29
2.1. Sistemas de coordenadas — 31
    2.1.1. Sistemas de coordenadas cartesianas — 31
2.2. Sistemas de coordenadas e a Computação Gráfica — 35
    2.2.1. Sistema de coordenadas do objeto — 36
    2.2.2. Sistema de coordenadas do mundo — 37

2.2.3. Sistema de coordenadas da câmera _____ 38

2.2.4. Sistema de coordenadas normalizado _____ 40

2.2.5. Sistema de coordenadas do dispositivo _____ 41

2.3. Escalares, pontos e vetores _____ 42

2.4. Aritmética de vetores _____ 44

2.5. Produto interno e produto vetorial _____ 45

2.6. Matrizes _____ 48

2.7. Transformações lineares _____ 52

2.7.1. Transformação de escala _____ 54

2.7.2. Transformação de rotação _____ 56

2.7.3. Outras transformações lineares _____ 61

2.7.3.1. Transformação de reflexão _____ 61

2.7.3.2. Transformação de cisalhamento _____ 63

2.7.3.3. Descoberta de uma transformação linear qualquer _____ 66

2.8. Transformações afins _____ 67

2.8.1. Transformação de translação _____ 67

2.8.2. Coordenadas homogêneas _____ 68

2.8.3. Combinações de transformações _____ 70

2.8.3.1. Escala ao longo de uma direção qualquer _____ 71

2.8.3.2. Reescrevendo as rotações com cisalhamentos _____ 71

2.8.3.3. Rotação ao redor de um ponto qualquer _____ 72

2.9. Quatérnios – representação alternativa para rotações _____ 72

2.9.1. Números complexos _____ 74

2.9.2. Quatérnios _____ 77

2.9.2.1. Adição de dois quatérnios _____ 78

2.9.2.2. Multiplicação de quatérnios por valores reais _____ 79

2.9.2.3. Produto de elementos da base de $\mathbb{H}$ _____ 80

2.9.2.4. Produto de dois quatérnios _____ 80

2.9.2.5. Conjugado de um quatérnio _____ 82

2.9.3. Utilizando quatérnios _____ 83

2.10. Câmera virtual _____ 86

2.10.1. Câmera como objeto virtual 3D _____ 87

2.10.1.1. Posicionando a câmera em relação à cena _____ 88

2.10.1.2. Sistema de coordenadas da câmera _____ 89

2.10.2. Projeção _____ 91

2.10.2.1. Projeção paralela _____ 91

2.10.2.2. Projeção em perspectiva _____ 95

2.10.2.3. Especificação dos pontos de fuga _____ 100

2.10.3. Câmera virtual (parâmetros intrínsecos) _____ 102

CAPÍTULO 3
CURVAS E SUPERFÍCIES _____ 105

3.1. Representação de curvas _____ 107

3.1.1. Conjunto de pontos _____ 107

3.1.2. Representação analítica _____ 109

3.1.3. Forma não paramétrica de representar curvas _____ 109

3.1.4. Forma paramétrica de representar curvas _____ 111

3.1.5. Curvas paramétricas de terceira ordem ___ 114
3.1.6. Curvas de Hermite ___ 114
3.1.7. Curvas de Bézier ___ 120
3.1.8. Curvas Splines ___ 126
    3.1.8.1. B-Splines uniformes e periódicas ___ 128
    3.1.8.2. B-Splines não periódicas ___ 129
    3.1.8.3. B-Splines não uniformes ___ 130
    3.1.8.4. Desenvolvimento da formulação genérica de B-Splines ___ 130
    3.1.8.5. Interpolação com Splines ___ 133
3.1.9. Curvas racionais ___ 135
3.2. Superfícies ___ 138
    3.2.1. Superfícies de revolução ___ 139
    3.2.2. Superfícies geradas por deslocamento ___ 140
    3.2.3. Superfícies geradas por interpolação bilinear ___ 141
    3.2.4. Interpolações trilineares ___ 143
    3.2.5. Superfícies de formas livres ___ 145
    3.2.6. Superfícies paramétricas bicúbicas ___ 145
    3.2.7. Superfícies de Hermite ___ 146
    3.2.8. Superfícies de Bézier ___ 147
    3.2.9. Superfícies de B-Spline ___ 149
    3.2.10. Tangentes e normais às superfícies ___ 149
    3.2.11. Superfícies racionais ___ 150
    3.2.12. NURBS ___ 151

CAPÍTULO 4
CORES ___ 153

4.1. Fundamentos básicos ___ 155
    4.1.1. Percepção tricromática ___ 155
    4.1.2. A luz ___ 157
    4.1.3. Reflexão × absorção ___ 160
4.2. Formas de descrição das cores ___ 161
    4.2.1. Espaço RGB de representação de cores ___ 162
    4.2.2. Funções de combinação de cores ___ 164
    4.2.3. O espaço de cores XYZ ___ 168
    4.2.4. Os espaços de cores CMK e CMYK ___ 172
    4.2.5. Tipos de espaço de cores ___ 173
    4.2.6. Outros espaços de cor ___ 175

CAPÍTULO 5
RENDERIZAÇÃO ___ 181

5.1. Etapas da renderização ___ 184
    5.1.1. O pipeline gráfico e o hardware gráfico ___ 190
5.2. Rasterização ___ 192
    5.2.1. Rasterização de retas ___ 192
        5.2.1.1. Algoritmo de Bresenham para traçado de retas ___ 195
    5.2.2. Rasterização de polígonos ___ 197

5.3. Tratamento de visibilidade _____ 200
  5.3.1. Recorte e remoção de primitivas _____ 200
  5.3.2. Algoritmo de eliminação de faces ocultas pela orientação
    em relação ao observador (*culling*) _____ 204
  5.3.3. Tratamento de oclusão _____ 209
    5.3.3.1. Algoritmo de visibilidade por prioridade _____ 209
    5.3.3.2. Algoritmo *z-buffer* _____ **211**
5.4. Iluminação _____ 214
  5.4.1. Fontes emissoras de luz _____ 215
    5.4.1.1. Luz ambiente _____ 216
    5.4.1.2. Luz direcional _____ 217
    5.4.1.3. Luz pontual _____ 219
    5.4.1.4. Holofote _____ 220
    5.4.1.5. Outros tipos de fonte de luz _____ 222
  5.4.2. Interação da luz com diferentes meios _____ 222
  5.4.3. Modelo de iluminação local _____ 227
  5.4.4. Sombreamento (*Shading*) _____ 233
    5.4.4.1. Sombreamento constante _____ 234
    5.4.4.2. Sombreamento de Gouraund _____ 236
    5.4.4.3. Sombreamento de Phong _____ 238
  5.4.5. Modelos de iluminação global _____ 239
    5.4.5.1. *Ray tracing* _____ **240**
    5.4.5.2. Trabalhando com *ray tracing* _____ **250**
    5.4.5.3. Refrações _____ 250
    5.4.5.4. Metais com *ray tracing* _____ **250**
    5.4.5.5. *Ray tracing* em real-time rendering _____ 251
    5.4.5.6. *Caustic* _____ **251**
    5.4.5.7. Radiosidade _____ 253
5.5. Texturas _____ 256
  5.5.1. Mapeamento de texturas _____ 260
    5.5.1.1. Mapeamento de texturas 2D _____ 262
  5.5.2. Mapeamento do ambiente _____ 267
  5.5.3. Mapeamento de rugosidade e mapeamento de deslocamento _____ 270
  5.5.4. Amostragem de textura _____ 274
Conclusões _____ 284

CAPÍTULO 6
ANIMAÇÃO _____ **285**
6.1. Histórico _____ 287
6.2. Aplicações da animação _____ 291
  6.2.1. Diversão _____ 291
  6.2.2. Comunicação, instrução e treinamento _____ 291
  6.2.3. Visualização _____ 292
6.3. Animação por computador _____ 292

6.4. Formas de animação _____ 293
  6.4.1. Animação quadro a quadro _____ 293
    6.4.1.1. *Straight ahead* _____ **294**
    6.4.1.2. Pose-to-pose _____ 294
  6.4.2. Animação por rotoscopia _____ 294
  6.4.3. Animação por interpolação _____ 295
  6.4.4. Animação automática, por intermédio
    de Programas de computador _____ 296
    6.4.4.1. Animação por programas do tipo script _____ 296
    6.4.4.2. Animação por intermédio de simuladores _____ 296
    6.4.4.3. Animação por captura de movimento _____ 297
  6.4.5. Animação representacional _____ 297
  6.4.6. Animação *track based* _____ **298**
    6.4.6.1. *Tracking* de um ponto _____ 298
    6.4.6.2. *Tracking* de dois pontos _____ 298
    6.4.6.3. *Tracking* de quatro pontos _____ 298
    6.4.6.4. *Tracking* planar _____ 299
    6.4.6.5. *Tracking* 3D _____ 299
6.5. Captura de movimento _____ 299
  6.5.1. Aplicações _____ 299
  6.5.2. Sistemas de captura de movimento _____ 300
    6.5.2.1. Ótico _____ 302
    6.5.2.2. Mecânico _____ 302
    6.5.2.3. Magnético _____ 303
6.6. Animação de personagens 3D _____ 304
  6.6.1. Cinemática _____ 307
    6.6.1.1. Cinemática direta _____ 308
    6.6.1.2. Cinemática inversa _____ 309
  6.6.2. Ossos (*Bones/Joints*) _____ 309
  6.6.3. Articulações _____ 310
    6.6.3.1. Grau de liberdade _____ 310
    6.6.3.2. Junta de revolução _____ 311
    6.6.3.3. Junta esférica _____ 312
  6.6.4. Esqueleto _____ 312
    6.6.4.1. Controladores IK _____ 314
    6.6.4.2. Ciclo de animação _____ 317
  6.6.5. Músculo flexor _____ 317
  6.6.6. Animação facial _____ 319
    6.6.6.1. Sincronização labial _____ 320
    6.6.6.2. Sequência de texturas _____ 320
    6.6.6.3. *Morphing* _____ **320**
    6.6.6.4. Esqueleto _____ 320
    6.6.6.5. Free form deformation _____ 320
    6.6.6.6. Weighted morphing _____ 320

6.7. Animação de superfícies deformáveis _____ 321
6.8. Produção de animação _____ 324
6.9. Princípios da animação _____ 325

REFERÊNCIAS _____ 329
ÍNDICE _____ 333

COMPUTAÇÃO GRÁFICA

CAPÍTULO 1

Visão Geral

1.1 Um breve histórico

1.2 Áreas

1.3 Características da percepção visual

    1.3.1 Informações monoculares

    1.3.2 Informações visuais óculo motoras

    1.3.3 Informações visuais estereoscópicas

1.4 Representação de dados em CG

    1.4.1 *Aliasing*

1.5 Modelagem e estrutura de dados

    1.5.1 Sólidos

    1.5.2 Sólidos realizáveis

    1.5.3 Formas de representação de sólidos

1.1. UM BREVE HISTÓRICO

O primeiro computador a possuir recursos gráficos foi o *Whirlwind I*, desenvolvido pelo MIT (em 1950) com finalidades acadêmicas e militares. Um sistema de monitoramento e controle de voos, voltado para a defesa aérea dos Estados Unidos, que utilizava este computador, foi desenvolvido em 1955. Este sistema convertia as informações capturadas por radar em imagem usando tubo de raios catódicos. O termo *Computer Graphics* surgiu em 1959 em um projeto para simulação de voos. Em 1962, a tese de Sutherland (*Sketchpad – A Man-Machine Graphical Communication System*), introduziu as estruturas de dados e os conceitos de computação gráfica interativa que levaram ao desenvolvimento dos primeiros sistemas de projetos auxiliados por computador (*Computer Aided Design-CAD*). Depois, grandes corporações passaram a desenvolver esses sistemas e, no final da década de 1960, eles já eram de uso comum na indústria automobilística e aeroespacial.

Na década de 1970, a computação gráfica passou a ser entendida como uma área específica da ciência da computação com o surgimento dos grupos específicos de interesse em computação gráficas (SIGGRAPH), e também várias técnicas e algoritmos utilizados até hoje, como os modelos de sombreamento e o z-buffer, bem como a tecnologia dos circuitos integrados, o que permitiu o barateamento das máquinas. Em 1975, surgiu o primeiro computador com interface visual.

Os anos 1980 são marcados pelas tentativas de normalizar a forma de escrever programas gráficos com as propostas dos padrões CORE, GKS, PHIHS e com o desenvolvimento das técnicas de iluminação global como o *ray-tracing* e a *radiosidade*, que levaram o nível do realismo gráfico à qualidade de fotografias.

Nos anos 1990, surgiu o OpenGL e os recursos gráficos passaram a estar embutidos nas linguagens de programação, o que, adicionado ao desenvolvimento das placas gráficas para PC, contribuiu para a retirada da computação gráfica das estações de trabalho, sua popularização e massificação junto aos PCs e GPUs.

A grande mudança da primeira década deste século foi o uso generalizado de câmeras e outras formas de capturas. O uso dos dispositivos móveis e da internet em todos os novos dispositivos (IoT) marca a década atual. Esses novos conceitos aumentam incrivelmente a diversidade de dispositivos para os quais se podem esperar fazer aplicativos com interfaces e recursos gráficos.

Hoje não há mais tempo para esperar a criação de grandes bibliotecas com recursos prontos. Volta-se a pensar na programação a partir do conhecimento dos algoritmos fundamentais de computação gráfica com o mínimo de recurso computacional disponível para programação, ou seja, melhor que dispor de tempo aprendendo a usar qualquer biblioteca pronta, é fundamental o conhecimento de como programar os algoritmos básicos, pois é com eles que se mantém a computação gráfica ativa e viável aos programadores formados pelos cursos de graduação, que são os desenvolvedores das aplicações para a maioria dos novos dispositivos. Apresentar esses algoritmo e conceitos com os quais é possível construir a maioria das aplicações de CG é o objetivo desta obra.

1.2. ÁREAS

A computação gráfica atualmente é uma área que engloba, para melhor descrição didática, duas grandes subáreas: a Síntese de Imagens (SI) e Análise de Imagens (AI). A primeira é também chamada de Computação Gráfica Gerativa e envolve a criação de imagens sintéticas pelo computador a partir de dados, ou seja, ela transforma dados em imagens. A segunda considera cenas depois de capturadas por dispositivos que as tornam digitais (câmeras, scanners, tomógrafos, radares, satélites, sensores infravermelho, ultrassom etc.) e se dedica a desenvolver teorias e métodos voltados à extração de informações de seus conteúdos visuais.

Outra forma de separar essas áreas é quanto ao tipo de dado que se considera na maioria das aplicações de cada uma delas. Na Síntese de Imagens ou Computação Gráfica Gerativa eles geralmente estão na forma vetorial (objetivo principal deste volume), ou seja, são considerados como parte de um espaço continuo (o espaço tridimensional Euclidiano, normalmente), e a quantidade dos dados depende da quantidade de pontos ou elementos que se está representando. Na Análise de Imagens os dados são predominantemente matriciais ou discretizados: sua resolução ou número de amostras e tons define seu tamanho e qualidade.

A SI gera imagens, objetos e cenários usando primitivas geométricas como linhas, círculos e superfícies, buscando uma representação de objetos do mundo real. A AI pode ser considerada como o processo inverso onde se estima a geometria e outras características a partir dos dados capturados do mundo real. No entanto, cada vez mais estas duas áreas têm se aproximado e integrado. AI vem usando curvas, representação de superfície e algumas outras técnicas de SI na redução do tamanho dos dados e seu entendimento. Por outro lado, a criação de imagens realísticas em CG utiliza técnicas de AI que inserem elementos reais nos modelos, como textura, movimentos, comportamentos de objetos nas cenas geradas e as misturam aos personagens virtuais.

1.3. CARACTERÍSTICAS DA PERCEPÇÃO VISUAL

Pensar um pouco sobre nossa percepção visual é útil para melhor geração de objetos em ambientes virtuais nas telas bidimensionais dos dispositivos de visualização e interação. A percepção tridimensional se relaciona com a capacidade humana de distinguir formas, contornos, contrastes e a interpretação da relação espacial existente entre os objetos de uma cena. Pode-se considerar que há três categorias de informações visuais usadas na formação de uma imagem: as monoculares, as ligadas ao movimento dos olhos e as estereoscópicas.

1.3.1. Informações Monoculares

As informações visuais provenientes de apenas um dos olhos (monocular) são inerentes à imagem formada na retina, e são também chamadas de informações estáticas de profundidade (*static depth cues*) ou informações de profundidade da imagem (*pictorial depth cues*). A visão **monocular** obtém uma percepção da profundidade valendo-se da perspectiva, da ideia de que os objetos mais próximos escondem os objetos mais distantes que se encontram sobre o mesmo alinhamento em relação ao observador e da variação dos detalhes com a distância e posição. Entre essas últimas informações podemos especificar: a perda de nitidez dos detalhes com a distância, as mudanças nas totalidades (variação da reflexão da luz e as sombras); as variações nas densidades, formas, configurações e organização das texturas.

1.3.1.1. Perspectiva ou posicionamento face ao horizonte

Considerada como a descoberta mais importante da Idade Média para o desenho, a perspectiva, estabelecida por Brunelleschi (Filippo Brunelleschi, arquiteto e escultor florentino; 1377-1446) em 1425, passou a ser muito utilizada para o desenho de obras realísticas. O desenho em perspectiva é feito como se somente um olho estivesse vendo a cena (pois juntos os olhos vêem estereoscopicamente).

A noção de perspectiva se relaciona com nossa interpretação de que um objeto diminui de tamanho, aparente, à medida que esse se afasta do observador. Essa noção é importante para representar e entender cenas tridimensionais em projeções planas (papel, tela do computador e outros). Baseia-se no fato de que tamanho e distância são sempre interpretados juntos no nosso sistema visual, que espera um mundo em perspectiva na direção do ponto de fuga e lados paralelos na direção onde não há ponto de fuga. Essa expectativa resulta na criação de diversas ilusões de ótica;

uma das mais interessantes é "o quarto de Ames", mostrado na Figura 1.1. Neste ambiente, ao trocar a posição dos ocupantes, a "ideia" de suas alturas muda. O efeito fica mais interessante em filmes quando é possível ver o movimento dos ocupantes na cena (procure na internet por "*Ames room*" para ver esse efeito).

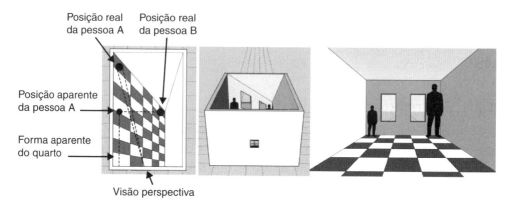

FIGURA 1.1. *Quarto ou sala de Ames e a percepção de altura.*

1.3.1.2. Familiaridade com a cena ou tamanho relativo

O conhecimento prévio do tamanho de um objeto serve tanto para determinar a distância absoluta a partir do observador, quanto as distâncias relativas entre os diversos objetos de uma cena. Ou seja, quando há dois ou mais objetos no mesmo campo de visão, e o observador tem noção de seus tamanhos relativos, o tamanho aparente serve para determinar qual deles está mais próximo ou mais distante.

Quando olhamos os objetos à esquerda na Figura 1.2, conseguimos de imediato estabelecer qual é o maior e qual deve estar mais à frente ou mais longe. Quando olhamos o desenho à direita na mesma figura, que poderia ser o percurso de um rio, ou um galho de árvore, nosso cérebro não consegue perceber as profundidades, não consegue compreender ou avaliar se há partes na frente de outras. Isso se deve ao fato de reconhecermos de imediato os blocos como coisas conhecidas, enquanto a outra imagem pode não ser algo conhecido, se não houver uma referência para auxiliar a percepção. Esse problema pode causar uma limitação em sistemas de realidade virtual ou jogos, quando há interação com objetos nunca vistos e que podem causar percepções errôneas da cena. A familiaridade com a cena serve tanto para determinar a distância absoluta a partir do observador, quanto as distâncias relativas entre os objetos.

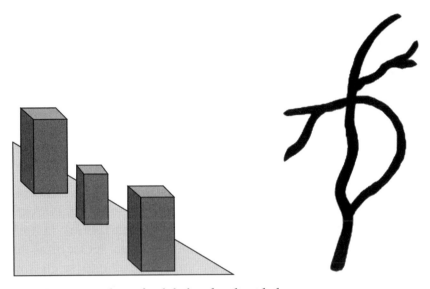

FIGURA 1.2. *Percepção de profundidade e familiaridade.*

1.3.1.3. Oclusão

A oclusão pode fornecer uma informação da posição relativa dos objetos. Este fenômeno, também chamado de interposição ou interrupção de contorno, é descrito como a obstrução da visão de um objeto por outro que está mais próximo do observador e sobre uma mesma direção de visão. Assim, pelo objeto que esconde partes do outro, visto na Figura 1.3, temos uma ideia de qual é o objeto mais próximo em cada situação.

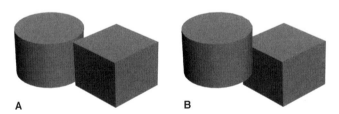

FIGURA 1.3. *Sabemos qual objeto está mais longe pois seu contorno está interrompido.*

1.3.1.4. Densidade das texturas

Conhecida também como "gradiente de texturas", esta característica visual baseia-se no fato de que muitos objetos possuem em sua aparência algum tipo de padrão com certa regularidade e variações neste padrão são associadas às variações das superfícies do mesmo, proporcionando um conhecimento da forma destes objetos e da noção de direções e profundidades (Figura 1.4

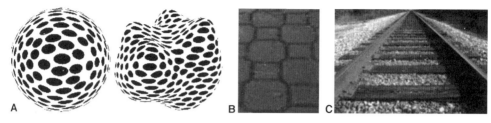

FIGURA 1.4. *Densidade e nitidez das texturas.*

A). Ainda, à medida que os padrões aparecem mais densos e menos detalhados, mais distantes estarão do observador (Figura 1.4 B). Por exemplo, uma diminuição nos tamanhos dos trilhos da Figura 1.4 nos dá uma ideia da profundidade da imagem e define o ponto de fuga. As texturas também auxiliam na percepção do movimento, como, por exemplo, se girarmos um circulo sem textura, nosso sistema de visão terá alguma dificuldade para perceber o seu movimento, o que não ocorre se esse circulo tiver raios, como as rodas de uma bicicleta.

1.3.1.5. Variação da reflexão da luz e sombras

A mudança na intensidade da luz refletida, ou o sombreamento ao longo da superfície de um objeto, fornece informações sobre a forma e a curvatura da superfície desse objeto. Se não for gerada uma variação na cor dos pontos da superfície, a identificação da forma do objeto pode se tornar difícil. A variação de iluminação da cena adiciona uma noção da forma dos objetos presentes, contribuindo com sua melhor interpretação. Note que na Figura 1.5 (A) parece que existem um círculo e um hexágono, enquanto que na Figura 1.5 (B) pode-se observar que são objetos de três dimensões.

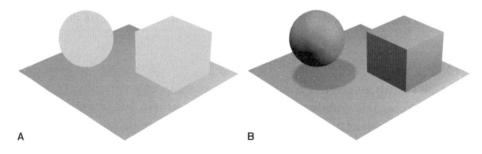

FIGURA 1.5. *Maior nitidez visual com os sombreamentos e sombras.*

A sombra é útil na determinação da posição de um objeto em relação a um piso colocado abaixo deste, ou na definição relativa entre objetos. Por exemplo, sabemos na Figura 1.5 (B) que o primeiro objeto está longe da superfície e o segundo está sobre ela pelas suas sombras. Se um objeto está distante da sombra que ele projeta sobre um plano é porque não está apoiado neste plano.

1.3.2. Informações Visuais Óculo Motoras

Os olhos, ao verem alguma cena, são mantidos em constante movimento por meio de um conjunto de sete músculos diferentes. As informações visuais oculares motoras são fornecidas pelo movimento destes músculos. Há dois tipos de informações nessa categoria: a acomodação e a convergência. Uma classe destes músculos (músculo ciliar) é responsável por focar os raios luminosos na retina (fundo do olho), mudando a curvatura e a espessura do cristalino (uma estrutura transparente e elástica que junto com a córnea funciona como uma lente). Estes músculos ciliares estão na porção anterior dos olhos, de onde partem ligamentos suspensores que prendem o cristalino (Figura 1.6). Com a atividade do músculo ciliar, a curvatura e espessura do cristalino podem ser modificadas, permitindo o foco em longe ou perto.

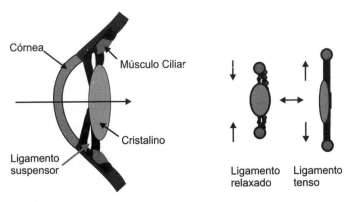

FIGURA 1.6. *Músculos ciliares e ligamentos que sustentam o cristalino.*

Os músculos extrínsecos do olho (Figura 1.7) são pares de músculos esqueléticos que garantem o acompanhamento dos objetos pelo movimento dos olhos. São seis músculos que trabalham aos pares e se inserem ao redor do globo ocular, circundam-no e o movem, fornecendo informações do grau de convergência dos olhos para o cérebro. Estes movimentos oculares têm quatro funções:

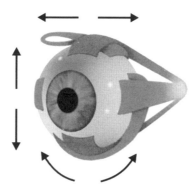

FIGURA 1.7. *Seis músculos que fazem o olhar se voltar nas diversas direções indicadas pelas setas.*

- **Convergência binocular**: isto é, focalizar os dois olhos sobre um mesmo objeto, compondo uma imagem com percepção de profundidade;
- **Exploração do campo visual**: na observação de detalhes de um ambiente; a imagem é projetada na retina e deslocada pelos movimentos da cabeça e dos olhos, de modo que os pontos de interesse são mais bem visualizados;
- **Acompanhamento de objetos em movimento**: a percepção de movimento envolve a detecção de deslocamentos da imagem projetada sobre a retina e o acompanhamento do objeto, procurando manter a sua imagem visível; e
- **Transformação de variações espaciais em variações temporais**: quando uma imagem é permanentemente projetada sobre a retina, imóvel, ela desaparece da percepção. Os movimentos dos olhos renovam continuamente os estímulos luminosos. O cérebro reconstrói a imagem observada a partir dessas informações, cancelando nesse processo todas as irregularidades estáticas do campo visual ocular, como por exemplo, as sombras projetadas pelos nervos e vasos sanguíneos na retina. Assim sendo, a composição da cena, ou a percepção visual propriamente dita, dá-se efetivamente no cérebro, a partir de informações fornecidas pelo olho.

1.3.2.1. Acomodação

No processo de acomodação, os músculos ciliares dos olhos relaxam ou contraem (Figura 1.6) para mudar o formato do cristalino (as lentes dos olhos), com o objetivo de alterar o foco dos objetos em função da distância desses objetos do observador. O olho coleta os raios luminosos emitidos ou refletidos pelos objetos e focaliza-os sobre a retina para formar uma imagem sempre nítida. Essa alteração do poder de difração do cristalino é denominada acomodação visual. Quando estes músculos estão relaxados, a lente fica tensa pelos ligamentos (visão para objetos distantes). Quando o músculo ciliar entra em atividade, os ligamentos relaxam e o cristalino muda de forma, aumentando a sua espessura e curvatura. Este mecanismo é totalmente reflexo (automático) e é controlado pelo sistema nervoso autônomo parassimpático. Assim, quando o olho focaliza objetos a mais de 9 metros, o músculo ciliar está relaxado e os raios luminosos focalizam a imagem sem "precisar" do cristalino. Mas, à medida que o objeto começa a se aproximar, o músculo ciliar inicia a contração, o cristalino começa a se tornar esférico aumentando o seu poder de convergência luminosa.

A visão de perto ou de longe é excludente, só podemos ter um foco de cada vez: se focalizarmos objetos próximos, o fundo perde a nitidez, e se focalizarmos objetos distantes, os que estão próximos perdem o foco. Esta experiência visual também provoca uma percepção qualitativa sobre a distância relativa dos vários objetos no campo visual. É importante lembrar que, durante a formação da imagem dos objetos próximos, além da acomodação visual, ocorrem movimentos oculares (convergência) e a redução do diâmetro da pupila, nessa ordem. Esses três mecanismos garantem que um objeto. ao se aproximar, seja focalizado automaticamente de maneira nítida sobre a retina. Se ele se afastar, acontecerá exatamente o contrário: o músculo ciliar relaxa, os olhos divergem e a pupila dilata.

A acomodação visual é extremamente eficiente nos jovens, mas com a idade (a partir dos 40 anos) a elasticidade do cristalino vai sendo perdida e a visão de perto se compromete. Acuidade visual relaciona-se com a capacidade de ver com nitidez dois pontos bem próximos: depende da densidade dos receptores na retina além do poder de refração do sistema das lentes oculares (córnea + cristalino).

1.3.2.2. Convergência

Nossos olhos, ao focarem um objeto, convergem sobre o mesmo em ângulos variáveis em função da distância. Os eixos visuais dos animais que têm olhos em lados opostos nunca se cruzam. Os olhos humanos estão em média a 65 milímetros um do outro e podem convergir de modo a cruzarem seus eixos a poucos centímetros à frente do nariz, ou ficar em paralelo quando se foca algo no infinito. A informação visual de convergência considera o grau de rotação dos olhos ao longo do eixo de visão (quando um objeto é focado) para obter informações a respeito da posição e da distância (Figura 1.8) de

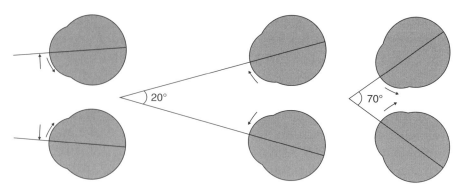

FIGURA 1.8. *Ao focarem um objeto, os olhos ficam paralelos quando se foca algo muito longe ou convergem seus eixos sobre o mesmo.*

um objeto. Ou seja, os movimentos dos músculos dos globos oculares e o grau de convergência dos eixos visuais ajudam na noção da distância entre os olhos e um determinado objeto.

1.3.3. Informações Visuais Estereoscópicas

A estereoscopia (que significa "visão sólida" em grego) é útil na noção da distância de objetos colocados a até 10 metros do observador. A estereoscopia, ou visão binocular, decorre de termos nossos olhos posicionados na frente, praticamente na mesma direção e não em direção oposta, como ocorre com muitos animais, que por isso têm um campo visual muito maior que o nosso (até 360 graus). Com a perda do campo visual ganhamos à noção do tridimensional. A importância disto em nossa vida diária pode ser sentida se você tapar um dos olhos e mover objetos recém posicionados em um ambiente. Como os olhos estão na mesma direção, mas com alguma distância, cada olho vê uma cena com uma leve diferença. Isto pode ser conscientizado por uma experiência bem simples: ponha seu dedo indicador na vertical, na frente do nariz, até um palmo de distância e leia esse texto com apenas um dos olhos de cada vez. Você deixará em cada caso de ver uma parte distinta do texto e terá visões diferentes. Essa diferença é chamada **disparidade binocular**. O cérebro usa essas diferenças para obter a distância relativa dos objetos. Ou seja, a sobreposição das informações nos proporciona a experiência tridimensional do ambiente (relevo e profundidade).

O campo visual de um olho (o que se vê com um olho fechado) com a cabeça parada corresponde a 150 graus. Com os dois olhos abertos, o campo visual fica mais ampliado. Fixe um determinado ponto de observação e feche e abra cada olho alternadamente. Perceba que existe uma região central que é vista por ambos e se sobrepõe. Este é o campo binocular cuja sobreposição (quando vemos com os dois olhos abertos) nos permite interpretar a profundidade ou o relevo dos objetos e nos dá percepção de três dimensões (visão estereoscópica).

Além de imagens reais, dispositivos e técnicas podem ser usados para fornecer artificialmente a noção de estereoscopia ao nosso cérebro (por exemplo, em aplicações de realidade virtual), visando proporcionar ao usuário um maior grau de realismo adicionando profundidade, volume, distância e tamanho ao que é visto. Há uma diversidade de dispositivos voltados para nos fornecer essa habilidade de perceber profundidade com pares de imagens em estéreo. O princípio de funcionamento da maioria das técnicas de visão estéreo é o oferecimento de imagens distintas ao olho esquerdo e direito do observador, proporcionando sensação semelhante à quando se observa um objeto real.

Porém, em computação gráfica, normalmente são geradas imagens mono (a partir de uma única câmera virtual ou ponto de observação). As técnicas apresentadas nos próximos capítulos podem ser usadas na geração das duas imagens utilizadas na estereoscopia a partir das localizações de câmeras virtuais ou observadores separados por uma determinada distância.

1.4. REPRESENTAÇÃO DE DADOS EM CG

Um objeto pode ser representado de forma vetorial (pelo conjunto das coordenadas dos seus pontos) ou matricial (por uma matriz que representa a área onde o objeto de encontra).

Uma matriz é um arranjo (*array 2D*) de elementos em duas direções. A forma matricial é típica das imagens digitalizadas capturadas por scanners ou câmeras digitais. É a descrição principal na análise e no processamento de imagens. Essa é a representação usualmente empregada para formar a imagem nas memórias, telas dos computadores e na maioria dos dispositivos de saída gráficos (impressoras e vídeos). Em computação gráfica sintética, essa descrição aparece nos processos de finalização das imagens (*ray tracing, z-buffers*). Na **representação matricial**, a imagem é descrita por um conjunto de células em um arranjo espacial bidimensional. Cada célula representa os **pixels** (ou pontos) da imagem matricial. Os desenhos e objetos são formados usando adequadamente esses pixels. Quando trabalhamos na forma matricial, primeiro definimos quantos elementos existem em cada direção e, depois, o valor dos pontos. Por exemplo, uma linha diagonal na tela pode ser definida em uma matriz 8x8, como:

0	0	0	0	0	0	0	1
0	0	0	0	0	0	1	0
0	0	0	0	0	1	0	0
0	0	0	0	1	0	0	0
0	0	0	1	0	0	0	0
0	0	1	0	0	0	0	0
0	1	0	0	0	0	0	0
1	0	0	0	0	0	0	0

A **representação vetorial** das imagens é principalmente empregada, em computação gráfica, para a criação e modelagem dos objetos sintéticos que serão representados pela imagem. Nesta representação são usados, como elementos básicos, os pontos, as linhas, as curvas, as superfícies tridimensionais ou mesmo os sólidos que descrevem os elementos e formam as imagens sintéticas no computador. Esses elementos são denominados **primitivas vetoriais** da imagem. As primitivas vetoriais são associadas a um conjunto de **atributos** que definem sua aparência e a um conjunto de dados que definem sua **geometria** (pontos de controle). Assim, por exemplo, podemos criar um objeto formado por linhas definindo as coordenadas dos pontos extremos de cada linha reta. Cada linha tem 2 pontos (coordenadas = geometria), uma cor, que será como esses pontos aparecerão na tela (atributos) e ainda a maneira como os pontos vão se ligar formando o objeto (topologia). Assim, a linha diagonal anterior pode ser representada pelo conjunto de pontos $(x,y,z) = a\,t + b$, definidos pelos pontos limites da reta: $P_1 = (0,0,0)$ e $P_2 = (7,7,7)$, ou seja, uma linha contínua pode ser modelada matematicamente pela expressão dada na equação (1.1):

$$(x, y, z) = (P_2 - P_1)t + P_1 \quad 0 \le t \le 1 \qquad (1.1)$$

onde cada elemento do ponto corresponde às suas coordenadas x, y e z, na direção de um sistema de coordenadas predefinido, limitadas em um intervalo de 0 a X, de 0 a Y e de 0 a Z, respectivamente. Esta descrição é mostrada na Figura 1.9. Esta forma resulta em um modelo 3D contínuo da linha reta, e depois, considerando o conjunto de linhas e pontos da imagem real, em um modelo 3D do objeto ou desenho gerado, ou seja, cada ponto dele é representado por suas coordenadas (x, y, z) em valores correspondentes aos números reais.

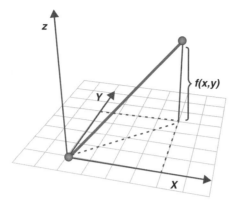

FIGURA 1.9. *Gráfico de uma reta contínua definida pelos seus pontos limites*

1.4.1. Aliasing

Um fenômeno muito comum em imagens digitais é o de *aliasing*. Isto acontece quando a amostragem da função contínua original é muito pobre e, ao ser visualizada ou reconstruída, têm-se resultados inconsistentes com o esperado. Isto ocorre devido à frequência de amostragem ser inferior à maior frequência de variação da função contínua. A Figura 1.10 mostra uma função em forma de onda que se repete nove vezes. Se a função for amostrada em grandes intervalos, pode-se observar que o resultado de sua reconstrução (curva tracejada) é completamente diferente da original (curva contínua). Uma maneira de reverter os efeitos de *aliasing* é fazer mais amostras, aumentado a frequência de amostragem e calculando a média de várias amostras. O fenômeno de *aliasing* ocorre também em outras situações, como na captura de movimento.

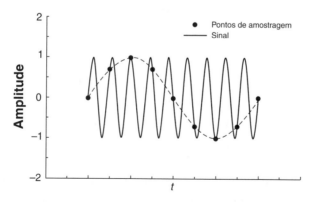

FIGURA 1.10. *O sinal digitalizado fica completamente diferente do sinal original devido à baixa frequência de amostragem.*

O problema de *aliasing* aparece também em Computação Gráfica ao se representar primitivas simples em telas com baixa resolução (poucas linhas e colunas). Por exemplo, ao se desenhar a linha reta inclinada da Figura 1.11 (A) não com uma equação como a (1.1) com poucas amostras de pixels, mas usando apenas as cores brancas e pretas. Existe diversas técnicas para melhorar (ou pelo menos amenizar) esse problema, chamadas técnicas de *anti-aliasing*. Uma das mais simples é o uso de meios tons, apresentada na Figura 1.11 (B), quando se "pintam" os pixels da vizinhança com intensidades intermediárias, suavizando assim o efeito de "serrilhado" ou "degraus". Ainda hoje há estudos nessa área, já que dispositivos menores usados em interfaces de internet das coisas (IoT) costumam apresentar telas reduzidas com menos pixels (por restrições tecnológicas, energéticas e dimensionais). Este efeito também se torna muito visível quando são realizadas transformações em imagens, como rotações e distorções.

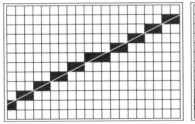 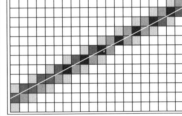

A "Dentes" na representação de retas. **B** Uma forma de amenizar o problema.

FIGURA 1.11. *Problema do aliasing em dispositivos de baixa resolução.*

1.5. MODELAGEM E ESTRUTURA DE DADOS

Quando modelamos um objeto, devemos sempre observar as limitações resultantes das técnicas disponíveis, já que mesmo as técnicas mais eficientes para determinadas situações podem representar problemas para outras. Se tomarmos um objeto complexo, como um carro, por exemplo, vê-se que este poderá ter umas 400.000 faces. Podemos ainda citar diversas outras dificuldades relacionadas com a sua representação, como a inclusão de realismo por mapeamentos de texturas, os efeitos dos diversos materiais e partes móveis independentes.

O termo modelagem de sólidos designa um conjunto de teorias, técnicas e sistemas que permitem criar um objeto com suas propriedades geométricas e topológicas. A modelagem de sólidos está presente em quase todas as aplicações: da medicina (para diagnósticos e ensino) à indústria (para garantir a precisão dos projetos), do entretenimento (para criar personagens e cenários virtuais em jogos) ao ensino, e simulações em quase todas as áreas do conhecimento.

Para iniciar o estudo da modelagem de sólidos é interessante, antes, ter uma ideia mais precisa do que é um sólido. Algo é considerado um sólido se tem uma forma própria. A modelagem de líquidos, gazes, materiais flexíveis ou de coisas que não tenham forma própria (roupas, tecidos, géis e outros) é também necessária e representável em computação gráfica. Mas a maioria das aplicações da CG tradicional se dedica a sólidos e por isso será a forma comentada aqui.

1.5.1. Sólidos

Definição: Um **sólido** é um subconjunto *fechado* e *limitado* do espaço Euclidiano tridimensional (E^3).

Esta definição esclarece coisas muito importantes sobre um sólido. A mais importante é que associada à ideia de sólido está à noção de ser algo essencialmente tridimensional (abreviadamente: 3D). Assim, embora em muitos casos o objeto em estudo possa ser considerado algo unidimensional, como um fio, ou bidimensional, como folhas de metal ou papel, será sempre algo essencialmente parte de nosso mundo físico palpável. Poderemos considerá-lo bidimensional (2D) se uma das dimensões não for considerada, por nada ocorrer nela ou por ser desprezível (se for 100 vezes menor que qualquer uma das outras dimensões, por exemplo), e as outras dimensões concentrarem todas as informações sobre o objeto. Do mesmo modo, o sólido pode ser considerado unidimensional (1D) se só uma das dimensões concentrar as informações ou as demais forem desprezíveis face a essa (uma delas for 100 vezes maior que qualquer uma das outras dimensões por exemplo).

Outro ponto importante é ser um elemento Euclidiano ou que seja algo que obedece às regras da geometria formulada por Euclides (Euclides de Alexandria, professor, matemático e escritor possivelmente grego; século 3 a.C.), ou seja, obedece à geometria que estamos acostumados a tratar desde que entramos na escola e que é regida por todo um conjunto de regras lógicas e bem definidas, formuladas na obra "Os Elementos". Nesta obra é construído tudo o que é até hoje usado no ensino da geometria, partindo de definições simples e do célebre postulado ou axioma de Euclides: por um ponto pode-se traçar uma única paralela a outra reta. Essa afirmação nunca pode ser provada como teorema, embora isso tenha sido tentado por um grande número de matemáticos ilustres no decorrer dos séculos. Trocando um ou mais dos axiomas euclidianos, toda uma estrutura completamente diferente de geometria surge, ou seja, pela substituição surgiram as geometrias não euclidianas. Foi apenas no século XIX que a geometria de Euclides deixou de ser verdade absoluta e surgiram as primeiras geometrias não euclidianas, como as desenvolvidas por Lobatchevski (Nicolai Ivanovitch Lobatchevski, matemático russo; 1793-1856) e Riemann (Georg Friedrich Bernhard Riemann, matemático alemão; 1826-1866). Atualmente existem diversas outras geometrias, cada uma com aplicações específicas.

Há ainda dois pontos relativos à definição apresentada anteriormente de sólido, as palavras "fechado" e "limitado". Vamos ficar com os conceitos intuitivos destes (embora, pelo menos, o conceito de fechado seja bem familiar se você tiver ainda lembrança da teoria de conjuntos). Um conjunto, um corpo ou qualquer objeto é fechado se tiver todos os seus pontos de contorno, assim como a pele que limita o interior do corpo humano do mundo exterior. Limitado está associado à ideia de não ter alguma dimensão infinita (no sentido de realmente não ter fim, e não apenas de ser muito grande).

1.5.2. Sólidos Realizáveis

Os modeladores de sólidos devem gerar objetos que, mesmo que não sejam reais, possam ser construídos ou virem a existir no nosso mundo Euclidiano, e não serem apenas simples desenhos. Um sólido é considerado realizável ou válido se satisfizer as seguintes propriedades:

- Rigidez: o objeto deve possuir forma constante se for movido de um lugar para outro. Isso é expresso dizendo que deve ser invariante sobre as transformações de corpo rígido (isto é, a rotação, translação e mudança dos sistemas de coordenadas) usadas para descrever seus pontos, ou seja, ter a propriedade de rigidez significa que o sólido deve ser independente da sua localização e orientação no espaço;

- Finitude: o objeto deve ter dimensões finitas e ser contido em uma porção finita do espaço. Essa propriedade está relacionada ao conceito de limitado descrito anteriormente na definição de sólido;

- Determinismo dos limites: deve ser possível descrever o limite, o interior e exterior do objeto. Essa propriedade está relacionada ao conceito de fechado descrito anteriormente, na definição de sólido;

- Descritibilidade: deve existir a possibilidade de descrição do objeto por meio de um número finito de propriedades físicas, químicas, biológicas etc.;

- Fechamento sobre operações: ao ser submetido a operações geométricas deve ser ainda um objeto válido.

Os sólidos podem ser representados por diversas técnicas que preferencialmente têm as propriedades de:

- Validade: o modelo deve representar somente sólidos válidos;
- Unicidade: cada sólido válido deve ter apenas um modelo;
- Não ambiguidade: cada modelo deve corresponder a apenas um sólido válido;
- Completude: o modelo deve ser completo, ou seja, conter uma variedade de informações sobre as quais as várias funções possam ser executadas. Deve ser possível obter informações suficientes a partir do modelo após eventuais transformações por funções que operam sobre o mesmo;
- Concisão: o modelo deve ocupar o menor espaço de memória de armazenagem possível;
- Simplicidade: deve ser possível criar o modelo de uma forma simples e direta, sem que nenhuma característica especial de hardware seja exigida;
- Eficiência: as operações devem ser de fácil aplicação e serem rápidas; e
- Fechamento sobre operações: as operações de descrição e manipulação devem preservar a validade do modelo.

1.5.3. Formas de Representação de Sólidos

Há vários métodos de representação dos sólidos, cada um com suas vantagens e desvantagens. Uma solução ideal em muitos casos depende do contexto e pode ser mesmo uma **forma híbrida**, isto é, conter uma mistura de alguns dos métodos mais simples e usados.

1.5.3.1. Representação aramada (*wire frame*)

Nesta representação, os objetos são descritos por um conjunto de arestas que definem as bordas do objeto. Essa forma é uma extensão em três dimensões do método de representação de objetos por contornos. A sua principal vantagem é a simplicidade na exibição dos modelos, sendo necessário apenas exibir um conjunto de linhas. Porém, há inconveniências no seu uso, como o fato de tornar difícil a determinação de volume (e outras propriedades que precisam do conhecimento dos limites da superfície) e gerar uma representação ambígua. A Figura 1.12 exemplifica esse último aspecto. Em "A" tem-se a representação aramada e em "B" e "C", duas possíveis interpretações. O problema não reside propriamente no fato de que a simples exibição das

VISÃO GERAL • 19

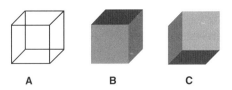

FIGURA 1.12. *Representação aramada em A e suas possíveis interpretações em B e C.*

linhas promove ambiguidades, mas na constatação de que o modelo não fornece informações precisas para que estas sejam eliminadas (no exemplo, seria necessário ter um ponto de fuga mais próximo, ou remover as arestas da parte invisível do objeto). No sentido restrito da modelagem de sólidos, essa técnica não tem como garantir que o objeto desenhado seja um sólido válido e, geralmente, nem é considerada uma técnica de modelagem, servindo apenas para localizar os seus pontos em um cenário.

1.5.3.2. Representação por faces (ou superfícies limitantes)

Esta representação usa os limites (contornos) para descrever os sólidos. Esses limites são supostos fechados e orientáveis. Orientáveis, neste caso, significa que é possível distinguir entre dois lados, de modo que um esteja no interior e o outro no exterior do sólido, por exemplo. Esta técnica consiste em definir o objeto por meio de um conjunto de superfícies que delimitam a região fechada do espaço que define o seu interior. Ela também é denominada **representação pelas bordas** (*boundary representation* ou *B-rep*) e usa elementos de contornos: faces, arestas e vértices.

A representação de sólidos por faces pode ser vista como uma extensão da modelagem bidimensional por contornos. Como no caso plano, onde há pelo menos duas formas de armazenamento das arestas, em três dimensões é possível fazer uma analogia com as faces que podem ser representadas por uma ou mais listas explícitas de vértices contendo a **topologia** e a **geometria** da face. A primeira se encarrega de fazer as relações de vizinhança entre os elementos, por exemplo: aresta a_i é limitada pelos vértices V_l e V_m e faces F_n e F_o. A segunda define as posições dos elementos no espaço pela determinação da sua forma geométrica (a aresta a_i é uma semi-reta, por exemplo, e as coordenadas do vértice V_l do modelo são 1,2,-4).

Essa é a forma mais usada na modelagem de sólidos em geral. Mas a maioria dos sistemas que a usam se limitam, no entanto, à representação de sólidos que tenham contornos que sejam "variedades de dimensão dois" ou *2-manifold*. Manifold é uma palavra inglesa para algo que tem muitas partes, muitos elementos ou formas. Porém, matematicamente, é um termo que indica um conjunto de objetos que tem determinadas propriedades topológicas. Por definição, um objeto é manifold de dimensão 2 ou uma variedade de dimensão 2 se cada um dos pontos de seu contorno tiver uma vizinhança que seja topologicamente equivalente a um disco plano.

> **Definição**: Uma variedade de dimensão dois (*2-manifold*) é um espaço topológico onde cada ponto tem uma vizinhança topologicamente equivalente a um disco do espaço Euclidiano bidimensional, E^2.

Um objeto A é topologicamente equivalente a um outro objeto B se é possível encontrar uma função contínua com inversa que *mapeie* os pontos do contorno de A em B (e vice-versa). A melhor forma de entender a noção de equivalência topológica é por uma analogia física. Supondo que o objeto seja feito de um material extremamente elástico (como as membranas das bolas de encher de aniversário), todas as transformações que mantém as vizinhanças das superfícies são modificações topologicamente equivalentes. Isso é, se você mudar as formas da geometria construída neste material elástico (puxando e esticando) até conseguir transformá-lo em outra forma, terá apenas transformações geométricas e não topológicas, ou seja, todas as transformações que você é capaz de fazer em uma membrana elástica sem rasgá-la ou colar um ponto a outro podem ser entendidas como equivalentes físicos de transformações contínuas e possíveis de serem invertidas. Essas operações não mudam as *relações de vizinhança* entre os pontos da região, ou seja, não mudam a *topologia* da região.

Assim, em um objeto com superfícies que sejam variedades de dimensão 2 (*2-manifold*), todos os seus pontos têm uma vizinhança topologicamente equivalente a um disco. Uma forma de ter uma visualização disso é imaginar que você tem uma etiqueta adesiva e deseja colá-la no objeto. Se você puder colá-la em qualquer ponto da superfície deste objeto, então ele pode ser considerado uma variedade de dimensão 2. A Figura 1.13 mostra alguns objetos simples que não tem essa propriedade se você imaginar que suas arestas ou vértices são linhas ou pontos (pertencem a mais de 2 faces).

FIGURA 1.13. *Exemplos de objetos que não são variedades de dimensão 2 se forem considerados como objetos únicos: à esquerda, se cada aresta que une os três cubos limitar quatro faces, e à direita, se o vértice for comum aos dois cubos.*

1.5.3.3. Representação por faces poligonais

Polígonos (das palavras gregas πολύ = poli = muitos e γωνα = gona = ângulo) são figuras planas fechadas formadas por muitos segmentos de retas e ângulos. O polígono mais simples é o triângulo, mas há polígonos com qualquer número de lados. Um polígono é chamado regular se tiver ângulos (ou lados) iguais. A técnica de representação por faces poligonais pode ser considerada um caso particular da anterior.

Chama-se *tesselation* a cobertura de uma superfície, como uma face, por repetições sem fim de uma forma sem deixar vazios. Uma observação interessante é que, embora existam polígonos regulares com qualquer número de lados, só com triângulos, quadrados e hexágonos regulares pode-se fazer uma *tesselation* (ou *tiling*), pois essas são as únicas formas cujos ângulos internos multiplicados por um número inteiro resultam em um múltiplo de 360 graus. Quase todos os softwares de modelagem e realismo utilizam a representação por faces triangulares para isso, porque ela se adapta a qualquer tipo de contorno, pode ser mais facilmente programada e não gera múltiplas possibilidades de normais para os diversos vértices (já que com três pontos se tem um único plano).

Uma classe importante de objetos usados na representação de sólidos são os **poliedros** (das palavras gregas πολύ e εδρα = edra = planos), ou seja, objetos compostos por muitos planos, como os da Figura 1.14. Mais precisamente, um **poliedro** é um sólido que é limitado por um conjunto de polígonos cujos lados (chamados arestas do poliedro) pertencem a um número par de polígonos. Se um poliedro é uma ***variedade de dimensão 2*** ou um ***2-manifold***, isso significa simplesmente que o número de polígonos que compartilham uma aresta deve ser 2. Em outras palavras, se as arestas do objeto poliedral forem formadas pelos lados de dois polígonos, então esse objeto é uma variedade de dimensão 2 ou um *2-manifold*.

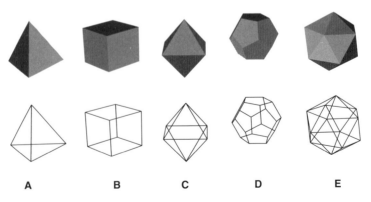

FIGURA 1.14. *Os cinco tipos possíveis de poliedros regulares.*

Um poliedro é **regular** se for constituído por faces e ângulos iguais. Embora existam infinitos polígonos, há apenas cinco poliedros regulares, ou seja, só é possível se construir poliedros regulares com 4, 6, 8, 12 ou 20 faces: o tetraedro, o cubo, o octaedro, o dodecaedro e o icosaedro. Todos são muito importantes em cristalografia, pois os átomos dos cristais são arranjados segundo essas formas regulares. Por exemplo, os átomos do diamante ocupam os vértices de um tetraedro regular, o que lhes confere maior dureza. A possibilidade de existência de apenas cinco formas regulares já era conhecida desde a antiguidade, onde poliedros regulares eram conhecidos como sólidos platônicos.

Se o poliedro for *topologicamente equivalente* a uma esfera, ele é classificado como **um poliedro simples**. Portanto, um poliedro simples é aquele que pode ser *deformável* em uma esfera, ou seja, não é equivalente topologicamente a um toro ou outras figuras com furos. E é composto de um bloco ou uma única parte. Se um objeto tem um único componente, o número de furos que trespassam o objeto é denominado de *genus*, G, do objeto. Assim, um poliedro simples é um objeto de *genus* 0. A Figura 1.15 mostra a definição dos diversos genus.

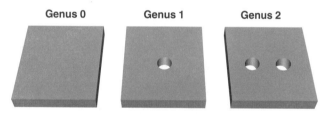

FIGURA 1.15. *Exemplo de diversos genus.*

1.5.3.4. Fórmula de Euler

A **Representação pelas Bordas** (*B-rep*) de poliedros simples, sem furos, satisfaz a fórmula proposta por Euler (Leonhard Euler, matemático suíço; 1707 – 1752):

$$V - A + F = 2 \qquad (1.2)$$

onde V representa o número de vértices do objeto, A é o número de arestas e F o número de faces. Essa fórmula expressa uma relação entre os componentes topológicos de um sólido simples realizáveis, e já era utilizada pelos gregos, embora de maneira intuitiva, sem uma prova definitiva. Ela é facilmente verificada para objetos formados por faces planas. É também com facilidade incorporada na implementação da modelagem de objetos por bordas, pois apenas verifica o número de componentes das listas de vértices, arestas e faces.

Satisfazer a fórmula de Euler (Equação 1.2) é uma condição necessária para um objeto ser um poliedro simples, mas não suficiente. A fórmula de Euler é aplicável mesmo a objetos que não tenham faces planas, como o cilindro mostrado na Figura 1.16. Ou seja: as faces e arestas não precisam ser planas ou retas, podem ser descritas por equações de curvas cúbicas e superfícies elipsóides ou esféricas. Neste caso, o conceito de faces deve ser estendido para considerar toda a superfície, as arestas são entendidas como os limites entre as faces e os vértices definem os limites das arestas. Dessa forma, um cilindro pode ser considerado formado por: dois vértices, três arestas e três faces (Figura 1.16). Uma esfera pode ser entendida a partir de um caso limite do cilindro, quando as faces planas e as arestas que as limitavam desaparecem e a aresta, antes reta, vai se deformando até formar uma semicircunferência limitada pelos dois vértices, de modo que a figura passa a ser formada por uma única face, só uma aresta e dois vértices. Essa fórmula deve ser usada com cuidado também em outros casos simples. Por exemplo, como uma esfera é topologicamente equivalente a um elipsoide, e este a uma pirâmide e um cone, todos esses objetos devem satisfazê-la.

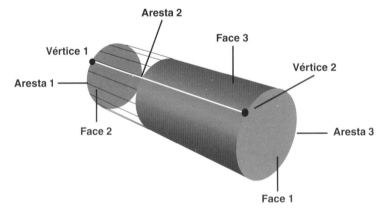

FIGURA 1.16. *A fórmula de Euler em um cilindro.*

Para variedades de dimensão 2 com furos, a fórmula de Euler é generalizada para a fórmula de Euler-Poincaré:

$$V - A + F - H = 2(C - G) \qquad (1.3)$$

onde os 3 primeiros elementos têm os mesmos significados anteriores, H é o número de loops internos fechados (ou quaisquer buracos) nas faces, C é o número de partes ou componentes separáveis do objeto e G é o número de furos que trespassam o objeto.

1.5.3.5. Estrutura de dados baseada em vértices

A estrutura de dados usada para armazenamento das informações é muito importante, pois permite mais rapidez e consistência nas operações geométricas ou nas transformações que serão vistas no próximo capitulo. O modelo mais simples considera objetos de faces poligonais e se baseia na definição de uma lista de vértices que define a geometria dos objetos por suas coordenadas e outra lista que define a topologia das faces planas pela descrição dos seus vértices. Este modelo é denominado *modelo baseado em vértices*, cuja única exigência mais complexa é que a descrição de todas as faces seja feita pela definição dos vértices sempre no mesmo sentido horário (ou anti-horário) quando vistos do interior do objeto. Assim, a estrutura de dados baseada nos vértices para o cubo da Figura 1.17 (A) pode ser:

Vértices	Coord.
A	(0,0,0)
B	(1,0,0)
C	(1,1,0)
D	(0,1,0)
E	(0,0,1)
F	(1,0,1)
G	(1,1,1)
H	(0,1,1)

Faces	Arestas
F1	A1 A2 A3 A4
F2	A9 A6 A1 A5
F3	A6 A10 A7 A2
F4	A7 A11 A8 A3
F5	A11 A4 A4 A8
F6	A9 A12 A11 A10

Aresta	Vértices	Aresta	Vértices
A1	EF	A7	BC
A2	FB	A8	AD
A3	BA	A9	HG
A4	AE	A10	GC
A5	EH	A11	CD
A6	FG	A12	DH

Vértices	Coordenadas
A	(0,0,0)
B	(1,0,0)
C	(1,1,0)
D	(0,1,0)
E	(0,0,1)
F	(1,0,1)
G	(1,1,1)
H	(0,1,1)

Faces	Vértices
F1	EFBA
F2	GFEH
F3	CBFG
F4	DABC
F5	HEAD
F6	DCGH

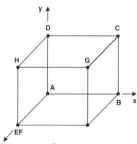
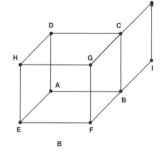

FIGURA 1.17. *Exemplificando as diferentes estruturas de dados.*

1.5.3.6. Estrutura de dados baseada em arestas

Quando no modelo são usadas faces curvas, fica mais fácil o uso de uma estrutura de dados que permita a descrição das faces por meio da sequência de arestas (ou de um loop de arestas) que a limite. Essa descrição é denominada estrutura de dados baseada em arestas. Nela, a ordem das arestas nas faces também deve seguir sempre a mesma orientação. Nesta estrutura de dados tem-se a topologia representada por duas listas: a de arestas e a de faces. Para a Figura 1.17 (A), essa estrutura fica:

1.5.3.7. Considerações finais sobre as listas de dados

Ao finalizar a descrição de uma estrutura de dados, é sempre bom verificar se você está com números de elementos de cada lista que satisfaçam a fórmula de Euler. No caso do cubo da Figura 1.17A isso é bem óbvio, mas, às vezes, pode-se esquecer algum elemento e só depois isso vir a gerar problemas, como, por exemplo, quando se tem partes abertas ou elementos bidimensionais como mostrado na Figura 1.17B.

Imagine que você quer modelar e não só desenhar uma superfície plana (como a da Figura 1.18). Ela então deve ser um objeto de três dimensões e, portanto, deve ter dois lados e, consequentemente, duas faces, inclusive porque a face da frente pode ter cor e textura diferente do verso. Uma forma mais simples de ver isso é notar que qualquer superfície tem uma topologia equivalente a uma folha de papel. Assim, na sua forma mais simples, deve ter pelo menos duas faces e quatro arestas e vértices. Isso satisfaz a fórmula de Euler, pois: $V - A + F = 2$. Mas, com tão poucos elementos, pode ser que ela não fique com uma aparência muito realista quando for sombreada, de forma que pode ser preciso subdividi-la em duas, por exemplo. Fazendo isso você terá quatro faces, seis vértices e oito arestas: seis delas nas vizinhanças do objeto 3D e outras duas internas, decorrentes da divisão das faces da frente e da face do verso em duas, porque sempre teremos nestes tipos de objetos (2 manifolds) uma aresta limitando duas faces (se você tivesse imaginado que a aresta do meio fosse separar quatro faces, não teríamos aqui um sólido realizável, como comentado na Seção **1.5.3.2.**). Nesta nova subdivisão, seu modelo continua válido, pela fórmula $V - A + F = 2$. E assim continuará, mesmo que tivesse escolhido usar faces triangulares como na Figura 1.18, cujo resultado seria oito faces, seis arestas externas, isto é, ligando faces da frente e verso, seis arestas internas, ligando faces do mesmo lado, e seis vértices, de modo que: $6 - 12 - 8 = 2$!

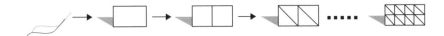

FIGURA 1.18. *Elementos de superfícies computados como arestas, vértices e faces.*

Assim, mesmo nestas estruturas simples, criar sólidos sintéticos consistentes requer algum cuidado. No Capítulo 2, você verá como modificar objetos a partir da transformação de seus pontos, e depois, no Capitulo 3, como gerar arestas curvas e objetos compostos por superfícies não planas.

CAPÍTULO 2

Transformações Geométricas no Plano e no Espaço

2.1 Sistemas de coordenadas

    2.1.1 Sistemas de coordenadas cartesianas

2.2 Sistemas de coordenadas e a Computação Gráfica

    2.2.1 Sistema de coordenadas do objeto

    2.2.2 Sistema de coordenadas do mundo

    2.2.3 Sistema de coordenadas da câmera

    2.2.4 Sistema de coordenadas normalizado

    2.2.5 Sistema de coordenadas do dispositivo

2.3 Escalares, pontos e vetores

2.4 Aritmética de vetores

2.5 Produto interno e produto vetorial

2.6 Matrizes

2.7 Transformações lineares

    2.7.1 Transformação de escala

    2.7.2 Transformação de rotação

    2.7.3 Outras transformações lineares

2.8 Transformações afins

    2.8.1 Transformação de translação

    2.8.2 Coordenadas homogêneas

    2.8.3 Combinações de transformações

2.9 Quatérnios – representação alternativa para rotações

    2.9.1 Números complexos

    2.9.2 Quatérnios

    2.9.3 Utilizando quatérnios

2.10 Câmera virtual

    2.10.1 Câmera como objeto virtual 3D

    2.10.2 Projeção

    2.10.3 Câmera virtual (parâmetros intrínsecos)

Este capítulo apresenta conceitos matemáticos muito utilizados em Computação Gráfica. Não há a intenção de cobrir tais conceitos em profundidade, tal como apresentados em um curso de Álgebra Linear ou de Geometria Analítica, mas sim de fazer a ponte entre a base teórica e sua aplicabilidade no estudo da Computação Gráfica.

2.1. SISTEMAS DE COORDENADAS

A matemática, como qualquer outra linguagem, cria convenções para que, a partir delas, seja possível construir formulações mais complexas. Na base dos sistemas gráficos está a abstração de um Sistema de Coordenadas, apresentada a seguir.

2.1.1. Sistemas de Coordenadas Cartesianas

Em especial, um Sistema de Coordenadas Cartesianas 2D é definido traçando-se no plano duas retas concorrentes, ditas eixos x (eixo das abscissas) e y (eixo das ordenadas). O ponto de interseção entre as duas retas é chamado de origem do sistema (Figura 2.1). Além disso, uma unidade de medida e um sentido são associados a cada eixo.

Uma vez estabelecido um Sistema de Coordenadas Cartesianas 2D, um ponto qualquer no plano passa a ser referenciado por um par ordenado (x,y) de números reais, dito coordenadas do ponto segundo aquele sistema.

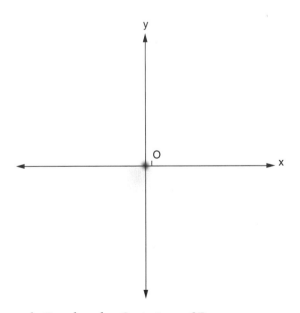

FIGURA 2.1. *Sistema de Coordenadas Cartesianas 2D.*

Para encontrar as coordenadas de um ponto qualquer $p = (x,y)$ em um dado Sistema de Coordenadas Cartesianas, devemos:

- (para encontrar x): traçar uma reta r paralela ao eixo y passando por p. Tal reta intercepta o eixo x em um ponto que é associado a um valor numérico de acordo com a unidade de medida e sentido escolhidos para o eixo x;
- (para encontrar y): traçar uma reta r paralela ao eixo x passando por p. Tal reta intercepta o eixo y em um ponto que é associado a um valor numérico de acordo com a unidade de medida e sentido escolhidos para o eixo y.

Desta maneira, o ponto de origem do sistema é associado às coordenadas $O = (0,0)$. Observe que um determinado Sistema de Coordenadas Cartesianas estabelece um reticulado sobre o plano capaz de especificar pontos nesse plano de maneira única por um par de números reais. De modo equivalente, podemos partir de um par de números para encontrar um ponto em um sistema de coordenadas.

Segundo a definição apresentada, podemos traçar diferentes sistemas de coordenadas para o plano: pela escolha de diferentes pares de retas concorrentes; pela variação do sentido associado a cada eixo; e, ainda, pela escolha de diferentes unidades de medida para cada eixo.

É comum assumir eixos ortogonais e associá-los a unidades equivalentes. Observe que não podemos assumir tais características para todo sistema de coordenas, pois não é uma exigência de sua definição, a qual também cobre, por exemplo, a escolha de eixos oblíquos.

Utilizando dois eixos, é possível separar o plano em quatro quadrantes (Figura 2.2). A separação em quadrantes é bastante prática na simplificação de alguns algoritmos. Há casos em que é possível resolver um problema considerando apenas um determinado quadrante e em um segundo passo estender a solução criada para os demais quadrantes, tratando as simetrias existentes. Exemplos dessa simplificação são apresentados ao longo deste livro.

Podemos estender os conceitos apresentados para o espaço (3D). Um Sistema de Coordenadas Cartesiano 3D é formado pela definição de três retas no espaço, concorrentes e não coplanares, com um ponto de interseção em comum, sendo z o terceiro eixo. Dá-se o nome de origem a tal interseção que é associada à coordenada $O = (0,0,0)$. A definição do sistema 3D se completa com a escolha de sentidos e unidades de medida para cada um dos três eixos.

É importante observar que, uma vez fixados os eixos x e y, para a introdução do terceiro eixo há duas possibilidades para a escolha de qual sentido apontar o eixo z. Cada opção dessa escolha produz um sistema de coordenadas distinto. Portanto, é preciso escolher um dos dois.

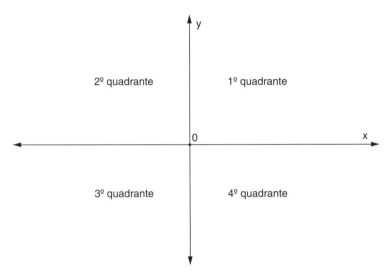

FIGURA 2.2. *Quadrantes definidos por um Sistema de Coordenadas Cartesianas 2D.*

Para destacar essa distinção, as possibilidades recebem o nome de Sistemas de Coordenadas da Mão Esquerda e Sistemas de Coordenadas da Mão Direita. Isto porque ao apontar o polegar na direção positiva de x e o indicador na direção positiva de y (formando a letra L com esses dedos) o dedo médio aponta da direção positiva de z, em direções opostas nas duas mãos. Faça você mesmo esses gestos com suas mãos para perceber a diferença entre elas (Figura 2.3).

Podemos observar ainda que, agrupando os três eixos dois a dois obtemos três planos: o plano x-y, o plano x-z e o plano y-z. Isoladamente, cada um desses planos subdivide o espaço em duas regiões, chamadas de semiespaços. Juntos, tais planos subdividem o espaço em oito octantes. Os conceitos de octantes e semiespaços são explorados na prática da Computação Gráfica por facilitar a formulação de alguns algoritmos.

Uma vez definido um Sistema de Coordenadas Cartesiano sobre o espaço 3D, as coordenadas de um ponto $p = (x,y,z)$ são encontradas de maneira semelhante ao caso 2D.

Para encontrar a coordenada relativa a cada eixo, traçamos um plano no qual p está contido e que seja paralelo aos outros dois eixos. Logo (Figura 2.4):

- (para encontrar x): traçamos um plano paralelo ao plano y-z passando por p. Tal plano cruza o eixo x em um ponto que é associado a um valor numérico de acordo com a unidade e sentido escolhidos para o eixo x;

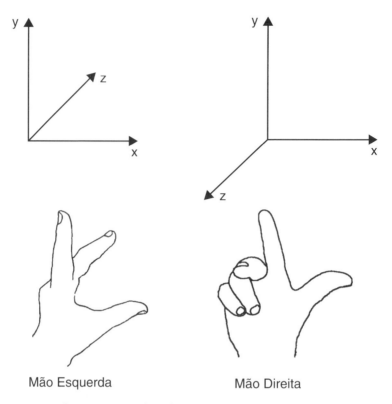

FIGURA 2.3. *Regra da mão esquerda e da mão direita.*

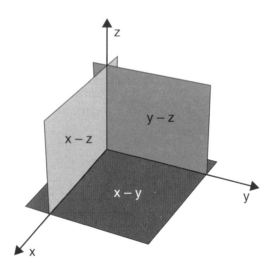

FIGURA 2.4. *Planos definidos pelos eixos do Sistema de Coordenadas em 3D.*

- (para encontrar y): traçamos um plano paralelo ao plano x-z passando por p. Tal plano cruza o eixo y em um ponto que é associado a um valor numérico de acordo com a unidade e sentido escolhidos para o eixo y;
- (para encontrar z): traçamos um plano paralelo ao plano x-y passando por p. Tal plano cruza o eixo z em um ponto que é associado a um valor numérico de acordo com a unidade e sentido escolhidos para o eixo z.

Reparem que, assim como no caso 2D, a definição de um Sistema de Coordenadas Cartesiano no 3D não exige que os eixos sejam ortogonais entre si, nem que assumam a mesma unidade. Embora seja extremamente comum o uso de eixos ortogonais e de mesma unidade de medida, há casos práticos nos quais é importante compreender outras variações cobertas pelas definições apresentadas, em especial, os casos de eixos oblíquos.

2.2. SISTEMAS DE COORDENADAS E A COMPUTAÇÃO GRÁFICA

A abstração matemática dita Sistema de Coordenadas é explorada pela Computação Gráfica como uma ferramenta que permite escolher e alterar a representação de objetos gráficos da maneira que for mais conveniente a cada operação de processamento visual. Ou seja, dá a liberdade de escolhermos a partir da tarefa que queremos executar um Sistema de Coordenadas que produza a representação que mais facilite tal tarefa.

Um exemplo prático é a definição de um Sistema de Coordenadas para tarefas de impressão. Assuma o problema de definir margens de impressão em um papel. De acordo com questões culturais, é comum o uso de diferentes unidades de medidas físicas, como por exemplo: centímetros, milímetros, polegadas, pontos, entre outras. É comum também a adoção de diferentes sentidos para o eixo vertical (para cima ou para baixo) e posicionamentos da origem (cantos, centro do papel).

Se extrapolarmos as referências ocidentais, é comum, no mundo árabe, a leitura iniciando do lado direito para o lado esquerdo, ou seja, neste caso também a referência de sentido do eixo horizontal é invertida se compararmos ao uso habitual em nossa cultura.

Neste contexto, o domínio da abstração de Sistemas de Coordenadas é importante para que se possa transitar entre as diferentes convenções. Há ainda formulações em que o tamanho do papel é normalizado, ou seja, transformado para uma representação no intervalo numérico entre 0 e 1. Desta forma, obtemos um sistema de representação do plano desassociado de qualquer unidade de medida física, facilitando tarefas como a definição de margens por proporções do papel e a conversão entre diferentes formatos de papel na qual se deseja escalar o conteúdo de acordo com as proporções do papel.

Sobre o uso de sistemas de coordenadas em aplicações de desenho de cenas 3D, tais aplicações são decompostas internamente como uma sequência de tarefas com o objetivo de, partindo da definição de objetos que o compõe e caracterizam a cena 3D, produzir uma imagem 2D. Tal sequência de operações forma a chamada *pipeline* gráfica, ou *pipeline* de renderização. Mais formalmente, o processo dito renderização de uma cena agrupa diversas transformações e operações responsáveis pela criação de uma representação rasterizada 2D a partir de uma cena 3D. Suas etapas serão discutidas em detalhes ao longo do livro.

No intuito de facilitar as tarefas envolvidas no processo de renderização de uma cena 3D, é comum a definição e uso dos seguintes Sistemas de Coordenadas, chamados de sistemas de referência da *pipeline* gráfica:

- Sistema de Coordenadas do Objeto
- Sistema de Coordenadas do Mundo
- Sistema de Coordenadas da Câmera
- Sistema de Coordenadas de Normalizado
- Sistema de Coordenadas do Dispositivo

A seguir descrevemos a motivação para a representação em cada um desses sistemas.

2.2.1. Sistema de Coordenadas do Objeto

O padrão de referência conhecido como Sistema de Coordenadas do Objeto é também conhecido com os nomes de Sistema de Coordenadas do Modelo ou Local. Tal padrão estabelece uma referência relativa ao próprio objeto 3D durante sua criação (modelagem). O designer, modelador ou programador 3D é livre para escolher a origem desse sistema de coordenadas local e, também, a definição de seus eixos e unidades de medida associada a cada um.

Assim, ele pode criar um modelo se preocupando apenas com o próprio objeto 3D em questão, sem necessariamente prever como no futuro será feita a introdução desse modelo em um mundo virtual. Neste contexto, não é preciso prever, por exemplo, onde o objeto será posicionado na cena, ou ainda as relações entre ele e outros possíveis objetos de uma cena.

Resumindo, a modelagem dos objetos da cena é feita de maneira a ser isolada por objeto, onde cada objeto criado é associado a um sistema de coordenadas próprio, adotando eixos e unidades da escolha de seu criador.

O resultado mais frequentemente produzido por aplicativos de modelagem de objetos 3D é uma malha poligonal que define uma coleção de

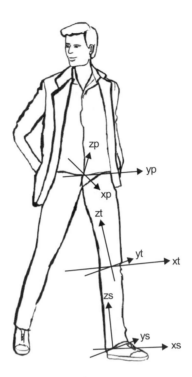

FIGURA 2.5. *Exemplos de diferentes Sistemas de Coordenadas para um objeto 3D.*

vértices, arestas e faces que compõem a superfície de um poliedro. Esse conjunto dito malha é comumente usado para representar um objeto da cena 3D, e os valores das coordenadas dos polígonos que compõem sua superfície usam a referência do Sistema de Coordenadas Local adotado.

É comum a definição de Sistemas de Coordenadas do Objeto que estabelecem a origem coincidindo com o centro do modelo, ou, outras vezes, coincidindo com um ponto central a sua base. A Figura 2.5 exemplifica a adoção de diferentes Sistemas de Coordenadas para uma mesma malha. Pode-se perceber o posicionamento da origem no centro dos quadris, do joelho, ou com a posição 3D entre seus pés, bem como, diferentes orientações na definição dos eixos coordenados.

2.2.2. Sistema de Coordenadas do Mundo

Um cenário, seja ele 2D ou 3D, é formado pela composição de objetos posicionados e ajustados em relação a um mundo virtual e em relação uns aos outros. Utiliza-se um Sistema de Coordenadas dito Global, ou do Mundo, para dar suporte a tal composição da cena, uma vez que ele estabelece uma base de referência única, ou universal.

Para inserir um objeto no mundo virtual faz-se necessário transformar sua representação no Sistema de Coordenadas do Objeto para representá-lo no Sistema de Coordenadas do Mundo. Durante tal transformação define-se onde no mundo virtual o objeto será posicionado, qual a sua orientação, seu tamanho relativo às unidades de medida estabelecidas pelos eixos do Sistema de Coordenadas do Mundo, além de serem possíveis outras transformações de ajuste do modelo para seu uso naquele cenário.

Uma vez que um objeto é transformado para compor o cenário, podemos pensar em uma instanciação de objetos no mundo virtual por meio da escolha das transformações que o configuram naquela composição. Instanciar objetos gráficos significa criar e ajustar cópias de um mesmo modelo básico. Desta forma, a instanciação permite que diversas cópias de um mesmo objeto estejam presentes na cena, alterando-se, por exemplo, sua localização, orientação e escala, mas mantendo sua geometria básica.

Em um exemplo simples, podemos imaginar diferentes instanciações no mundo virtual para uma mesma malha de um cubo 3D definido em seu Sistema de Coordenadas do Objeto como unitário, com lados alinhados aos eixos e centralizado na origem. Tal cubo pode dar origem a vários objetos instanciados variando-se as transformações que o configuram no mundo virtual, como, por exemplo, em diferentes posições, tamanhos e orientações (Figura 2.6). Veremos como realizar tais transformações nas próximas seções.

2.2.3. Sistema de Coordenadas da Câmera

Uma câmera virtual define um ponto de vista sob o qual a cena será visualizada e com isso cria uma representação no sistema de Computação Gráfica para o observador da cena. Tal câmera virtual possui uma localização e

FIGURA 2.6. *Boneco feito a partir da instanciação e transformação de cubos.*

orientação no Sistema de Coordenadas do Mundo, da mesma forma que os demais objetos que compõem uma cena.

Para a formação da imagem, dentre todos os objetos que compõe a cena, apenas um subconjunto é de fato visto pela câmera e participa da formação da imagem resultante, ou seja, aqueles posicionados no interior do chamado volume de visão da câmera (Figura 2.7).

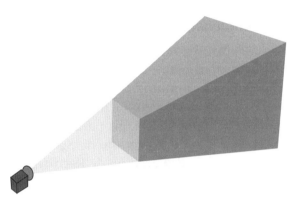

FIGURA 2.7. *Volume de visão da câmera.*

Com essa observação, um novo sistema de coordenadas é definido para facilitar tarefas como a seleção dos objetos a serem visualizados na imagem e a projeção da cena 3D em uma imagem 2D.

O Sistema de Coordenadas da Câmera (também dito: do Olho) estabelece uma referência com a posição da câmera tomada como origem desse sistema, alinhando o eixo z com a profundidade da cena observada pela câmera, o eixo x apontando para a direita da câmera e o eixo y para cima da câmera (Figura 2.8).

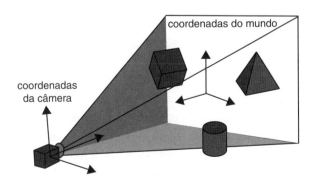

FIGURA 2.8. *Sistema de Coordenadas da Câmera.*

Tipicamente, as bibliotecas de programação de Computação Gráfica assumem que os objetos visualizados da cena se encontram sobre o lado negativo do eixo z do Sistema de Coordenadas da Câmera (de forma a compor um sistema da mão direita). A convenção de observar o eixo z negativo pode ser transformada para convenções de observação do eixo z positivo por transformações simples apresentadas nas próximas seções.

2.2.4. Sistema de Coordenadas Normalizado

O volume de visão associado a uma câmera é altamente dependente dos parâmetros que definem tal câmera e do modelo de projeção adotado (conforme detalhado no próximo capítulo).

Com o objetivo de padronizar o volume de visão em uma representação única, ou seja, independentemente de tais parâmetros, um novo sistema de coordenadas é criado, e recebe o nome de Sistema de Coordenadas Normalizado (ou ainda de Pós-Projeção ou de Recorte).

Este sistema é criado mapeando-se o volume de visão em um cubo normalizado, definido pelo intervalo $-1 \leq x \leq 1$ e $-1 \leq y \leq 1$ e $-1 \leq z \leq 1$ (Figura 2.9). Observe que tal mapeamento pode deformar os objetos da cena.

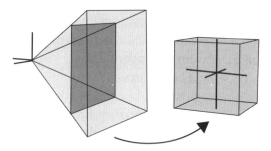

FIGURA 2.9. *Sistema de Coordenadas Normalizado (ou de Recorte): transformação do Frustrum para o cubo normalizado.*

A normalização promovida por esse sistema de coordenadas cria uma representação padrão, permitindo que as tarefas seguintes possam operar de maneira consistente sobre um volume de visão único, sem se preocupar com as configurações específicas de cada câmera virtual utilizada. Ou seja, podem abstrair os detalhes específicos da cena e supor que a sua parte de interesse para a formação da imagem está contida no interior do cubo normalizado.

Desta forma, o Sistema de Coordenadas Normalizado isola as escolhas relacionadas com as configurações de câmera das escolhas relacionadas com o dispositivo final usado.

2.2.5. Sistema de Coordenadas do Dispositivo

A imagem final produzida pelo processo de renderização é composta por uma matriz de pixels (pontos da imagem); cada pixel é associado a um tom de cinza ou a uma cor. Tal imagem é influenciada pelas características do dispositivo no qual será exibida ou armazenada. É necessário definir a quantidade de pixels utilizados (resolução espacial) e a quantidade de memória utilizada para representação das cores em cada pixel (resolução cromática).

Os sistemas de coordenadas discutidos até então não lidam com tais características, focando-se apenas nas etapas de renderização de cenários virtuais que são independentes do dispositivo de saída utilizado. Portanto, faz-se necessário transformar a representação produzida pelas etapas anteriores para coordenadas que possam ser fornecidas diretamente para um dado dispositivo de saída.

Por esse motivo, as aplicações criam uma nova referência dita Sistema de Coordenadas do Dispositivo. Neste sistema, as coordenadas (x,y) são mapeadas para unidades que representam posições de pixels e podem ser interpretadas como índices da matriz da imagem de saída (Figura 2.10).

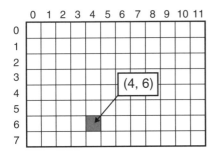 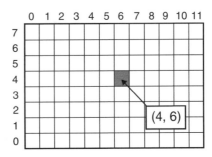

FIGURA 2.10. *Sistema de Coordenadas do Dispositivo: a escolha de orientação do eixo vertical induz a linhas numeradas de cima para baixo (exemplo da esquerda), ou o contrário (exemplo da direita).*

Observe que o processo de padronização realizado pelo Sistema de Coordenadas Normalizado facilita a separação entre as operações nas quais não se faz necessário considerar o dispositivo real utilizado e as operações dependentes das características específicas de cada dispositivo. Assim, é facilitada a troca do dispositivo utilizado sem que seja necessário rever todo o processo de renderização.

2.3. ESCALARES, PONTOS E VETORES

Uma vez estabelecidas referências, sejam no plano (2D) ou no espaço (3D), pelo uso de sistemas de coordenadas apropriados, passamos a utilizar os conceitos de escalares, pontos, vetores e matrizes. Suas propriedades, estabelecidas pela Álgebra Linear e revisadas a seguir, são amplamente exploradas pela Computação Gráfica.

O tipo escalar é normalmente utilizado para representar um valor numérico com interpretação associada a uma unidade de medida. Já o ponto representa uma localização no plano ou no espaço e é descrito por um conjunto ordenado de escalares que definem suas coordenadas em um dado sistema.

O vetor é a representação que simboliza direção. Um vetor descreve uma direção e uma magnitude, enquanto que posições do espaço estão associadas a pontos e não a vetores.

Um vetor **v**, comumente visualizado como uma seta, pode ser definido partindo-se de um ponto inicial **pi**, para um ponto final **pf**. Para encontrá-lo, partindo-se de dois pontos subtraímos o ponto inicial **pi** do ponto final **pf**. Em 2D temos:

$$v = p_i \overrightarrow{p_f} = p_f - p_i = (x_{pf}, y_{pf}) - (x_{pi}, y_{pi}) = <x_{pf} - x_{pi}, y_{pf} - y_{pi}>$$

E em 3D temos:

$$v = p_i \overrightarrow{p_f} = p_f - p_i = (x_{pf}, y_{pf}, z_{pf}) - (x_{pi}, y_{pi}, z_{pf}) = <x_{pf} - x_{pi}, y_{pf} - y_{pi}, z_{pf} - z_{pi}>$$

Tal definição se estende a vetores em um espaço de n dimensões, calculando as diferenças dimensão a dimensão do par de pontos.

A ordem importa. Ao trocarmos **pi** por **pf** estamos criando um vetor de mesma magnitude e direção, mas no sentido oposto, ou seja, partindo de **pf** para **pi**.

Para distinguir vetores de pontos ao longo deste livro usaremos a notação < > ao se tratar de um vetor e ( ) quando nos referirmos a posições, ou seja, a pontos.

Repare que um mesmo vetor pode ser definido pela diferença entre infinitos pares de pontos cujas diferenças são equivalentes (Figura 2.11).

A magnitude ou norma de um vetor $v = <x,y,z>$ é a medida de seu comprimento e recebe a notação $|v|$. Seu cálculo é obtido como:

$$|v| = <x, y, x> = \sqrt{x^2 + y^2 + z^2}$$

FIGURA 2.11. *Vetores equivalentes.*

Podemos usar um vetor para deslocar um ponto do espaço para outro ponto somando-se tal vetor ao ponto:

$$p' = p + v = (x_p, y_p, x_p) + <x_v, y_v, x_v> = (x_p + x_v, y_p + y_v + z_p + z_v)$$

Também é válida a operação de subtrair um vetor de um ponto, pois é equivalente a soma do ponto ao vetor de sentido invertido:

$$p = p' - v = (x'_p, y'_p, x'_p) - <x_v, y_v, x_v> = (x'_p - x_v, y'_p - y_v, z'_p - z_v)$$

Há situações em que queremos representar um ponto como um vetor e assim poder utilizar as operações definidas sobre o conjunto de vetores. Tal vetor recebe o nome de vetor de posição e é obtido subtraindo a origem do sistema de coordenadas $O = (0,0,0)$ do ponto que queremos representar. Logo, o ponto $p = (x,y,z)$ é convertido no vetor v por:

$$v = \vec{O}p = p - O = (x_p, y_p, z_p) - (0,0,0) = <x_p, y_p, z_p>$$

Tal subtração oferece uma base conceitual que permite a transformação de pontos em vetores, embora a implementação propriamente dita do cálculo de subtração de zeros é irrelevante na prática. De forma análoga, podemos converter um vetor em um ponto (posição) acrescentando tal vetor à posição da origem:

$$p = O + v = (0,0,0) + <x_v, y_v, z_v> = (x_v, y_v, z_v)$$

Lembre-se que pontos e vetores são elementos diferentes com propriedades diferentes e quando falamos de um vetor de posição estamos criando uma associação entre um par de pontos e o vetor, sendo o ponto inicial a origem do sistema de coordenadas e o ponto final aquele cujas coordenadas se encontram somando o vetor à origem.

2.4. ARITMÉTICA DE VETORES

A seguir, revisamos operações aritméticas definidas sobre o conjunto de vetores.

A soma entre pares de vetores resulta em um novo vetor cujas coordenadas são obtidas com a soma das coordenadas correspondentes nos vetores originais. É definida como (Figura 2.12):

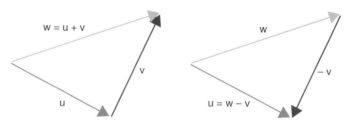

FIGURA 2.12. *Soma de vetores.*

$$v_a + v_b = <x_{va}, y_{va}, z_{va}> + <x_{vb}, y_{vb}, z_{vb}> = <x_{va}+x_{vb}, y_{va}+y_{vb}, z_{va}+z_{vb}>$$

e de maneira semelhante a subtração pode ser obtida por:

$$v_a - v_b = <x_{va}, y_{va}, z_{va}> - <x_{vb}, y_{vb}, z_{vb}> = <x_{va}-x_{vb}, y_{va}-y_{vb}, z_{va}-z_{vb}>$$

Podemos multiplicar um vetor por um valor constante, representado por um escalar (Figura 2.13):

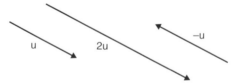

FIGURA 2.13. *Multiplicação de um vetor por um escalar.*

$$c*v = c*<x_v, y_v, z_v> = <c*x_v, c*y_v, c*z_v>$$

Nos casos de valores escalares negativos, o sentido do vetor é invertido pela operação. Em especial, ao multiplicar um vetor qualquer por -1, obtemos o vetor de mesma direção e magnitude que o original, mas de sentido oposto.

Um vetor unitário é um vetor qualquer que possui norma 1. É bastante útil sabermos transformar um vetor qualquer em um vetor unitário

TABELA 2.1 Propriedades da aritmética de vetores	
Comutativa	$v + w = w + v$
Distributiva	$a * (v + w) = a * v + a * w$ $(a + b) * v = a * v + b * v$
Associativa	$u (v + w) = (v + u) + w$
Identidade Aditiva	$v + 0 = 0 + v = v$
Identidade Multiplicativa	$1 + v = v * 1 = v$
Inverso Aditivo	$v + (-v) = 0$

de maneira a criar uma representação normalizada para uma direção. Tal processo recebe o nome de normalização do vetor e pode ser realizado multiplicando-se o vetor pelo escalar $1/|v|$:

$$u = \frac{v}{|v|} = <\frac{x_v}{|v|}, \frac{y_v}{|v|}, \frac{x_v}{|v|}>$$

A Tabela 2.1 resume propriedades importantes da aritmética de vetores (assumindo u, v e w como vetores, a e b como escalares):

2.5. PRODUTO INTERNO E PRODUTO VETORIAL

Há ainda duas operações entre vetores que não podem faltar no entendimento da Computação Gráfica, denominadas produto interno e produto vetorial.

O produto interno (Figura 2.14), também chamado produto escalar, é simbolizado pelo operador ponto e produz um valor relacionado ao comprimento dos dois vetores e ao ângulo formado entre eles (simbolizado por theta). Pode ser encontrado como:

$$v \cdot w = <x_v, y_v, z_v> \cdot <x_w, y_w, z_w> = x_v * x_w + y_v * y_w + z_v * z_w = |v| * |w| * \cos(\theta)$$

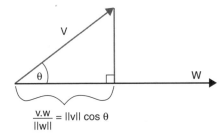

FIGURA 2.14. *Produto interno.*

TABELA 2.2 Propriedades do produto escalar	
Produto nulo	$v \cdot 0 = 0$ para um vetor qualquer se $v \cdot v = 0$ então $v = 0$
Comutativa	$v \cdot w = w \cdot v$
Distributiva	$u \cdot (v + w) = u \cdot v + u \cdot w$ $(v + w) \cdot u = v \cdot u + w \cdot u$
Associativa	$a * (v \cdot w) = (a * v) \cdot w = v \cdot (a * w)$
Produto escalar quadrado	$v \cdot v = |v|^2$

Uma das aplicações práticas do produto interno é usá-lo para testar se dois vetores são ortogonais. Observe que quando theta é 90° o produto interno resulta em zero, produzindo um teste simples de ortogonalidade.

Ao longo dos capítulos, manipulando a definição apresentada, usaremos o produto interno para calcular a projeção de um vetor sobre outro, bem como para encontrar o ângulo formado entre dois vetores. A Tabela 2.2 apresenta propriedades do produto interno (assumindo **u**, **v** e **w** como vetores e a como escalar).

O produto vetorial de dois vetores, simbolizado pelo operador × resulta em um terceiro vetor ortogonal aos dois primeiros (Figura 2.15). Este operador atua sobre vetores 3D e pode ser calculado usando-se:

$$u = v \times w = <y_v * z_w - z_v * y_w, z_v * x_w - x_v * z_w, x_v * y_w - y_v * x_w> = <x_u, y_u, z_u>$$

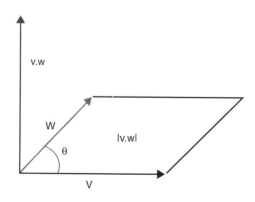

FIGURA 2.15. *Produto vetorial.*

Ou ainda, assumindo a base do sistema de coordenadas como os vetores unitários $i = <1,0,0>$, $j = <0,1,0>$ e $k = <0,0,1>$, podemos calcular o produto vetorial pelo determinante da matriz:

$$v \times w = \begin{vmatrix} i & j & k \\ x_v & y_v & z_v \\ x_w & y_w & z_w \end{vmatrix} =$$

$$= (y_v * z_w)*i + (z_v * x_w)*j + (x_v * y_w)*k - (z_v * y_w)*i - (x_v * z_w)*j - (y_v * x_w)*k =$$

$$= <y_v * z_w - z_v * y_w, z_v * x_w - x_v * z_w, x_v * y_w - y_v * z_w>$$

O comprimento do vetor resultante, é equivalente a área do paralelogramo formado pelos vetores v e w (Figura 2.15). Assumindo theta como o ângulo entre os vetores originais, ele pode ser encontrado da seguinte forma:

$$|v \times w| = |v| * |w| * \operatorname{sen}(\theta)$$

Podemos utilizar o produto vetorial, por exemplo, para verificar se dois vetores são paralelos. Pela definição anterior, se o produto vetorial é zero entre vetores não nulos, podemos afirmar que v e w são paralelos. A Tabela 2.3 a seguir apresenta propriedades do produto vetorial. Supondo u, v e w como vetores e *a* como escalar, temos:

Há ainda as seguintes propriedades entre produtos escalares e vetoriais, que permitem manipulação de equações mistas. Podemos reescrever o produto interno de um vetor *u* com o produto vetorial de vetores v e w como o determinante da matriz cujas linhas são compostas pelas coordenadas de *u*, v e w:

$$u \cdot (v \times w) = \begin{vmatrix} x_u & y_u & z_u \\ x_v & y_v & z_v \\ x_w & y_w & z_w \end{vmatrix}$$

TABELA 2.3 Propriedades do produto vetorial

Produto vetorial inverso	$v \times w = -w \times v$
Múltiplo de escalar por produto vetorial	$a * (v \times w) = (a * v) \times w = v \times (a * w)$
Distributiva à direita	$u \times (v + w) = u \times v + u \times w$
Distributiva à esquerda	$(v + w) \times u = v \times u + w \times u$

Ainda, é possível converter o cálculo do produto vetorial de três vetores em produtos internos e aritmética de vetores como:

$$(v \times u) \times w = (v \cdot w) * u - (v \cdot u) * w$$

2.6. MATRIZES

Uma matriz de dimensão $m \times n$ agrupa elementos em uma disposição retangular de m linhas e n colunas. Nos casos em que o número de linhas é igual ao de colunas, chamamos tal matriz de quadrada. Em particular, estamos interessados nas matrizes cujos elementos representam valores reais.

Podemos pensar em vetores como um caso particular de matrizes que possuem apenas uma dimensão. Um vetor no espaço 3D pode ser representado com uma matriz 3×1, dito vetor coluna, ou representado por uma matriz 1×3 e dito vetor linha. Com essa interpretação de vetores como um caso particular de matrizes, as operações definidas sobre matrizes podem ser aplicadas também a vetores de maneira transparente, usando o mesmo ferramental apresentado a seguir.

Uma matriz M pode ser multiplicada por um valor escalar a, operando a multiplicação elemento a elemento:

$$a * M = [a * m_{i,j}] = \begin{bmatrix} a * m_{1,1} & a * m_{1,2} & a * m_{1,3} & a * m... \\ a * m_{2,1} & a * m_{2,2} & a * m_{2,3} & a * m... \\ ... & ... & ... & ... \end{bmatrix}$$

Duas matrizes A e B com as mesmas dimensões podem ser somadas ou subtraídas e tais operações são realizadas elemento a elemento:

$$A + B = [a_{i,j} + b_{i,j}] =$$

$$= \begin{bmatrix} a_{1,1} & a_{1,2} & a_{1,3} & a... \\ a_{2,1} & a_{2,2} & a_{2,3} & a... \\ ... & ... & ... & ... \end{bmatrix} + \begin{bmatrix} b_{1,1} & b_{1,2} & b_{1,3} & b... \\ b_{2,1} & b_{2,2} & b_{2,3} & b... \\ ... & ... & ... & ... \end{bmatrix} =$$

$$= \begin{bmatrix} a_{1,1} + b_{1,1} & a_{1,2} + b_{1,2} & a_{1,3} + b_{1,3} & a... + b... \\ a_{2,1} + b_{2,1} & a_{2,2} + b_{2,2} & a_{2,3} + b_{2,3} & a... + b... \\ ... & ... & ... & ... \end{bmatrix}$$

e:

$$A - B = [a_{i,j} - b_{i,j}] =$$

$$= \begin{bmatrix} a_{1,1} & a_{1,2} & a_{1,3} & a... \\ a_{2,1} & a_{2,2} & a_{2,3} & a... \\ ... & ... & ... & ... \end{bmatrix} - \begin{bmatrix} b_{1,1} & b_{1,2} & b_{1,3} & b... \\ b_{2,1} & b_{2,2} & b_{2,3} & b... \\ ... & ... & ... & ... \end{bmatrix} =$$

$$= \begin{bmatrix} a_{1,1} - b_{1,1} & a_{1,2} - b_{1,2} & a_{1,3} - b_{1,3} & a... - b... \\ a_{2,1} - b_{2,1} & a_{2,2} - b_{2,2} & a_{2,3} - b_{2,3} & a... - b... \\ ... & ... & ... & ... \end{bmatrix}$$

A operação conhecida como transposta de uma matriz, simbolizada pelo uso de um T superescrito, realiza a troca de posicionamento de seus elementos de maneira que m_{ij} passa para a posição m_{ji} após a operação. Assim:

$$\begin{bmatrix} 1 & 2 & 3 \\ 4 & 5 & 6 \\ 7 & 8 & 9 \end{bmatrix}^T = \begin{bmatrix} 1 & 4 & 7 \\ 2 & 5 & 8 \\ 3 & 6 & 9 \end{bmatrix}$$

Repare que os elementos m_{ij} com $i = j$, chamados elementos da diagonal da matriz, não são alterados pela transposta. Matrizes idênticas às suas transpostas são chamadas de matrizes simétricas.

Assumiremos neste livro a representação de vetores com o uso de vetores coluna. Lembre-se dessa premissa ao comparar formulações de diferentes fontes da literatura. Dados dois vetores u e v, podemos reescrever o produto interno entre eles como:

$$u \cdot v = u^T v$$

Para que duas matrizes sejam multiplicadas, exige-se que o número p de colunas da primeira seja igual ao número de linhas da segunda. O resultado da multiplicação será uma matriz com o número m de linhas da primeira e o número n de colunas da segunda.

$$C_{m \times n} = A_{m \times p} B_{p \times n}$$

A operação de multiplicação de matrizes pode ser pensada como a composição de produtos internos, onde cada produto interno opera entre uma linha da primeira matriz a_{li} e uma coluna da segunda b_{cj}, e, portanto, precisam ser vetores de mesma dimensionalidade (ou seja, ter a mesma quantidade de elementos p).

$$AB = \begin{bmatrix} <a_{1,1}, a_{1,2}> \\ <a_{2,1}, a_{2,2}> \\ <a_{3,1}, a_{3,2}> \end{bmatrix} * \begin{bmatrix} \wedge & \wedge \\ b_{1,1} & b_{1,2} \\ b_{2,2} & b_{2,2} \\ \vee & \vee \end{bmatrix} = \begin{bmatrix} a_{l1}^{T} \\ a_{l2}^{T} \\ a_{l3}^{T} \end{bmatrix} * [b_{c1} \quad b_{c2}] == \begin{bmatrix} a_{L1}^{T} \cdot b_{c1} & a_{L1}^{T} \cdot b_{c2} \\ a_{L2}^{T} \cdot b_{c1} & a_{L2}^{T} \cdot b_{c2} \\ a_{L3}^{T} \cdot b_{c1} & a_{L3}^{T} \cdot b_{c2} \end{bmatrix}$$

A operação de transposta aparece na equação anterior por assumirmos a notação de vetores com notação de vetores coluna. Podemos observar que o número de elementos gerados na matriz resultante é o número de produtos internos sendo realizado ($m \times n$ produtos internos cada um de dimensão p).

Lembre-se que a operação de multiplicação de matrizes não é comutativa, ou seja, a ordem importa. Apresentamos, a seguir, um exemplo de multiplicação de duas matrizes que produzem resultados distintos quando trocadas de ordem:

$$AB = \begin{bmatrix} 1 & 2 \\ 3 & 4 \end{bmatrix} * \begin{bmatrix} 0 & 1 \\ 2 & 0 \end{bmatrix} = \begin{bmatrix} 4 & 1 \\ 8 & 3 \end{bmatrix}$$

$$BA = \begin{bmatrix} 0 & 1 \\ 2 & 0 \end{bmatrix} * \begin{bmatrix} 1 & 2 \\ 3 & 4 \end{bmatrix} = \begin{bmatrix} 3 & 4 \\ 2 & 4 \end{bmatrix}$$

Logo, embora possamos achar casos em que $AB = BA$, essa não é uma propriedade geral da multiplicação de matrizes.

A matriz identidade é uma matriz quadrada contendo 1 nas posições da sua diagonal e zero nas demais, e é representada por I.

A identidade faz para a multiplicação de matrizes o papel análogo ao do número 1 na multiplicação de números reais. Ao multiplicarmos um número n qualquer por 1, tal número não é alterado. Da mesma forma, uma matriz qualquer multiplicada por uma matriz identidade de dimensões apropriadas não altera a matriz original. Esta propriedade pode ser escrita como:

$$AI = IA = A$$

Seja n um número diferente de 0, seu inverso multiplicativo é tal que, quando multiplicado por ele, o resultado é 1. Podemos escrever o inverso de um número n como n^{-1}:

$$n * \frac{1}{n} = n * n^{-1} = 1$$

A inversa de uma matriz, se existir, faz analogia com a notação do inverso multiplicativo de um número real ao ser representada pelo superescrito -1, atendendo a propriedade:

$$A * A^{-1} = I$$

Essa propriedade permite que a matriz inversa seja interpretada como a matriz que desfaz a operação aplicada pela original. Porém, lembre-se de que nem todas as matrizes possuem inversa, logo, nem todas as operações descritas por uma matriz podem ser desfeitas.

Tal propriedade pode ser usada na manipulação de equações que envolvem multiplicação de matrizes como na resolução de sistemas de equações lineares. Suponha que queremos descobrir os valores da matriz X que atendem a equação a seguir, na qual as matrizes A e B são conhecidas:

$$A * X = B$$

Neste caso, encontrando-se a inversa de A podemos reescrever o sistema como:

$$(A^{-1}) AX = (A^{-1}) B$$
$$(A^{-1} A) X = (A^{-1}) B$$
$$IX = (A^{-1}) B$$
$$X = (A^{-1}) B$$

Assim, é possível encontrar os elementos da matriz X diretamente pelo cálculo do produto das matrizes conhecidas $(A^{-1})B$.

O cálculo de matrizes inversas é geralmente pesado e deve ser evitado sempre que possível, ou substituído por soluções fechadas conhecidas para determinados tipos de matrizes (conforme os exemplos apresentados na próxima seção).

A Tabela 2.4 apresenta propriedades úteis para manipulação de matrizes.

A manipulação de matrizes dá suporte às transformações lineares, amplamente utilizadas em Computação Gráfica (apresentadas na próxima seção).

TABELA 2.4 Propriedades das operações com matrizes

Adição comutativa	$A + B = B + A$
Adição associativa	$A + (B + C) = (A + B) + C$
Multiplicação associativa	$(AB)C = A(BC)$
Multiplicação distributiva	$k * (A + B) = k * A + k * B$ $A(B + C) = AB) + AC$ $(A + B)C = AB + AC$
Identidade multiplicativa	$A * I = I * A$
Propriedades da transposta	$(kA)^T = k(A^T)$ $(A + B)^T = A^T + B^T$ $(A^T)^T = A$
Propriedades da inversa	$(AB)^{-1} = A^{-1} B^{-1}$

Vetores e matrizes, quando pensados sobre o ponto de vista da computação, são representados por estruturas de dados densas e contínuas, muito parecidas com o modelo organizacional da memória dos computadores.

Logo, matrizes se relacionam diretamente com as estruturas conceituais e físicas de armazenamento, facilitando desde o trabalho dos programadores até a implantação eficiente de suas operações e manipulações. Em especial, tal manipulação eficiente de operações matriciais motivou o desenvolvimento e continua sendo um diferencial do hardware de processamento gráfico, conhecido como GPU (do inglês *Graphics Processing Unit*, ou Unidade de Processamento Gráfico).

2.7. TRANSFORMAÇÕES LINEARES

Para a matemática, uma transformação T é qualquer função f que realiza um mapeamento de um conjunto de entrada, dito *domínio,* em um conjunto de saída, dito *contradomínio.* Podemos exemplificar com transformações que associam cada ponto p do plano (domínio) para um novo ponto p' do plano (contradomínio), tal que $T: R^2 \rightarrow R^2$. De maneira semelhante, podemos definir transformações que levam pontos no espaço para o espaço como $T:R^3 \rightarrow R^3$. Entre suas inúmeras aplicações, transformações permitem mapear um objeto em outro objeto (Figura 2.16).

Estamos interessados em um subconjunto de transformações, classificadas como transformações lineares, as quais são amplamente utilizadas na manipulação de objetos 2D e 3D. São descritas na forma de composições lineares, ou seja, utilizando somas e multiplicações por escalares.

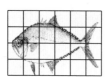 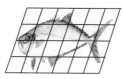 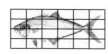 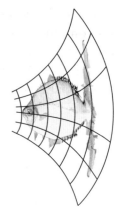

FIGURA 2.16. *Transformações de objetos.*

Formalmente, uma função *T* é uma transformação linear se atende para todo vetor **u** e **v**:

$$T(u+v)=T(u)+T(v)$$
$$T(a*v)=a*T(v)$$

As seguintes equações ilustram um exemplo de transformação linear $T:R^3 -> R^3$ em pontos *p* =(*x*,*y*,*z*) para *p'* = (*x'*,*y'*,*z'*):

$$x'=-1*x$$
$$y'=3*x+3*y$$
$$z'=1*x+1*y+1*z$$

As transformações lineares podem ser igualmente representadas por matrizes. O exemplo anterior seria representado como:

$$\begin{bmatrix}x'\\y'\\z'\end{bmatrix}=\begin{bmatrix}-1 & 0 & 0\\3 & 3 & 0\\1 & 1 & 1\end{bmatrix}*\begin{bmatrix}x\\y\\z\end{bmatrix}$$

Ao observar o exemplo anterior, note que assumimos neste livro o uso da representação de vetores coluna. Ao comparar com referências que assumem representação de vetores linha, a ordem da multiplicação deve ser invertida, bem como a matriz de transformação substituída por sua transposta, ou seja, de *M*v* para *v*M*^{T}.

Uma vez representadas como matrizes, n transformações lineares podem ser combinadas e agrupadas fazendo com que um ponto p seja transformado inicialmente pela matriz M_1, depois pela matriz M_2 e assim sucessivamente, até a matriz M_n. Logo, p descrito por um vetor coluna é transformado da direita para a esquerda em:

$$p' = M_n * \cdots M_4 * M_3 * M_2 * M_1 * p$$

Em representações que utilizam vetores linha, a equação passa a ser escrita da esquerda para a direita e pelas matrizes transpostas:

$$p' = p * M_1^T * M_2^T * M_3^T * M_4^T \ldots * M_n^T$$

Aplicar uma transformação a uma malha descrevendo um objeto de uma cena nada mais é do que repetir a mesma operação em cada um dos k pontos que definem o conjunto de vértices da malha. Como na prática é comum aplicar uma composição de transformações a um grande número de pontos, convém calcularmos antes de tudo o agrupamento das matrizes de transformação usando a propriedade associativa da multiplicação de matrizes. Ou seja, podemos calcular inicialmente a matriz $M = M_n....M_4M_3M_2M_1$ e utilizar M diretamente na transformação de vários pontos sem precisar refazer os cálculos das multiplicações de matrizes M_1 a M_n a cada ponto.

$$p_1' = M_n * \cdots M_4 * M_3 * M_2 * M_1 * p_1 = M * p_1$$
$$p_2' = M_n * \cdots M_4 * M_3 * M_2 * M_1 * p_2 = M * p_2$$
$$\ldots$$
$$p_k' = M_n * \cdots M_4 * M_3 * M_2 * M_1 * p_k = M * p_k$$

Cabe lembrar que a ordem importa ao falarmos de multiplicação de matrizes. Portanto, a ordem da multiplicação em uma composição é geralmente relevante ao resultado final obtido, existindo matrizes que, quando trocadas, alteram tal resultado.

A seguir, descrevemos as transformações lineares mais utilizadas na manipulação de objetos gráficos.

2.7.1. Transformação de Escala

A transformação dita Escala permite mudar as dimensões de um objeto. A Figura 2.17 ilustra essa transformação.

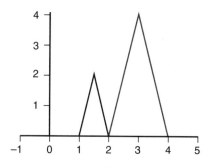 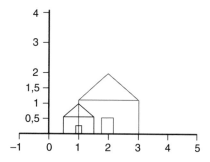

FIGURA 2.17. *Escala de objetos.*

Em 2D, podemos definir uma transformação de escala pelo fator s_x de alteração da coordenada x e pelo fator s_y da coordenada y como:

$$x' = s_x * x$$
$$y' = s_y * y$$

A escala 2D pode ser representada na forma matricial como:

$$\begin{bmatrix} x' \\ y' \end{bmatrix} = \begin{bmatrix} s_x & 0 \\ 0 & s_y \end{bmatrix} * \begin{bmatrix} x \\ y \end{bmatrix}$$

Já no espaço tridimensional podemos incluir um terceiro fator de escala s_z para modificar a coordenada z. Desta maneira temos a matriz de escala 3D como:

$$\begin{bmatrix} x' \\ y' \\ z' \end{bmatrix} = \begin{bmatrix} s_x & 0 & 0 \\ 0 & s_y & 0 \\ 0 & 0 & s_z \end{bmatrix} * \begin{bmatrix} x \\ y \\ z \end{bmatrix}$$

O uso de fatores de escala dentro do intervalo entre]0,1[tem o efeito de encolhimento, enquanto um valor exatamente igual a 1 mantém o objeto sem alteração e valores maiores que 1 provocam ampliação. Quando os fatores de escala são idênticos entre si a escala é dita uniforme, e nos casos contrários a escala é dita não uniforme (Figura 2.18).

Existe uma forma fechada para se desfazer uma transformação de escala. Isso significa que se quisermos invertê-la não precisamos usar recursos computacionais para cálculo da matriz inversa, mas que ao invés disso

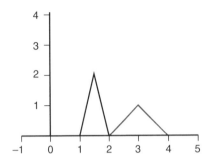 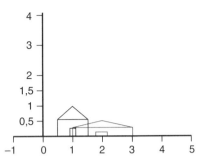

FIGURA 2.18. *Escala não uniforme.*

podemos codificar tal inversa diretamente. A inversa de uma matriz de escala de fatores s_x, s_y e s_z nada mais é do que a matriz de escala de fatores s_x^{-1}, s_y^{-1} e s_z^{-1} (ou seja, $1/s_x$, $1/s_y$ e $1/s_z$):

$$\begin{bmatrix} x' \\ y' \\ z' \end{bmatrix} = \begin{bmatrix} \frac{1}{s_x} & 0 & 0 \\ 0 & \frac{1}{s_y} & 0 \\ 0 & 0 & \frac{1}{s_z} \end{bmatrix} * \begin{bmatrix} x \\ y \\ z \end{bmatrix}$$

Algumas propriedades interessantes devem ser observadas. Sendo uma transformação linear, a escala deixa a origem do sistema inalterada. Repare, porém, que um objeto distante da origem do sistema de coordenadas ao ser escalado é deslocado em relação à origem proporcionalmente aos fatores de escala escolhidos.

2.7.2. Transformação de Rotação

A transformação linear dita Rotação 2D, ao ser aplicada em um objeto, é equivalente a girá-lo ao redor da origem do Sistema de Coordenadas. Portanto, como nas demais transformações lineares, a origem permanece inalterada por essa transformação. A Figura 2.19 ilustra a rotação de um ponto $p = (x,y)$ em torno da origem, passando para a posição p'.

Para construir uma matriz representando rotação sobre pontos do plano vamos usar de trigonometria e da observação de que a distância entre um ponto qualquer sendo rotacionado e a origem permanece a mesma antes e depois da rotação. A essa distância damos o nome de raio r, que é obtido como:

$$r = \sqrt{x^2 + y^2}$$

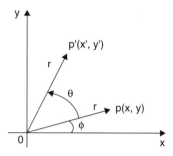

FIGURA 2.19. *Rotação do ponto p.*

As coordenadas de um ponto *p* = (*x,y*) podem ser reescritas como:

$$x = r * \cos(\sigma)$$
$$y = r * \text{sen}(\sigma)$$

onde σ (sigma) representa o ângulo formado por *r* e o eixo horizontal.

Depois de rotacionado por um ângulo θ (theta), o tamanho do raio é mantido, mas *r* passa a formar o ângulo de ($\theta + \phi$) em relação ao eixo horizontal (Figura 2.19). Logo, podemos encontrar as coordenadas do ponto *p'* = (*x'*, *y'*) (p rotacionado) usando expansões trigonométricas sobre a nova posição definida por *r*:

$$x' = r*\cos(\sigma+\theta) = r*\cos(\sigma)*\cos(\theta) - r*\text{sen}(\sigma)*\text{sen}(\theta)$$
$$y' = r*\text{sen}(\sigma+\theta) = r*\text{sen}(\sigma)*\cos(\theta) + r*\cos(\sigma)*\text{sen}(\theta)$$

Agora podemos substituir as coordenadas originais de *p* = (*x,y*) = (*r*cos(σ)*, *r*sen(σ)*) na equação anterior, pois elas são conhecidas. Assim, formando as expressões:

$$x' = x*\cos(\theta) - y*\text{sen}(\theta)$$
$$y' = y*\cos(\theta) + x*\text{sen}(\theta)$$

Que podem ser descritas na forma matricial como:

$$\begin{bmatrix} x' \\ y' \end{bmatrix} = \begin{bmatrix} \cos(\theta) & -\text{sen}(\theta) \\ \text{sen}(\theta) & \cos(\theta) \end{bmatrix} * \begin{bmatrix} x \\ y \end{bmatrix}$$

Ao aplicar a rotação nos pontos que descrevem um objeto centralizado ao redor da origem obtemos o efeito de rotação ao redor de si mesmo, uma vez que a origem é mantida fixa, enquanto que objetos fora da origem têm todos os seus pontos alterados pela rotação do plano (Figura 2.20).

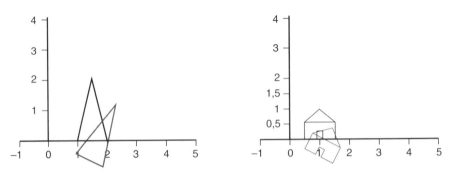

FIGURA 2.20. *Rotação de objetos.*

No 3D, a rotação permite, por exemplo, que os objetos sejam visualizados por diferentes ângulos. Uma das maneiras de se modelar a rotação em 3D é fazer tal operação individualmente ao redor de cada um dos eixos. Seguindo essa abordagem, são usados os chamados ângulos de Euler. A partir de três eixos, x, y e z, podemos definir os três ângulos de rotação de Euler, β, δ, ϕ:

- o ângulo β define o giro em torno do eixo x, para pontos no plano yz;
- o ângulo δ define o giro em torno do eixo y, para pontos no plano xz;
- e o ângulo ϕ que define o giro em torno do eixo z, para pontos no plano xy (Figura 2.21).

Essa decomposição faz com que cada rotação possa ser obtida a partir da análise de operações realizadas nos planos xy, yz e xz enquanto o eixo

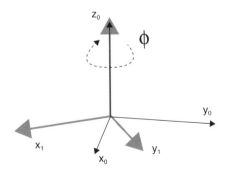

FIGURA 2.21. *Rotação ao redor de Z.*

ortogonal a tais planos é mantido fixo durante a rotação. Desta forma, cada transformação de rotação por ângulos de Euler tem sua definição simplificada ao tratamento de apenas duas dimensões.

O sentido positivo desses ângulos é afetado pela ambiguidade na definição do sentido do terceiro eixo no espaço 3D anteriormente discutida (Figura 2.22). Ou seja, precisamos observar se foi adotado um sistema de coordenadas que observa a regra da mão direita (padrão mais usado) ou da mão esquerda. Tomando a mão definida como padrão e posicionando o polegar na direção positiva do eixo escolhido para a rotação, o sentido positivo de rotação é dada pelo sentido de fechamento dos dedos (Figura 2.23). Você

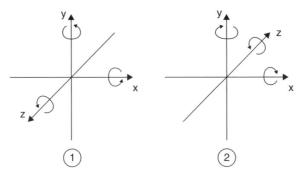

FIGURA 2.22. *Sentido positivo de rotação: sistemas definidos pela regra (1) da mão direita; (2) da mão esquerda.*

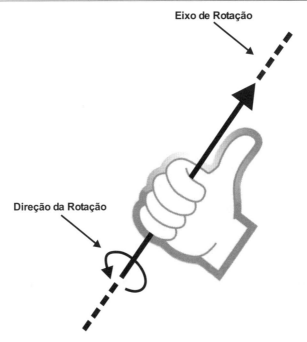

FIGURA 2.23. *Sentido positivo da rotação.*

pode apontar o polegar para si e perceber que a mão direita produz rotação de sentido anti-horário enquanto que a esquerda (menos usada) produz rotação de sentido horário.

A forma matricial da rotação é dependente do eixo sobre o qual se efetua a rotação. A matriz de rotação ao redor do eixo x pelo ângulo de Euler β é definida como:

$$\begin{bmatrix} x' \\ y' \\ z' \end{bmatrix} = \begin{bmatrix} 1 & 0 & 0 \\ 0 & \cos(\beta) & -\text{sen}(\beta) \\ 0 & \text{sen}(\beta) & \cos(\beta) \end{bmatrix} * \begin{bmatrix} x \\ y \\ z \end{bmatrix}$$

ao redor de y por δ:

$$\begin{bmatrix} x' \\ y' \\ z' \end{bmatrix} = \begin{bmatrix} \cos(\delta) & 0 & \text{sen}(\delta) \\ 0 & 1 & 0 \\ -\text{sen}(\delta) & 0 & \cos(\delta) \end{bmatrix} * \begin{bmatrix} x \\ y \\ z \end{bmatrix}$$

e ao redor de z por ϕ:

$$\begin{bmatrix} x' \\ y' \\ z' \end{bmatrix} = \begin{bmatrix} \cos(\phi) & -\text{sen}(\phi) & 0 \\ \text{sen}(\phi) & \cos(\phi) & 0 \\ 0 & 0 & 1 \end{bmatrix} * \begin{bmatrix} x \\ y \\ z \end{bmatrix}$$

De maneira mais geral, os ângulos de Euler facilitam uma definição precisa das rotações em relação a um sistema de eixos. Esses ângulos definem a rotação em um plano pelo giro em torno de um vetor normal a esse plano. São muito usados na Mecânica (na descrição do movimento de peças e partes de máquinas) e na Física (para o posicionamento de objetos) [Kane, 1983].

Podemos observar que as colunas de uma matriz de rotação em torno de certo eixo cartesiano são dadas pela transformação dos vetores da base canônica.

Outra observação importante é que matrizes de rotação são ortonormais. Isto implica dizer que cada uma das suas colunas forma um vetor de comprimento 1 e que, tomando tais vetores dois a dois, eles são mutuamente ortogonais, isto é, seus produtos internos resultam em zero. O mesmo é válido para as linhas de matrizes de rotação.

A inversa de uma matriz de rotação pode ser encontrada se obtendo a matriz de rotação pelo ângulo negativo ao aplicado originalmente. Entretanto, há outra forma de se encontrar a inversa de matrizes de rotação. Para isso podemos usar o fato de serem matrizes ortonormais, as quais implicam em inversas que são simplesmente a transposta da matriz original. Logo, no caso de matrizes de rotação, podemos assumir: $R^{-1} = R^T$.

Ao definirmos a rotação por combinação de rotações definidas por meio de ângulos de Euler, teremos um resultado que é dependente da ordem de definição das rotações. Experimente dar três rotações em um objeto qualquer (uma caixinha, por exemplo) de 90° em torno dos seus eixos. Repita o processo duas vezes, mas em ordens diferentes, e você não terá a mesma face do objeto como resultado. A combinação das rotações não é comutativa. Além disso, certa rotação no espaço desejada pode ser obtida por diferentes combinações de rotações por ângulos de Euler, causando uma ambiguidade perigosa.

Outra restrição que afeta diretamente sua aplicação em animações ou geração de movimentos utilizando rotação em geral é a falta de um mecanismo de interpolação suave entre poses.

Discutiremos outra representação para rotações na Seção 2.7.

2.7.3. Outras Transformações Lineares

A manipulação dos elementos de uma matriz de mesmas dimensões que os pontos transformados define uma Transformação Linear de tais pontos e produz vários efeitos. Além da Escala e Rotação, as transformações de Reflexão e de Cisalhamento, descritas a seguir, são as mais comumente utilizadas na Computação Gráfica. Entretanto, tais transformações podem ser reescritas usando variações e combinações das transformações de Rotação e Escala. Por tal motivo, Rotação e Escala são ditas transformações básicas da classe de Transformações Lineares.

2.7.3.1. Transformação de reflexão

A transformação de reflexão em torno de um eixo é também chamada de espelhamento ou *flip*. Ao ser aplicada a um objeto, produz seu reflexo como se fosse visto por um espelho posicionado sobre o eixo escolhido para reflexão.

No caso de uma reflexão 2D (Figura 2.24), pode-se definir o espelhamento pelo eixo x:

$$\begin{bmatrix} x' \\ y' \end{bmatrix} = \begin{bmatrix} -1 & 0 \\ 0 & 1 \end{bmatrix} * \begin{bmatrix} x \\ y \end{bmatrix}$$

FIGURA 2.24. *Exemplo de reflexão 2D.*

Pelo eixo y:

$$\begin{bmatrix} x' \\ y' \end{bmatrix} = \begin{bmatrix} 1 & 0 \\ 0 & -1 \end{bmatrix} * \begin{bmatrix} x \\ y \end{bmatrix}$$

Ou por ambos os eixos x e y:

$$\begin{bmatrix} x' \\ y' \end{bmatrix} = \begin{bmatrix} -1 & 0 \\ 0 & -1 \end{bmatrix} * \begin{bmatrix} x \\ y \end{bmatrix}$$

Quando falamos de espaço, a reflexão passa a ocorrer por planos. Podemos ter uma reflexão da coordenada *x* pelo plano *yz*:

$$\begin{bmatrix} x' \\ y' \\ z' \end{bmatrix} = \begin{bmatrix} -1 & 0 & 0 \\ 0 & 1 & 0 \\ 0 & 0 & 1 \end{bmatrix} * \begin{bmatrix} x \\ y \\ z \end{bmatrix}$$

Bem como da coordenada y pelo plano xz:

$$\begin{bmatrix} x' \\ y' \\ z' \end{bmatrix} = \begin{bmatrix} 1 & 0 & 0 \\ 0 & -1 & 0 \\ 0 & 1 & 1 \end{bmatrix} * \begin{bmatrix} x \\ y \\ z \end{bmatrix}$$

E da coordenada z pelo plano xy como:

$$\begin{bmatrix} x' \\ y' \\ z' \end{bmatrix} = \begin{bmatrix} 1 & 0 & 0 \\ 0 & 1 & 0 \\ 0 & 0 & -1 \end{bmatrix} * \begin{bmatrix} x \\ y \\ z \end{bmatrix}$$

Da mesma forma que no plano, no espaço podemos escrever transformações de reflexão que combinem mais eixos, nesse caso podendo refletir dois ou até três eixos. Em todas as matrizes de reflexão as coordenadas dos eixos não refletidos, se houverem, permanecem inalteradas.

Podemos ainda observar que as reflexões podem ser vistas como um caso especial de transformações de escala com fatores negativos no respectivo eixo de espelhamento (mais especificamente com valores -1). Os tamanhos são mantidos por tais transformações. Obtemos desta forma as mesmas matrizes apresentadas anteriormente.

2.7.3.2. Transformação de cisalhamento

Imaginem uma pilha de folhas de papel, formando um grande bloco. Ao aplicar certa força que produz uma distorção de inclinação na pilha, os papéis são deslocados na horizontal, sem, entretanto, terem sua altura na pilha alteradas. A transformação linear capaz de produzir tal efeito é chamada Cisalhamento (em inglês, *shear*). Para construir a matriz de representação do Cisalhamento exemplificado, podemos modelar o que acontece com o quadrado unitário (Figura 2.25).

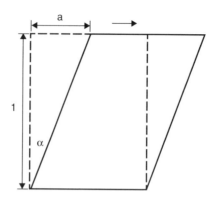

FIGURA 2.25. *Cisalhamento.*

Observe que o vetor e₁ não é alterado pela transformação (a base do cubo continua parada), enquanto que o vetor e₂ é transformado para o vetor <a, 1> (a lateral do cubo é inclinada de maneira a manter a mesma altura e tem um ângulo *a*). Desta maneira, o deslocamento recebido é proporcional à altura. Logo, temos a matriz de cisalhamento citado como:

$$\begin{bmatrix} x' \\ y' \end{bmatrix} = \begin{bmatrix} 1 & a \\ 0 & 1 \end{bmatrix} * \begin{bmatrix} x \\ y \end{bmatrix}$$

Observando o triângulo formado pelos pontos da origem e pelo vetor e₂ antes e depois da transformação de cisalhamento, é possível concluir que *a = tan (a/y)*, onde *a* representa o ângulo induzido pela inclinação do cisalhamento.

Casos em que o cisalhamento acontece na outra dimensão, ou seja, promovendo uma inclinação alterando o valor da coordenada *x* (Figura 2.26), são obtidos pela seguinte matriz de transformação:

$$\begin{bmatrix} x' \\ y' \end{bmatrix} = \begin{bmatrix} 1 & 0 \\ b & 1 \end{bmatrix} * \begin{bmatrix} x \\ y \end{bmatrix}$$

Podemos ainda modelar um cisalhamento no plano com inclinações em ambas as dimensões, não necessariamente idênticas, por (Figura 2.27):

$$\begin{bmatrix} x' \\ y' \end{bmatrix} = \begin{bmatrix} 1 & a \\ b & 1 \end{bmatrix} * \begin{bmatrix} x \\ y \end{bmatrix}$$

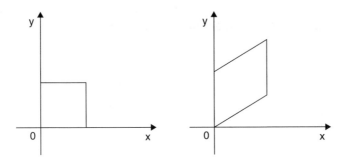

FIGURA 2.26. *Cisalhamento aplicando deslocamento ao crescer x.*

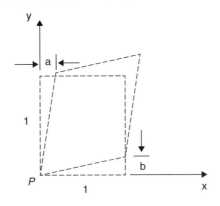

FIGURA 2.27. *Cisalhamento ao longo dos dois eixos.*

Em 3D, podemos pensar em cisalhamento de maneira semelhante. Podemos modelar a inclinação por um dos três eixos, dois deles, ou até mesmo os três (Figura 2.28).

A Tabela 2.5 resume as matrizes de cisalhamento para inclinação um eixo.

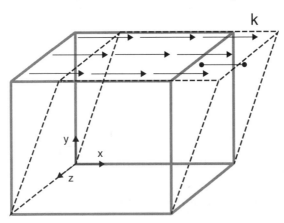

FIGURA 2.28. *Cisalhamento em 3D.*

TABELA 2.5 Matrizes de cisalhamento para inclinação um eixo		
Inclinando x ao crescer y	Inclinando y ao crescer x	Inclinando z ao crescer x
$\begin{bmatrix} x' \\ y' \\ z' \end{bmatrix} = \begin{bmatrix} 1 & a & 0 \\ 0 & 1 & 0 \\ 0 & 0 & 1 \end{bmatrix} * \begin{bmatrix} x \\ y \\ z \end{bmatrix}$	$\begin{bmatrix} x' \\ y' \\ z' \end{bmatrix} = \begin{bmatrix} 1 & 0 & 0 \\ a & 1 & 0 \\ 0 & 0 & 1 \end{bmatrix} * \begin{bmatrix} x \\ y \\ z \end{bmatrix}$	$\begin{bmatrix} x' \\ y' \\ z' \end{bmatrix} = \begin{bmatrix} 1 & 0 & 0 \\ 0 & 1 & 0 \\ a & 0 & 1 \end{bmatrix} * \begin{bmatrix} x \\ y \\ z \end{bmatrix}$
Inclinando x ao crescer z	Inclinando y ao crescer z	Inclinando x ao crescer y
$\begin{bmatrix} x' \\ y' \\ z' \end{bmatrix} = \begin{bmatrix} 1 & 0 & a \\ 0 & 1 & 0 \\ 0 & 0 & 1 \end{bmatrix} * \begin{bmatrix} x \\ y \\ z \end{bmatrix}$	$\begin{bmatrix} x' \\ y' \\ z' \end{bmatrix} = \begin{bmatrix} 1 & 0 & 0 \\ 0 & 1 & a \\ 0 & 0 & 1 \end{bmatrix} * \begin{bmatrix} x \\ y \\ z \end{bmatrix}$	$\begin{bmatrix} x' \\ y' \\ z' \end{bmatrix} = \begin{bmatrix} 1 & 0 & 0 \\ 0 & 1 & 0 \\ 0 & a & 1 \end{bmatrix} * \begin{bmatrix} x \\ y \\ z \end{bmatrix}$

2.7.3.3. Descoberta de uma transformação linear qualquer

Há situações em que queremos definir uma transformação linear de maneira inversa, ou seja, sabendo como um conjunto de pontos se comporta, descobrir qual a matriz que representa tal transformação.

É possível descobrir uma transformação linear no plano, $L:R^2 \rightarrow R^2$, se conhecido como a transformação L altera os vetores da base de R^2. Ou seja, desde que saibamos $L(e_1)$ e $L(e_2)$, onde $e_1 = \, <1,0>$ e $e_2 = \, <0,1>$. Observe:

$$L\begin{bmatrix} x \\ y \end{bmatrix} = \begin{bmatrix} a & b \\ c & d \end{bmatrix} * \begin{bmatrix} x \\ y \end{bmatrix}$$

$$L(e_1) = \begin{bmatrix} a & b \\ c & d \end{bmatrix} * \begin{bmatrix} 1 \\ 0 \end{bmatrix} = \begin{bmatrix} a \\ c \end{bmatrix}$$

$$L(e_2) = \begin{bmatrix} a & b \\ c & d \end{bmatrix} * \begin{bmatrix} 0 \\ 1 \end{bmatrix} = \begin{bmatrix} b \\ d \end{bmatrix}$$

Logo, os valores de $L(e_1)$ e $L(e_2)$ podem ser usados para descobrir as entradas da matriz L. A transformação de um ponto qualquer $p = (x,y) = x*e_1 + y*e_2$ pode ser reescrita como:

$$L(p)=L(x*e_1+y*e_2)$$
$$=x*L(e_1)+y*L(e_2)$$
$$=x*(a,c)+y*(b,d)=$$
$$=x*(a*e_1+c*e_2)+y*(b*e_1+d*e_2)=$$
$$=(a*x+b*y)*e_1+(c*x+d*y)*e_2$$

De maneira semelhante, podemos descobrir uma transformação linear no espaço $L:R^3 \rightarrow R^3$, desde que seja conhecido o mapeamento base e_1, e_2, e_3, ou seja, conhecidos $L(e_1)$, $L(e_2)$, $L(e_3)$.

2.8. TRANSFORMAÇÕES AFINS

Expandindo a classe de transformações lineares para incorporar a soma de vetores, temos o conjunto de transformações chamado de Transformações *Afins*, que podem ser escritas na forma geral de:

$$v' - T(v) - A*v + b$$

Esta formulação geral consiste de uma transformação linear (descrita pela matriz A) seguida por uma translação (descrita pelo vetor b). Na prática, A pode ser resultado da combinação de um conjunto de transformações lineares e ainda assim atender a formulação geral anterior.

Transformações lineares e afins produzem mapeamentos que mantêm linhas retas (três pontos colineares continuam colineares após a transformação); preservam paralelismo (mas não necessariamente mantêm o ângulo entre duas retas concorrentes); e conservam relações de distâncias sobre uma linha (dados p_1, p_2 e p_3 distintos. É preservada a proporção |p_2--p_1|/|p_3-p_2| antes e depois da transformação).

2.8.1. Transformação de Translação

Transladar um ponto no plano $p = (x,y)$ significa deslocá-lo por um vetor $v = <t_x,t_y>$ de maneira que sua nova posição passa a ser $p' = (x + t_x, y + t_y)$. O mesmo ocorre na translação para pontos do espaço, descritos como $p = (x,y,z)$ e deslocados pelo vetor $v = <t_x,t_y,t_z>$ para $p' = (x + t_x, y + t_y, z + t_z)$.

Ao utilizarmos a notação matricial, é possível descrever a translação como:

$$\begin{bmatrix} x' \\ y' \\ z' \end{bmatrix} = \begin{bmatrix} x \\ y \\ z \end{bmatrix} + \begin{bmatrix} t_x \\ t_y \\ t_z \end{bmatrix}$$

Ao pensarmos na inversa de uma translação, é bastante intuitivo perceber que podemos reverter uma translação produzida por um vetor v aplicando-se uma nova translação por um vetor -v.

Ao falarmos da movimentação de um objeto, transladamos o objeto deslocando-se todos os seus pontos pelo mesmo vetor, conforme ilustrado na Figura 2.29. Cabe ainda lembrar que não seria possível representar uma translação por uma transformação linear, uma vez que tais transformações não afetam a origem do sistema, ou seja, o ponto (0,0) permanece fixo qualquer que seja a transformação linear.

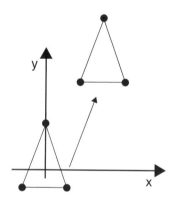

FIGURA 2.29. *Translação.*

2.8.2. Coordenadas Homogêneas

Transformações *Afins* também podem ser implementadas por multiplicação de matrizes de maneira que a transformação $T(v) = A*v + b$ passe a ser descrita por uma única matriz C, como $T(v) = C*v$, mas para isso faz-se necessário o uso de uma nova representação para as matrizes de transformação e para pontos e vetores.

Suponha a inclusão de uma nova coordenada w, dita coordenada homogênea, tal que passamos a representar pontos 2D como (x, y, w) e pontos 3D como (x, y, z, w).

A conversão da representação tradicional para a representação homogênea é feita acrescentando nos pontos w o valor *1*, e utilizando *0* para vetores. Dado um ponto em representação homogênea, voltamos para a representação convencional dividindo-se as coordenadas pelo valor corrente de w e, uma vez que ele passa a ter valor 1, é, em seguida, eliminado.

São representações equivalentes de pontos em 2D:

$$p = (x, y) = (x, y, 1) = (w * x, w * y, w) = \frac{1}{w} * (w * x, w * y, w)$$

São pontos equivalentes em 3D:

$$p = (x, y, z) = (x, y, z, 1) = (w * x, w * y, w * z, w) = \frac{1}{w} * (w * x, w * y, w * z, w)$$

Assim, os objetos geométricos em 2D agora passam a ter três coordenadas e em 3D passam a ser descritos com quatro coordenadas.

Para representarmos transformações de maneira coerente com as coordenadas homogêneas, as transformações lineares passam ser representadas acrescentando-se à sua matriz original uma quarta coluna e uma quarta linha idênticas às da matriz identidade, ou seja, contendo apenas zero a menos da última posição da matriz que recebe 1:

Em 2D:

$$A_{3\times3} = \begin{bmatrix} L_{2\times2} & & 0 \\ & & 0 \\ 0 & 0 & 1 \end{bmatrix}$$

Em 3D:

$$A^{4\times4} = \begin{bmatrix} & & & 0 \\ & L_{3\times3} & & 0 \\ & & & 0 \\ 0 & 0 & 0 & 1 \end{bmatrix}$$

O uso de coordenadas homogêneas tem a grande vantagem de permitir a representação das transformações afins e lineares de maneira uniforme. Repare que a translação pelo vetor 3D b pode ser escrita na forma da seguinte multiplicação de matrizes:

$$\begin{bmatrix} x' \\ y' \\ z' \end{bmatrix} = \begin{bmatrix} x \\ y \\ z \end{bmatrix} + \begin{bmatrix} t_x \\ t_y \\ t_z \end{bmatrix} = \begin{bmatrix} x \\ y \\ z \\ 1 \end{bmatrix} + \begin{bmatrix} t_x \\ t_y \\ t_z \\ 0 \end{bmatrix} = \begin{bmatrix} 1 & 0 & 0 & t_x \\ 0 & 1 & 0 & t_y \\ 0 & 0 & 1 & t_z \\ 0 & 0 & 0 & 1 \end{bmatrix} * \begin{bmatrix} x \\ y \\ z \\ 1 \end{bmatrix}$$

Repare, ainda, que podemos reescrever a formulação geral de transformações lineares e afins pelo uso de coordenadas homogêneas como:

Em 2D:

$$A_{3\times3} = \begin{bmatrix} L_{2\times2} & & t_x \\ & & t_y \\ 0 & 0 & 1 \end{bmatrix}$$

Em 3D:

$$A_{4\times4} = \begin{bmatrix} & & & t_x \\ & L_{3\times3} & & t_y \\ & & & t_z \\ 0 & 0 & 0 & 1 \end{bmatrix}$$

Tal uniformidade tem sua importância destacada ao pensarmos em combinações de um conjunto de n transformações afins e lineares, pois permite a padronização de todas as matrizes de transformações no mesmo formato, permitindo serem multiplicadas entre si.

Repare que, mesmo ao concatenar apenas duas matrizes, por exemplo, uma transformação linear B com uma transformação afim $(A*p + v)$, temos:

$$B*(A*p+v)=B*A*p+B*v$$

sendo necessário nessa modelagem reorganizar a transformação para descobrir que parte é influenciada pela posição de entrada (p) e que parte atua como uma translação $(B*v)$ deslocando igualmente, qualquer que seja o ponto de entrada. Você pode escrever outros exemplos de combinação de n matrizes de transformação afim, ou combinações de afins com lineares, e perceber a necessidade dessa reorganização.

Ao representar uma transformação afim com o uso de coordenadas homogêneas $C*p = (A*p + v)$, a combinação de um conjunto de transformações fica transparente e resolvida, apenas utilizando a operação de multiplicação de matrizes representadas com coordenadas homogêneas.

No próximo capítulo, usaremos ainda a representação em coordenadas homogêneas para o desenvolvimento de matrizes que produzem outros tipos de transformação, ditas projetivas.

2.8.3. Combinações de Transformações

As transformações apresentadas produzem uma série de efeitos gráficos interessantes, sendo importante o domínio desse tema e de como transformações combinadas podem atender a especificações de uma determinada situação. São incontáveis as combinações possíveis. Para ilustrar sua diversidade, a seguir são exemplificadas como as operações lineares básicas podem ser combinadas para produzir deformações sobre um quadrado unitário (Seção 2.6.3.1), além de produzir, pela combinação de duas transformações conhecidas, outra transformação conhecida (Seção 2.6.3.2) e, ainda, como translações e rotações podem ser combinadas para a implementação de um sistema de órbitas (Seção 2.6.3.3).

2.8.3.1. Escala ao longo de uma direção qualquer

Suponha que queremos transformar um quadrado unitário centralizado na origem em um losango centralizado na origem, mas de largura 1 e altura 4. Uma possibilidade é escalar a direção de uma de suas diagonais ao mesmo tempo em que deixamos a outra diagonal sem alteração (Figura 2.30). Podemos então formular uma combinação de transformações para conseguir esse efeito. Uma possível solução seria:

- rotacionar 45° o cubo unitário;
- aplicar uma escala não uniforme de $S_y = 4$, mantendo o fator de escala do eixo horizontal como 1.

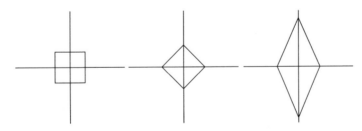

FIGURA 2.30. *Escala ao longo da diagonal do quadrado unitário.*

2.8.3.2. Reescrevendo as rotações com cisalhamentos

As combinações de transformações lineares por vezes produzem outras operações lineares conhecidas. Para ilustrar, observe que a aplicação das três matrizes de cisalhamentos apresentadas produz a matriz de rotação 2D:

$$\begin{bmatrix} \cos(\theta) & -\text{sen}(\theta) \\ \text{sen}(\theta) & \cos(\theta) \end{bmatrix} = \begin{bmatrix} 1 & 0 \\ -\tan(\theta/2) & 1 \end{bmatrix} * \begin{bmatrix} 1 & \text{sen}(\theta) \\ 0 & 1 \end{bmatrix} * \begin{bmatrix} 1 & 0 \\ -\tan(\theta/2) & 1 \end{bmatrix}$$

2.8.3.3. Rotação ao redor de um ponto qualquer

Suponha a implementação de um objeto que funcione como um ponteiro de um relógio. Caso o centro de rotação coincida com a origem do sistema de coordenadas, tal implementação é dada pela própria matriz de rotação previamente definida. Suponha, entretanto, casos em que o centro de rotação é outra posição qualquer do sistema de coordenadas. Nestes casos, conseguimos tal efeito pela combinação de transformações de rotação e translação. Mais detalhadamente (Figura 2.31):

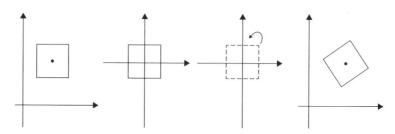

FIGURA 2.31. *Rotação ao redor de um ponto.*

- leva-se o ponto que funciona como centro de rotação $c = (c_x, c_y, c_z)$ para a origem (usando a translação pelo vetor $v = (0,0)$-c = < -c_x, -c_y, -c_z >);
- executa-se a rotação pelo ângulo e direção desejados;
- em seguida volta-se com o ponto centro de rotação para sua posição original, usando uma translação pelo vetor $v = c$ = < c_x, c_y, c_z >).

2.9. QUATÉRNIOS – REPRESENTAÇÃO ALTERNATIVA PARA ROTAÇÕES

Quatérnios, comumente representados por ℍ em homenagem ao seu criador, foram formulados pelo matemático William Rowan Hamilton em 1844 como um sistema que estende a representação de números complexos.

Assim como números complexos são uma abstração matemática, quatérnios também o são. As propriedades dessa abstração fornecem uma modelagem e solução matemática para diversos problemas práticos.

Usados inicialmente em aplicações de mecânica no espaço tridimensional, atualmente quatérnios são usados na Computação Gráfica, como uma maneira alternativa de descrever e manipular rotações em 3D para realizar, por exemplo:

- controle de câmera;
- interpolação suave de rotações;
- produzir representações compactas;

- animação de objetos;
- implementação de rotações em hardware.

Embora à primeira vista tais tarefas pudessem ser modeladas utilizando ângulos de Euler, conforme apresentado na Seção 2.5.3, na prática tal representação introduz problemas: suas matrizes são difíceis de combinar e interpolar; e ainda, podem travar eixos de rotação conforme discutido a seguir.

Conforme apresentado, ângulos de Euler formulam orientação pela multiplicação de matrizes. Tal combinação de matrizes apresenta um problema chamado de bloqueio de gimbal (*gimbal lock*). Tal problema ficou famoso ao acontecer com um conjunto de giroscópios na missão Apolo 11 à Lua.

O bloqueio pode ser observado fisicamente em mecanismos que produzem a rotação por três eixos independentes na forma de anéis concêntricos (Figura 2.32 A), quando é gerada uma combinação de rotações que faz com que dois anéis de rotação coincidam. A partir de então, um grau de liberdade é perdido (Figura 2.32 B).

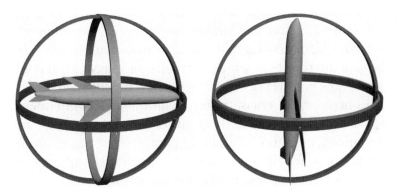

FIGURA 2.32. *Mecanismo de gimbal (a) e bloqueio de gimbal (b).*

O mesmo pode ser observado na modelagem matemática de rotações por tais eixos. O exemplo a seguir apresenta uma composição de uma rotação respectivamente pelos eixos z, y e x:

$$R = \begin{bmatrix} 1 & 0 & 0 \\ 0 & \cos(\alpha) & -\text{sen}(\alpha) \\ 0 & \text{sen}(\alpha) & \cos(\alpha) \end{bmatrix} * \begin{bmatrix} \cos(\beta) & 0 & \text{sen}(\beta) \\ 0 & 1 & 0 \\ -\text{sen}(\beta) & 0 & \cos(\beta) \end{bmatrix} * \begin{bmatrix} \cos(\delta) & -\text{sen}(\delta) & 0 \\ \text{sen}(\delta) & \cos(\delta) & 0 \\ 0 & 0 & 1 \end{bmatrix}$$

Supondo neste exemplo a escolha de β como 90°, de maneira que ao girar em torno do eixo y passamos a alinhar os eixos x e z. Este alinhamento

produz o efeito do bloqueio de gimbal. Substituindo na matriz correspondente o valor de β como $90°$, temos:

$$R = \begin{bmatrix} 1 & 0 & 0 \\ 0 & \cos(\alpha) & -\text{sen}(\alpha) \\ 0 & \text{sen}(\alpha) & \cos(\alpha) \end{bmatrix} * \begin{bmatrix} 0 & 0 & 1 \\ 0 & 1 & 0 \\ -1 & 0 & 0 \end{bmatrix} * \begin{bmatrix} \cos(\delta) & -\text{sen}(\delta) & 0 \\ \text{sen}(\delta) & \cos(\delta) & 0 \\ 0 & 0 & 1 \end{bmatrix}$$

Completando a multiplicação anterior e utilizando as identidades trigonométricas que definem o cosseno e o seno da soma de dois ângulos, temos
(como exercício, estenda você mesmo):

$$R = \begin{bmatrix} 0 & 0 & 1 \\ \text{sen}(\alpha+\delta) & \cos(\alpha+\delta) & 0 \\ -\cos(\alpha+\delta) & \text{sen}(\alpha+\delta) & 0 \end{bmatrix}$$

Observe que alterar a rotação ao redor de x pelo ângulo α ou de z por δ tem
o mesmo efeito nesta matriz, não sendo mais possível distinguir as rotações por
esses dois eixos. Além do exemplo citado, outras combinações de rotações
podem chegar a um resultado semelhante, ou seja, chegar a um ponto a partir
do qual não é mais possível distinguir três eixos independentes de rotação.

O mesmo problema é encontrado em animações e movimentações de
câmera por sucessivas rotações de ângulos de Euler. Por esse motivo, na
prática, devemos usar outra formulação para rotações, os quatérnios.

A próxima seção apresenta de maneira sucinta os números complexos
para em seguida fazer a apresentação dos quatérnios.

2.9.1. Números Complexos

O primeiro contato com os números complexos no estudo da matemática se
faz na busca por um valor que representa a raiz de números negativos. Esse
valor não existe no conjunto dos números reais $\mathbb{R}$, uma vez que este conjunto
não possui um número tal que, ao ser multiplicado por ele próprio, resulta
em um valor negativo.

Com a intenção de resolver o problema, os números complexos $\mathbb{C}$ incor-
poram um número imaginário normalmente representado pela letra i (em
algumas ciências a letra j também é usada), onde i é uma abstração construída de maneira a atender a seguinte regra:

$$i * i = -1, \quad \text{logo} \quad i = \sqrt{-1}$$

74 • COMPUTAÇÃO GRÁFICA – GERAÇÃO DE IMAGENS

A partir dessa definição, é possível decompor e resolver raízes de demais valores negativos tal como:

$$\sqrt{-4} = \sqrt{-1*4} = 2 * \sqrt{-1} = 2 * i$$

A abstração matemática de um número complexo z qualquer é decomposta em uma parte real **a** e uma parte imaginária **b**:

$$z = a + b * i$$

A Tabela 2.6 a seguir resume as propriedades de operações aritméticas em números complexos:

Tais propriedades realizam operações aritméticas como se o número imaginário i fosse uma variável ou coeficiente. Desta maneira, é possível agrupar termos reais com termos reais, e agrupar termos imaginários com imaginários, como em:

$$(3 + 5 * i) + (-1 + 4 * i) = 2 + 9 * i$$

TABELA 2.6 Propriedades de operações aritméticas em números complexos	
adição	$(a + b * i) + (c + d * i) = (a + c) + (b + d) * i$
subtração	$(a + b * i) - (c + d * i) = (a - c) + (b - d) * i$
multiplicação por escalar	$c * (a + b * i) = (c * a + c * b * i)$
divisão por escalar	$\dfrac{(a + bi)}{c} = \dfrac{a}{c} + \dfrac{b}{c} * i$
identidade aditiva	$(a + b * i) + (0 + 0 * i) = (a + b * i) + 0 = a + b * I$
inverso aditivo (ou simétrico)	$(a + b * i) + (-a - b * i) = 0$
multiplicação de complexos	$(a + b * i) * (c + d * i) = (a + c - b * d) + (a * d + b * c) * I$
divisão de complexos	$\dfrac{a + b * i}{c + d * i} = \dfrac{(a * c + b * d)}{c^2 + d^2} + \dfrac{(b * c - a * d)}{c^2 + d^2} * i$
conjugado	$\bar{z} = a - b * i$
multiplicação pelo conjugado	$z * \bar{z} = (a + b * i)(a - b * i) = a^2 + b^2$
inverso multiplicativo	$\dfrac{1}{z} = \dfrac{\bar{z}}{z * \bar{z}} = \dfrac{\bar{z}}{a^2 + b^2} = \dfrac{a}{a^2 + b^2} - \dfrac{b}{a^2 + b^2} * i$

Além disso, em equações envolvendo termos associados a potências de i (com n maiores do que 1), é possível convertê-las de volta em um número complexo escrito como um par formado por uma parte com o valor real (agrupando termos de potência com n par) e uma parte imaginária i (agrupando termos de potência com n ímpar).

$$1+2*i+3*i^2+4*i^3+5*i^4+6*i^5=$$
$$1+2*i+3*(-1)+4*i*(-1)+5*(-1*-1)+6*i*(-1*-1)=$$
$$(1-3+5)+(2-4+6)*i=$$
$$3+4*i$$

Como a parte real e a parte imaginária de um número complexo não se misturam por adição ou subtração, seus componentes real e imaginário podem ser representados visualmente em um plano de eixos ortogonais. Para isso, traçamos $z = < a, b>$ sobre um plano, chamado de plano complexo e descrito pela base vetorial $B = \{1 = (1,0), i = (0,1)\}$, onde por convenção se representa a parte real no eixo horizontal e a parte imaginaria no eixo vertical.

Com essa representação, o número complexo passa a ser descrito como $z = < a, b >$, ou seja, usando notação vetorial. Uma vez interpretados como vetores sobre o plano, pode-se aplicar as propriedades e atributos do conjunto de vetores, sendo natural levantar, por exemplo, os conceitos de magnitude (comprimento ou norma) e direção de um número complexo. Pela definição de norma de um vetor, temos que:

$$|z|=\sqrt{a^2+b^2}$$

Podemos ainda descrever um número complexo utilizando representação polar (Figura 2.33):

$$z-\rho*(\cos(\theta)+i*\text{sen}(\theta))-(\rho,\theta)$$

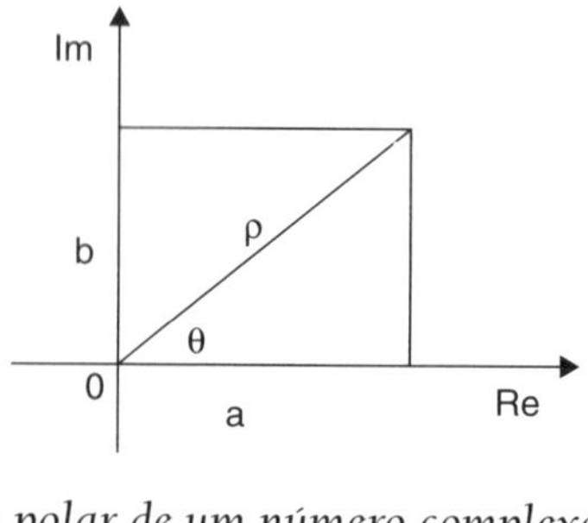

FIGURA 2.33. *Representação polar de um número complexo.*

Neste caso, a multiplicação entre dois complexos z_1 e z_2 passa a ser escrita como:

$$z_1 = \rho_1 * (\cos(\theta_1) + i * \mathrm{sen}(\theta_1))$$

$$z_2 = \rho_2 * (\cos(\theta_2) + i * \mathrm{sen}(\theta_2))$$

$$z_1 * z_2 = \rho_1 * \rho_2 * (\cos(\theta_1 + \theta_2) + i * \mathrm{sen}(\theta_1 + \theta_2))$$

$$z_1 * z_2 = (\rho_1 * \rho_2, \theta_1 + \theta_2)$$

Assumindo um dos complexos com norma unitária, essa equação pode ser interpretada como uma rotação. Nesta representação a ordem da multiplicação não importa, atendendo a propriedade comutativa da multiplicação de números complexos, confirmando a propriedade comutativa para rotações no plano (esta propriedade não se estende ao espaço).

Suponha, por exemplo, o operador que realiza a rotação por 90°. É representado como o complexo unitário $z_1 = <0, 1> = 0 + 1*i$. Seja um ponto qualquer no plano dos complexos $z_2 = a + b*i$, temos sua rotação como:

$$z_1 * z_2 = z_2 * z_1 = (a + b*i) * (0 + 1*i) = -b + a*i$$

Observe que rotações por outros ângulos podem ser encontradas de maneira semelhante, partindo da representação de um complexo unitário de $a = cos(\hat{a}ngulo)$ e $b = sen(\hat{a}ngulo)$.

2.9.2. Quatérnios

Os Quatérnios são uma abstração matemática dada pela quádrupla formada por um valor (dito parte real do quatérnio) e três componentes imaginários, comumente representados usando as letras i, j, e k. São exemplos de números quatérnios (sendo o último exemplo composto apenas pela parte imaginária):

$$5 + 1i + 2j + 3k$$

$$-2 + 6i + 5k$$

$$1i + 2j + 3k$$

Os quatérnios podem ser representados na forma de um vetor de quatro dimensões $<a,b,c,d>$, representando respectivamente o valor escalar e os termos associados às partes imaginárias i, j, e k.

$$<a,b,c,d>=a1+bi+cj+dk$$

ou ainda (suprimindo o 1):

$$<a,b,c,d>=a+bi+cj+dk$$

onde a, b, c, e d são valores reais. Desta forma, elementos de $\mathbb{H}$ passam a ter uma representação em $\mathbf{R}^4$ na forma $<a,b,c,d>$.

Mais formalmente, a representação de um quatérnio como vetor utiliza uma base vetorial no hiperespaço de dimensão 4, no qual a primeira dimensão é associada à parte real e as três demais dimensões são associadas às partes imaginárias i, j, e k. Desta maneira, todo elemento de $\mathbb{H}$ pode ser escrito de forma única como uma combinação linear dos elementos de sua base $B= \{1 = (1,0,0,0), i = (0,1,0,0), j= (0,0,1,0), k = (0,0,0,1)\}$.

Hiperespaço é a denominação matemática de espaços com mais de 3 dimensões. Objetos matemáticos podem ser ordenados em relação ao número de dimensões de maneira que pontos são objetos sem dimensão, retas possuem uma dimensão, planos possuem duas dimensões, espaços três dimensões, enquanto para quatro ou mais dimensões temos um hiperespaço.

Dois quatérnios $q_1= a + bi + cj + dk$ e $q_2= e + fi + gj + hk$ são considerados iguais se, e somente se, seus componentes são idênticos, isto é, $a = e$, $b = f$, $c = g$ e $d = h$.

Quatérnios dispõem de três operações básicas: adição, multiplicação por escalar e multiplicação por outro quatérnio, descritas a seguir.

2.9.2.1. Adição de dois quatérnios

A adição de dois elementos de $\mathbb{H}$ é definida como a soma de seus elementos em $\mathbf{R}^4$:

$$(a_1+b_1i+c_1j+d_1k)+(a_2+b_2i+c_2j+d_2k)=$$
$$(a_1+a_2)+(b_1+b_2)i+(c_1+c_2)j+(d_1+d_2)k=$$
$$<a_1,b_1,c_1,d_1>+<a_2,b_2,c_2,d_2k>=$$
$$<(a_1+a_2),(b_1+b_2),(c_1+c_2),(d_1+d_2)>$$

Por exemplo:

$$(1+2i+3j+4k)+(5+4i+3j+2k)=$$
$$6+6i+6j+6k=$$
$$<6,6,6,6>$$

A operação de subtração de quatérnios não apresenta dificuldades, sendo semelhante à soma:

$$(a_1+b_1i+c_1j+d_1k)-(a_2+b_2i+c_2j+d_2k)=$$
$$(a_1-a_2)+(b_1-b_2)i+(c_1-c_2)j+(d_1-d_2)k=$$
$$<a_1,b_1,c_1,d_1>-<a_2,b_2,c_2,d_2k>=$$
$$<(a_1-a_2),(b_1-b_2),(c_1-c_2),(d_1-d_2)>$$

O inverso aditivo de um quatérnio **q** = < **a,b,c,d**> é o número que a ele somado produz zero, tal número é o quatérnio encontrado por *-q* = *<-a, -b, -c, -d>*.

2.9.2.2. Multiplicação de quatérnios por valores reais

O produto de um elemento de $\mathbb{H}$ por um número real se comporta de maneira semelhante ao produto de um valor escalar por um elemento de $\mathbf{R}^+$:

$$e*(a+bi+cj+dk)=$$
$$(e*a+e*bi+e*cj+e*dk)=$$
$$e*<a,b,c,d>=$$
$$<e*a,e*b,e*c,e*d>$$

Assim:

$$3*(1+2i+3j+4k)=$$
$$(3+6i+9j+12k)=$$
$$<3,6,9,12>$$

2.9.2.3. Produto de elementos da base de $\mathbb{H}$

A extensão dos números complexos em quatérnios pode ser pensada partindo da unidade imaginária **i**, acrescentando-se uma nova unidade complexa **j** perpendicular à **i**, e em seguida acrescentando-se uma terceira unidade complexa **k** perpendicular às duas primeiras.

Partindo da definição de números complexos apresentada na seção anterior, na qual $i=\sqrt{-1}$ apresentamos as seguintes propriedades para os elementos complexos **i**, **j**, e **k** da base de $\mathbb{H}$:

$$i^2 = j^2 = k^2 = -1$$
$$i*j = -j*i = k$$
$$j*k = -k*j = i$$
$$k*i = -i*k = j$$

Essas propriedades definem que os três vetores da parte complexa de $\mathbb{H}$ formam uma base ortonormal (ou seja, os vetores **i**, **j**, e **k** possuem tamanho unitário e são perpendiculares entre si). Note que o produto vetorial de dois vetores perpendiculares resulta em um terceiro vetor perpendicular aos dois iniciais, e que alterando a ordem dos elementos no produto vetorial obtém-se vetores de mesma direção, mas em sentidos opostos.

Mais uma propriedade pode ser definida como (use as regras anteriores para chegar a esta última):

$$i*j*k = -1$$

Observe que a multiplicação dos elementos da base dos quatérnios não é comutativa (a ordem importa!).

2.9.2.4. Produto de dois quatérnios

A operação de multiplicação entre dois elementos de $\mathbb{H}$, dita multiplicação de quatérnios (ou produto de **Hamilton**), utiliza as propriedades básicas que regem a interação entre os termos da base de $\mathbb{H}$. Utilizando as propriedades apresentadas, a multiplicação entre dois elementos em $\mathbb{H}$ pode ser pensada em duas etapas: uma etapa de multiplicação distributiva, e uma etapa de simplificação de termos observando as regras de multiplicação dos vetores da base i, j, e k.

Na primeira etapa utilizamos a propriedade distributiva da multiplicação como se i, j, e k, fossem variáveis distintas de uma equação:

$$(a_1+b_1i+c_1j+d_1k)(a_2+b_2i+c_2j+d_2k)=$$

$$a_1*(a_2+b_2i+c_2j+d_2k)$$

$$+b_1i*(a_2+b_2i+c_2j+d_2k)$$

$$+c_2j*(a_2+b_2i+c_2j+d_2k)$$

$$+d_1k*(a_2+b_2i+c_2j+d_2k)$$

Expandindo os produtos e rearranjando os termos:

$$(a_1+b_1i+c_1j+d_1k)(a_2+b_2i+c_2j+d_2k)=$$

$$a_1*a_2+(a_1*b_2+a_2*b_1)i+(a_1*c_2+a_2*c_1)j+(a_1*d_2+a_2*d_1)k$$

$$+(b_1*b_2)i^2+(b_1*c_2(ij+(b_1*d_2)ik$$

$$+(c_1*b_2)ji+(c_1*c_2)j^2+(c_1*d_2)jk$$

$$+(d_1*b_2)ki+(d_1*c_2)kj+(d_1*d_2)k^2$$

Em uma segunda etapa multiplicações entre termos complexos (tal como i^2 ou ij) são avaliados e simplificados aplicando-se as propriedades básicas apresentadas, de volta aos termos da base de $\mathbb{H}$:

$$(a_1+b_1i+c_1j+d_1k)(a_2+b_2i+c_2j+d_2k)=$$

$$(a_1a_2-b_1b_2-c_1c_2-d_1d_2)$$

$$+(a_1b_2+b_1a_2+c_1d_2-d_1c_2)i$$

$$+(a_1c_2-b_1d_2+c_1a_2+d_1b_2)j$$

$$+(a_1d_2+b_1c_2-c_1b_2+d_1a_2)k$$

Que pode ser descrita na base 1, i, j, k como:

$$<a_1,b_1,c_1,d_1><a_2,b_2,c_2,d_2>=$$
$$<a_1 a_2 - b_1 b_2 - c_1 c_2 - d_1 d_2,$$
$$a_1 b_2 + b_1 a_2 + c_1 d_2 - d_1 c_2,$$
$$a_1 c_2 - b_1 d_2 + c_1 a_2 + d_1 b_2,$$
$$a_1 d_2 + b_1 c_2 - c_1 b_2 + d_1 a_2 >$$

Pode-se ainda descrever um quatérnio isolando a parte real da parte imaginária (dita parte vetorial de um quatérnio):

$$q_1 - <a_1,b_1,c_1,d_1> - <r_1,v_1> \quad \text{onde} \quad r_1 = a_1 \quad \text{e} \quad v_1 = <b_1,c_1,d_1>$$

$$q_2 - <a_2,b_2,c_2,d_{12}> = <r_2,v_2> \quad \text{onde} \quad r_2 = a_2 \quad \text{e} \quad v_2 = <b_2,c_2,d_2>$$

Nesta representação a multiplicação de dois quatérnios resulta de operações de produto entre as partes escalares, entre as partes escalares e as partes vetoriais, e de produto interno e produto vetorial entre as partes vetoriais:

$$q_1 * q_2 = <r_1,v_1><r_2,v_2> = <r_1 * r_2 - v_1 \cdot v_2, r_1 * v_2 + r_2 * v_1 + v_1 \times v_2)$$

Observe que as operações envolvendo vetores na equação anterior trabalham em dimensão 3, uma vez que operam apenas na parte vetorial do quatérnio.

2.9.2.5. Conjugado de um quatérnio

O cálculo do conjugado $\bar{q}$ de um quatérnio q se dá de maneira semelhante ao conjugado de um número complexo, ou seja, simplesmente invertendo o sinal da parte imaginária.

Seja $q = <a, b, c, d>$, onde $r = a$ e $v = <b,c,d>$, seu conjugado $\bar{q}$ é dado por:

$$\bar{q} = <a,-b,-c,-d> = <r,-v>$$

O produto entre um quatérnio e seu conjugado produz um número escalar sem parte imaginária, representando o quadrado da norma do quatérnio:

$$\overline{q} * q = a^2 + b^2 + c^2 + d^2 = |q|^2 = |\overline{q}|^2$$

Assim, a norma de um quatérnio é obtida pela raiz do produto entre o quatérnio e seu conjugado:

$$|q|^2 = \sqrt{\overline{q} * q} = \sqrt{a^2 + b^2 + c^2 + d^2}$$

Logo, quatérnios unitários (possuem norma 1) têm o seu conjugado como seu inverso multiplicativo:

$$q * \frac{1}{q} = q * \overline{q} = 1$$

2.9.3. Utilizando Quatérnios

A motivação principal para a adoção de quatérnios em Computação Gráfica é usá-los como alternativa de representação de uma rotação. Entretanto, se faz útil representar um quatérnio na forma matricial, uma vez que as demais operações geométricas também são utilizadas na forma de matrizes.

A representação matricial de quatérnios não é única [Farebrother, 2003]. Seja o quatérnio $q = a + bi + cj + dk$, o mesmo pode ser representado como a matriz:

$$q = \begin{bmatrix} a & b & c & d \\ -b & a & -d & c \\ -c & d & a & -b \\ -d & -c & b & a \end{bmatrix}$$

$$q = a\begin{bmatrix} 1 & 0 & 0 & 0 \\ 0 & 1 & 0 & 0 \\ 0 & 0 & 1 & 0 \\ 0 & 0 & 0 & 1 \end{bmatrix} + b\begin{bmatrix} 0 & 1 & 0 & 0 \\ -1 & 0 & 0 & 0 \\ 0 & 0 & 0 & -1 \\ 0 & 0 & 1 & 0 \end{bmatrix} + c\begin{bmatrix} 0 & 0 & 1 & 0 \\ 0 & 0 & 0 & 1 \\ -1 & 0 & 0 & 0 \\ 0 & 1 & 0 & 0 \end{bmatrix} + d\begin{bmatrix} 0 & 0 & 0 & 1 \\ 0 & 0 & -1 & 0 \\ 0 & 1 & 0 & 0 \\ 1 & 0 & 0 & 0 \end{bmatrix}$$

Você pode encontrar a representação matricial do quatérnio conjugado $\overline{q} = a - bi - cj - dk$ alterando os sinais das componentes b, c e d na formulação anterior. Nesta representação, o conjugado do quatérnio é representado pela matriz transposta da representação do quatérnio correspondente.

Para realizar uma rotação em 3D por quatérnios representa-se tanto os pontos quanto o operador de rotação na forma de quatérnios. Um ponto em 3D é representado como um quatérnio de termo escalar nulo e suas coordenadas no espaço 3D são tomadas como a parte vetorial do quatérnio. Logo, $p = (x,y,z)$ recebe a representação de quatérnio $p = xi + yj + zk$.

Já o operador de rotação $R_q(p)$ por um ângulo $\boldsymbol{\theta}$ ao redor de um eixo qualquer $n = <nx,ny,nz>$ é representado como a multiplicação $q*p*\overline{q}$, onde q é quatérnio unitário e $\overline{q}$ seu conjugado, definidos a partir de $\boldsymbol{\theta}$ e $\boldsymbol{n}$ como:

$$q=<\cos\left(\frac{1}{2}*\theta\right),\operatorname{sen}\left(\frac{1}{2}*\theta\right)*n>$$

$$q=<\cos\left(\frac{1}{2}*\theta\right),\operatorname{sen}\left(\frac{1}{2}*\theta\right)*nx,\operatorname{sen}\left(\frac{1}{2}*\theta\right)*ny,\operatorname{sen}\left(\frac{1}{2}*\theta\right)*nz>$$

Portanto, tal equação permite transformar uma representação de um vetor no sistema cartesiano ao redor do qual se deseja realizar a rotação para a representação de quatérnios. Logo, expressa a maior facilidade do uso de quatérnios para rotação, que é a possibilidade de expressar uma rotação em torno de um eixo genérico $\boldsymbol{n}$.

Observe que tanto os pontos quanto os operadores de rotação podem ser escritos na forma matricial apresentada anteriormente. Após a multiplicação, a representação euclidiana pode ser obtida descobrindo-se a parte vetorial do quatérnio como coordenadas do ponto rotacionado.

Vamos aplicar a representação em quatérnios em um exemplo de rotação de 90° ao redor de y do ponto definido em coordenadas cartesianas como $p = (3,0,0)$. Em quatérnios:

$$p=<0,3,0,0>$$

$$q=<\cos\left(\frac{90}{2}\right),\operatorname{sen}\frac{90}{2}*(0,1,0)>$$

$$=\left(\frac{\sqrt{2}}{2},\frac{\sqrt{2}}{2}(0,1,0)\right)$$

$$=\left(\frac{\sqrt{2}}{2},0,\frac{\sqrt{2}}{2},0\right)$$

E a rotação de *p* é obtida como:

$$q p \bar{q} = <\frac{\sqrt{2}}{2}, 0, \frac{\sqrt{2}}{2}, 0> <0,3,0,0> <\frac{\sqrt{2}}{2}, 0, -\frac{\sqrt{2}}{2}, 0> = <0,0,0,3>$$

Outro importante aspecto dos quatérnios é que podemos combinar rotações de maneira que $q_2 * q_1 * p * \bar{q_1} * \bar{q_2}$ pode ser reescrito como $q_3 * p * \bar{q_3}$ onde $q_3 = q_2 * q_1$.

Há tarefas em que se faz necessário gerar passos intermediários entre rotações, ou seja, interpolar entre angulações. Ao ingenuamente aplicar uma interpolação linear entre as orientações buscando obter orientações intermediárias, percorre-se uma reta secante ao círculo unitário que contém todos os quatérnios unitários que representam rotações.

Repare que além de gerar quatérnios não unitários ao longo de tais combinações, passos uniformes sobre essa secante não implicam em ângulos idênticos, portanto, não produzem o efeito de transição suave esperado (Figura 2.34).

Para obter uma transição suave, devemos repartir o arco que se deseja percorrer em segmentos de comprimento igual (Figura 2.35).

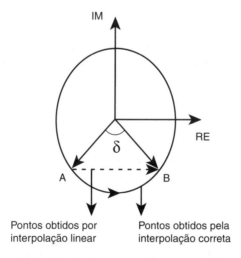

FIGURA 2.34. *Interpolação de quatérnios separados por um ângulo δ.*

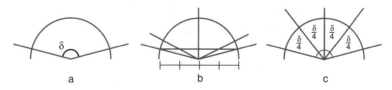

FIGURA 2.35. *Repartição do ângulo de rotação.*

Para isso, devemos descobrir o ângulo δ que separa as duas orientações (assumindo como já representadas como vetores unitários), o qual pode ser obtido observando seu produto interno:

$$q_1 \cdot q_2 - |q_1| |q_2| \cos(\delta) - \cos(\delta)$$

Uma observação prática é que, por questões de erro numérico, a manipulação de composições de quatérnios pode vir a gerar vetores não unitários. Uma boa prática é verificar a norma dos vetores, e, se for o caso, normalizá-los.

2.10. CÂMERA VIRTUAL

A Computação Gráfica modela uma câmera virtual com a intenção de produzir imagens para visualização de cenas 3D. Na abstração comumente adotada para tal câmera virtual, o processo físico de formação de imagens é simplificado para o processo de encontrar a interseção dos raios que fazem a projeção dos objetos da cena sobre o plano de formação da imagem. Nessa simplificação, o modelo geométrico adotado ignora, por exemplo, questões fotométricas e da física de lentes.

O processo de formação da imagem digital estabelece a correspondência entre pontos das superfícies de objetos da cena 3D (descritos no Sistema de Coordenadas do Mundo, ou Global) e sua projeção em um plano 2D (plano da imagem). A projeção é feita em relação a um ponto de referência definido pela câmera (ou observador da cena), a qual possui um sistema de coordenadas próprio. O modelo matemático que dá suporte a este processo considera três grupos de transformações:

1. Transformações entre sistemas de coordenadas 3D: modelando a transformação do Sistema de Coordenadas do Mundo para o Sistema de Coordenadas da Câmera.
2. Transformações de projeção das coordenadas 3D em coordenadas de imagens 2D: neste caso, modela-se uma transformação de projeção para um sistema padrão, sem se preocupar com detalhes específicos da imagem digital produzida.
3. Transformações entre a representação 2D padronizada e possíveis escolhas de representação da imagem digital produzida.

Seguindo este modelo, a câmera virtual é apresentada a seguir sobre três aspectos principais: seu comportamento como objeto localizado e orientado em relação ao mundo virtual (Seção 2.8.1); como é feita a projeção da cena

3D para um plano de projeção 2D (Seção 2.8.2); como as características específicas da imagem digital são produzidas e definidas por parâmetros internos à câmera (Seção 2.8.3).

2.10.1. Câmera como Objeto Virtual 3D

Nesta seção, vamos discutir como uma câmera pode ser pensada como um objeto inserido na cena, possuindo desta forma uma localização e orientação no mundo virtual. Desta maneira, é possível, por exemplo, simular um observador em movimento aplicando as transformações afins de translação e rotação sobre a câmera.

São parâmetros extrínsecos (ou externos) da câmera aqueles que a descrevem como um objeto situado em um mundo virtual. São definidos como a posição da câmera $p_c = (x_c, y_c, z_c)$ e três vetores que definem sua orientação. Esses parâmetros são descritos nas coordenadas do Sistema de Coordenadas do Mundo, uma vez que possuem o papel de localizar e orientar a câmera neste sistema.

Para estabelecer a orientação da câmera na cena, um primeiro vetor, representado por *n*, determina a direção normal (perpendicular) ao plano de projeção onde será formada a imagem (Figura 2.36).

Descrevendo apenas a posição da câmera e o vetor *n*, a configuração da câmera permanece incompleta. Observe que ainda é possível rotacionar livremente o plano de projeção ao redor de *n*, portanto a descrição da câmera estaria ambígua. Completamos a definição da câmera como objeto virtual no mundo acrescentando um novo vetor, dito vetor *up* ("para cima", no inglês), que indica a direção a ser usada como direção vertical da imagem (Figura 2.37).

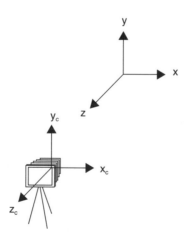

FIGURA 2.36. *Desenhar câmera com posição no mundo virtual, e tracejado de movimento para deslocar a câmera por um movimento qualquer na cena.*

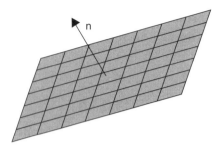

FIGURA 2.37. *Vetor n define a direção normal ao plano de projeção.*

Ao estabelecer **up** e **n** não necessariamente foram usados vetores ortogonais entre si. Por isso, na prática, é feita uma substituição de **up** por um vetor **v** que obedece a direção vertical apontada por **up**, mas que seja ortogonal a **n**. Logo, deseja-se:

$$\vec{v} \cdot \vec{n} = 0$$

Para obter **v**, subtrai-se de **up** sua projeção em **n** (segundo termo na equação a seguir), na intenção de isolar a componente de **up** sobre o plano da imagem:

$$\vec{v} = \vec{up} - \frac{\vec{up} \cdot \vec{n}}{\vec{n} \cdot \vec{n}}$$

Repare que, quando **up** é ortogonal a **n**, o segundo termo resulta em 0, logo, **up** e **v** são idênticos neste caso.

Utilizando o produto vetorial entre $\vec{n}$ e $\vec{v}$, obtemos um vetor $\vec{u}$ ortogonal a ambos e completamos a descrição da orientação da câmera:

$$\vec{u} = \vec{v} \times \vec{n}$$

Na prática, $\vec{n}$, $\vec{v}$ e $\vec{u}$ devem ser normalizados.

2.10.1.1. Posicionando a câmera em relação à cena

Por vezes, é interessante permitir a definição dos parâmetros extrínsecos da câmera de maneira mais intuitiva ao programador gráfico, utilizando para isso pontos de referência da cena na configuração dos parâmetros extrínsecos da câmera em lugar de pedir que sejam fornecidos diretamente os vetores que definem sua orientação.

A ideia é pedir que o programador repasse referências de coordenadas no mundo 3D a partir das quais seja possível encontrar os vetores $\vec{n}$, $\vec{v}$ e $\vec{u}$. Neste sentido, uma interface comumente adotada que permite posicionar e orientar a câmera no mundo 3D ao mesmo tempo que em relação a objetos da cena é feita processando as seguintes entradas (todas descritas no Sistema de Coordenadas do Mundo):

1. uma posição $eye = (e_x, e_y, e_z)$, dita como posição do observador (ou do olho).
2. uma posição que define para onde a câmera está olhando, ou seja, um alvo na cena 3D $at = (at_x, at_y, at_z)$ para a qual a câmera estará apontada. Observe que esta posição pode ser tomada, por exemplo, como a posição de um objeto que se deseja observar.
3. um vetor que indica a "direção para cima" de uma cena 3D, ou seja, o vetor *up*;

A partir dessas duas posições e do vetor *up*, é possível convertê-los para obtenção da posição da câmera e seus vetores de orientação $\vec{n}$, $\vec{v}$ e $\vec{u}$. Repare que a posição do olho define a coordenada do centro da câmera. Obtém-se o vetor normal não normalizado pela subtração da posição *at* por *eye*. Em seguida, $\vec{v}$ e $\vec{u}$ podem ser obtidos normalmente pelo processo descrito na seção anterior (Figura 2.38).

2.10.1.2. Sistema de coordenadas da câmera

Além de definir a câmera como um objeto no mundo virtual, os parâmetros extrínsecos desempenham outro papel importante. O papel de definir um sistema de coordenadas local à câmera, tomando-a como origem deste sistema a partir do qual a imagem será formada nos próximos passos do processo de renderização.

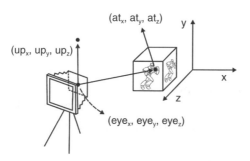

FIGURA 2.38. *Posicionando e orientando a câmera em relação a um alvo na cena.*

Assumindo $\vec{n}=<x_n,y_n,z_n>, \vec{v}=<x_v,y_v,z_v>$ e $\vec{u}=<x_u,y_u,z_u>$ como vetores normalizados que indicam os três eixos do novo sistema, e $p=(x_c,y_c,z_c)$ como origem do novo sistema, precisamos estabelecer a transformação que leva a representação do Sistema de Coordenadas do Mundo para o da Câmera.

Podemos definir a transformação entre a representação de um ponto qualquer *p* do Sistema de Coordenadas do Mundo para sua representação *p'* no Sistema de Coordenadas da câmera como a operação de transladar a origem para a posição da câmera seguida de uma rotação para reorientação dos eixos para o novo sistema (Figura 2.39):

$$p' = RTp$$

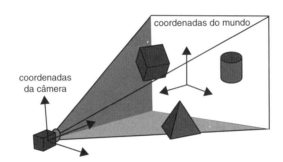

FIGURA 2.39. *Sistema de Coordenadas da Câmera e Sistema de Coordenadas do Mundo.*

A matriz de translação é obtida como a matriz que leva a posição da câmera $p = (x_c, y_c, z_c)$ para a origem, ou seja, como:

$$T = \begin{bmatrix} 1 & 0 & 0 & -x_c \\ 0 & 1 & 0 & -y_c \\ 0 & 0 & 1 & -z_c \\ 0 & 0 & 0 & 1 \end{bmatrix}$$

Para reorientar os eixos no novo sistema de rotação, queremos transformar respectivamente o vetor $\vec{u}=<x_u,y_u,z_u>$ como sendo a direção horizontal, o vetor $\vec{v}=<x_v,y_v,z_v>$ como a direção vertical e o vetor $\vec{n}=<x_n,y_n,z_n>$ como a direção de profundidade da câmera. Para isso, vamos utilizar a observação de que os três vetores normalizados formam uma matriz de rotação, e que, neste caso, sua inversa é sua transposta. Com isso obtemos a matriz de rotação do Sistema de Coordenadas do Mundo para o da Câmera como:

$$R = \begin{bmatrix} x_u & y_u & z_u & 0 \\ x_v & y_v & z_v & 0 \\ x_n & y_n & z_n & 0 \\ 0 & 0 & 0 & 1 \end{bmatrix}$$

Combinando as matrizes T e R apresentadas, temos a transformação completa do Sistema de Coordenadas do Mundo para o Sistema de Coordenadas da Câmera como:

$$V = RT = \begin{bmatrix} x_u & y_u & z_u & -x_c * x_u - y_c * y_u - z_c * z_u \\ x_v & y_v & z_v & -x_c * x_v - y_c * y_v - z_c * z_v \\ x_n & y_n & z_n & -x_c * x_n - y_c * y_n - z_c * z_n \\ 0 & 0 & 0 & 1 \end{bmatrix}$$

2.10.2. Projeção

Uma vez que os objetos passem a ser representados no Sistema de Coordenadas da Câmera, a próxima tarefa no processo de formação da imagem é a de transformação de tais coordenadas 3D em coordenadas 2D (sobre o plano da imagem), obtidas pela transformação dita projeção. Assume-se que nesta etapa a transformação de projeção é feita para um sistema padrão, sem se preocupar com características específicas da imagem digital produzida.

São elementos básicos de um modelo de projeção: o plano de projeção, o objeto, os raios (ou linhas) de projeção e o centro de projeção. O plano de projeção é a superfície sobre a qual será projetado o objeto. Os raios de projeção são retas que passam pelos pontos do objeto e intersectam o plano de projeção. O centro de projeção é o ponto fixo sobre o qual os raios de projeção se encontram.

2.10.2.1. Projeção paralela

Nas projeções classificadas como paralelas, o centro de projeção é localizado no infinito e todas as linhas de projeção são paralelas entre si (Figuras 2.40 e 2.41). Portanto, projetam os pontos do objeto segundo uma direção de

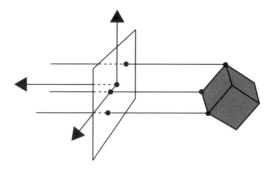

FIGURA 2.40. *Projeção paralela ortogonal.*

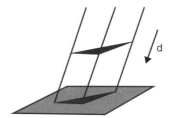

FIGURA 2.41. *Projeção paralela obliqua.*

projeção. Este modelo de projeção se caracteriza por manter linhas paralelas como paralelas após a projeção com exceção das linhas paralelas à própria direção de projeção, as quais são transformadas em pontos.

Em sua forma mais utilizada, a direção de projeção é tomada como a do vetor normal ao plano de projeção e é dita projeção paralela ortogonal. Para os demais ângulos entre a direção de projeção e o plano de projeção são ditas projeções paralelas oblíquas.

Nas projeções paralelas ortogonais, assumindo a do vetor normal ao plano de projeção alinhada ao eixo z do Sistema de Coordenadas da Câmera, os pontos 3D representados neste sistema são projetados sobre o plano da imagem, de maneira a manter inalteradas suas coordenadas x e y, enquanto que a coordenada z é levada a zero (Figura 2.40).

A projeção paralela ortogonal é representada pela seguinte matriz:

$$P = \begin{bmatrix} 1 & 0 & 0 & 0 \\ 0 & 1 & 0 & 0 \\ 0 & 0 & 0 & 0 \\ 0 & 0 & 0 & 1 \end{bmatrix}$$

Áreas de aplicação que utilizam intensamente a modelagem de objetos físicos, tais como Arquitetura e Engenharia, usam projeções paralelas ortogonais para gerar projeções de diferentes perfis de um objeto. Para isso, pode-se utilizar câmeras em diferentes posições na cena, uma para cada projeção desejada (Figura 2.42).

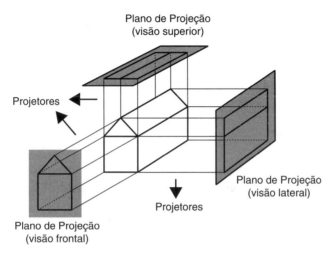

FIGURA 2.42. *Diferentes planos de projeção produzidos utilizando projeção paralela ortogonal.*

Um problema com o modelo para projeção de cenas definido até então é o fato de o conteúdo de ambos os lados do plano de projeção ser jogado sobre ele. Para evitar tal sobreposição, é comum a definição de um volume de visualização, ou seja, de um volume que restringe quais objetos de fato serão projetados sobre o plano da imagem.

Além do problema descrito, observe que, como a imagem digital é limitada, não é possível produzir uma imagem de todo o plano de imageamento (infinito). Por esse motivo, o volume de visualização define os limites nas direções vertical e horizontal.

O volume de visualização em projeções paralelas ortogonais é definido como um paralelepípedo de ângulos retos descrito por seis planos de referência no Sistema de Coordenadas da Câmera. São eles: os planos dos limites *esquerdo* e *direito*, *superior* e *inferior*, além de um par de distâncias para limitar o eixo de profundidade ditas *próximo* e *longe* (Figura 2.43).

Assume-se que valores positivos para os limites próximo e longe representam planos de recorte na frente da câmera, usualmente observando a

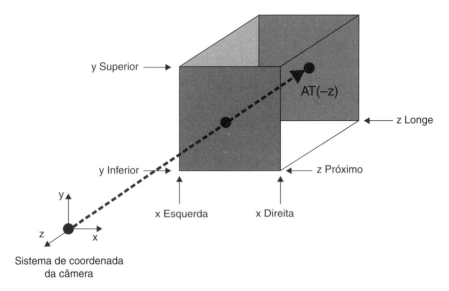

FIGURA 2.43. *Volume de visualização: Define o volume dentro do qual os objetos serão desenhados sobre a imagem, enquanto que objetos fora dele serão ignorados.*

direção negativa de z e que valores negativos representam planos atrás do observador. No eixo de profundidade, o objeto não será visível se sua distância sobre o eixo z ao observador (posicionado na origem) for menor do que o valor passado como **próximo** ou maior do que o valor definido como **longe**.

De posse do volume de visualização é feita uma etapa de normalização para transformação do volume de interesse para um cubo de coordenadas [-1, 1]. Tal volume normalizado cria uma etapa de padronização entre possíveis escolhas das etapas anteriores do processo de renderização, isolando-as das configurações e escolhas associadas à geração da imagem e ao dispositivo final utilizado, a serem exploradas nas etapas seguintes do processo de renderização.

Para realizar a normalização faz-se a transformação da representação no Sistema de Coordenadas da Câmera para o Sistema de Coordenadas Normalizado (ou de Recorte). O ponto central do volume de visualização é levado para a origem do cubo normalizado, por uma translação. Em seguida, escala-se o volume de visualização para o volume do cubo normalizado cujos lados possuem tamanho 2. Logo, a transformação completa entre os Sistemas de Coordenadas da Câmera e o Normalizado pode ser obtida pela composição da translação seguida da escala apresentada aqui:

$$T_{C \to N} = S * T = \begin{bmatrix} \dfrac{2}{direita - esquerda} & 0 & 0 & 0 \\ 0 & \dfrac{2}{cima + baixo} & 0 & 0 \\ 0 & 0 & \dfrac{2}{longe - perto} & 0 \\ 0 & 0 & 0 & 1 \end{bmatrix} * \begin{bmatrix} 1 & 0 & 0 & -\dfrac{esquerda + direita}{2} \\ 0 & 1 & 0 & -\dfrac{cima + baixo}{2} \\ 0 & 0 & 1 & -\dfrac{perto + longe}{2} \\ 0 & 0 & 0 & 1 \end{bmatrix} =$$

$$\begin{bmatrix} \dfrac{2}{direita - esquerda} & 0 & 0 & -\dfrac{direita + esquerda}{direita - esquerda} \\ 0 & \dfrac{2}{cima + baixo} & 0 & -\dfrac{cima + baixo}{cima - baixo} \\ 0 & 0 & \dfrac{2}{longe - perto} & -\dfrac{longe + perto}{longe - perto} \\ 0 & 0 & 0 & 1 \end{bmatrix}$$

2.10.2.2. Projeção em perspectiva

O modelo de projeção mais utilizado para renderização de cenas 3D é o de Projeção Perspectiva, o qual simula a forma com que observamos o mundo: quanto mais longe um objeto, menor o observamos (Figura 2.44).

A câmera virtual com projeção perspectiva se comporta como uma câmera de orifício na qual raios partindo de diferentes pontos da cena se interceptam ao passarem pelo centro ótico o e atingem o plano de projeção localizado a uma distância f do centro ótico (Figura 2.45).

Na etapa de projeção, os objetos são referenciados pelo Sistema de Coordenadas da Câmera, que possui origem no centro ótico, eixos x e y paralelos ao plano de projeção e eixo z perpendicular ao plano de projeção (sobre o eixo ótico) – logo, este eixo é associado à profundidade dos objetos em relação à câmera.

Observe que na construção da câmera de orifício os objetos aparecem de cabeça para baixo e espelhados no plano de projeção. Embora esta seja uma

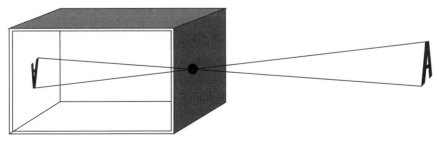

FIGURA 2.44. *Projeção Perspectiva – câmera de orifício.*

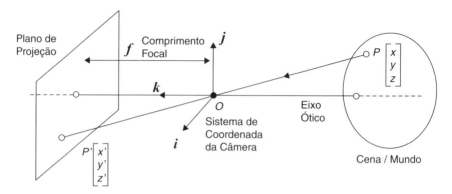

FIGURA 2.45. *Mapeamento de pontos 3D da cena no plano de projeção 2D.*

limitação da física da construção de câmeras de orifício, em câmeras virtuais podemos posicionar o plano de projeção na frente do centro ótico *o*, ou seja, entre *o* e a cena, permitindo uma construção em que a imagem formata não é invertida (Figura 2.46). Revendo as equações anteriores, observe que nesta construção o sinal da coordenada *z* de objetos da cena anula o sinal da coordenada de profundidade do plano de projeção por estarem no mesmo lado da origem.

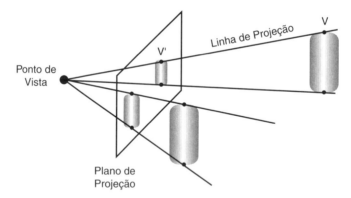

FIGURA 2.46. *Câmera virtual: plano de projeção situado no mesmo lado da cena, evitando inversão da imagem formada.*

Um ponto *p* com coordenadas *p* = [*x,y,z*] no Sistema de Coordenadas da Câmera tem sua projeção perspectiva no plano de projeção definida como *p'* = [*x',y'*] :

$$x' = -f\frac{x}{z}$$

$$y' = -f\frac{y}{z}$$

Onde *f* representa o comprimento focal (distância entre o plano de projeção, situado em $z = -f$ e o centro ótico, situado em $z = 0$). Observe que todos os pontos da cena situados sobre a mesma linha de projeção (passando por *o* e *p*) são projetados sobre o mesmo ponto *p'*, sobre o plano de projeção.

A projeção perspectiva é representada pela seguinte matriz:

$$P = \begin{bmatrix} 1 & 0 & 0 & 0 \\ 0 & 1 & 0 & 0 \\ 0 & 0 & 1 & 0 \\ 0 & 0 & -\dfrac{1}{f} & 0 \end{bmatrix}$$

Observe que a transformação de um ponto na cena 3D descrito em coordenadas homogêneas como *p* = [*x, y, z,* 1] pela matriz anterior o leva para *p'* = [*x, y, z, -z/f*]. Levando o valor da coordenada *w* para 1, temos: *p'* = [*-f*x/z, -f*y/z, -f,* 1]. Portanto, a matriz anterior leva pontos da cena para pontos sobre o plano de projeção situado em $z = -f$.

Assim como na implementação de projeções paralelas ortogonais, na prática, limitamos o volume de interesse da cena. Entretanto, para a projeção perspectiva tal volume assume a forma de um tronco de pirâmide (*frustum*).

Duas descrições são comumente utilizadas para definir o volume de visão em forma de tronco de pirâmide. A primeira utiliza seis valores, semelhantes aos usados na descrição do volume de interesse para projeção paralela ortogonal. Os limites são: *esquerdo* e *direito, superior* e *inferior, longe* e *perto*. Neste caso, entretanto, *esquerdo* e *direito, superior* e *inferior* representam planos inclinados, de maneira a passarem pelo centro ótico (origem do sistema). Assim, o tronco de pirâmide possui como pontos extremos os cantos (*esquerdo, inferior, -perto*) e (*direito, superior, -longe*) (Figura 2.47).

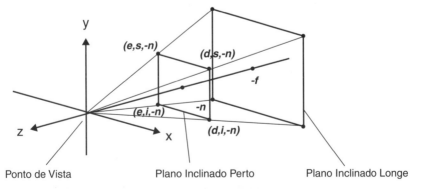

FIGURA 2.47. *Volume de Visão: limites definidos pelos parâmetros (esquerdo, inferior, -perto) e (direito, superior, -longe).*

A segunda descrição comumente utilizada para o tronco de pirâmide é definida por quatro parâmetros, ditos: **ângulo de visualização (θ)**, **razão de aspecto**, **próximo** e **longe**. O ângulo de visualização, conhecido pela sigla FOV (do inglês *field of view*, "campo de visão"), descreve o ângulo de abertura na direção y usada para determinar a "altura" do volume de visualização (Figura 2.48). Já a razão de aspecto determina a razão entre a largura e a altura do tronco de pirâmide.

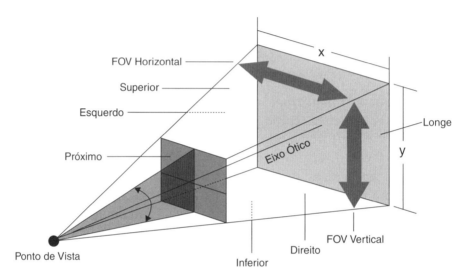

FIGURA 2.48. *Definição do Volume de Visão usando ângulo de visualização (FOVθ), razão de aspecto, e planos próximo e longe.*

A relação entre os parâmetros utilizados na primeira e na segunda descrição é dada por:

$$\theta = 2\arctan\left(\frac{cima}{perto}\right)$$

O ângulo de visualização e os parâmetros definidos na primeira notação são dados por:

$$razão = \frac{direita}{cima}$$

Se quisermos que o centro de projeção esteja em uma posição qualquer (*fx, fy, fz*) e não sobre um dos eixos, podemos transladar o ponto para a origem, usar a matriz de projeção e depois transladar novamente a posição desejada. Ou seja, usar a solução de concatenar matrizes. As expressões a seguir mostram como se faz para ter a matriz definida para centro de projeção em (fx, fy, fz).

$$\begin{bmatrix} 1 & 0 & 0 & f_x \\ 0 & 1 & 0 & f_y \\ 0 & 0 & 1 & 0 \\ 0 & 0 & 0 & 1 \end{bmatrix} \begin{bmatrix} 1 & 0 & 0 & 0 \\ 0 & 1 & 0 & 0 \\ 0 & 0 & 1 & 0 \\ 0 & 0 & \dfrac{-1}{f_z} & 1 \end{bmatrix} \begin{bmatrix} 1 & 0 & 0 & -f_x \\ 0 & 1 & 0 & -f_y \\ 0 & 0 & 1 & 0 \\ 0 & 0 & 0 & 1 \end{bmatrix}$$

As matrizes de projeção em perspectiva são obtidas usando a coluna da matriz genérica 4×4 correspondente às coordenadas homogêneas. Quando um dos elementos dessa submatriz 3×1 for diferente de zero, o objeto transformado sofre uma transformação perspectiva. Nesse caso, como usamos uma matriz de projeção com centro sobre o eixo z, apenas um desses elementos deve ter valor diferente de zero, justamente o correspondente à coordenada z. Se o centro de projeção for localizado ao longo do eixo x, e o plano de projeção for o plano $x = 0$, a matriz de projeção em perspectiva de um ponto será:

$$\begin{bmatrix} 1 & 0 & 0 & 0 \\ 0 & 1 & 0 & 0 \\ 0 & 0 & 1 & 0 \\ \dfrac{-1}{f_x} & 0 & 0 & 1 \end{bmatrix} \begin{bmatrix} x & y & z & 1 \end{bmatrix}^T = \begin{bmatrix} x' & y' & z' & 1 \end{bmatrix}^T$$

Do mesmo modo, se o centro de projeção for localizado ao longo do eixo y, e o plano de projeção for o plano $y = 0$, a matriz de projeção de perspectiva de um ponto será:

$$\begin{bmatrix} 1 & 0 & 0 & 0 \\ 0 & 1 & 0 & 0 \\ 0 & 0 & 1 & 0 \\ 0 & \dfrac{-1}{f_y} & 0 & 1 \end{bmatrix} \begin{bmatrix} x & y & z & 1 \end{bmatrix}^T = \begin{bmatrix} x' & y' & z' & 1 \end{bmatrix}^T$$

Para obter as matrizes de perspectivas de dois ou três pontos podemos definir adequadamente os elementos da matriz 4×4 e depois multiplicá-los adequadamente por uma matriz de projeção ortográfica. Assim, matrizes de projeção perspectiva em dois pontos localizados nos eixos x e z, ou x e y são definidas como:

$$\begin{bmatrix} 1 & 0 & 0 & 0 \\ 0 & 1 & 0 & 0 \\ 0 & 0 & 1 & 0 \\ \dfrac{-1}{f_x} & \dfrac{-1}{f_y} & 0 & 1 \end{bmatrix} \begin{bmatrix} 1 & 0 & 0 & 0 \\ 0 & 1 & 0 & 0 \\ 0 & 0 & 1 & 0 \\ \dfrac{-1}{f_x} & 0 & \dfrac{-1}{f_z} & 1 \end{bmatrix}$$

Para a definição de matrizes em perspectivas de três pontos, podemos pensar em diversas concatenações de matrizes, como as anteriores, seguidas de uma projeção ortográfica no plano desejado [Gardan, 1986]. Desse modo, uma matriz de perspectiva em três pontos é definida como:

$$\begin{bmatrix} 1 & 0 & 0 & 0 \\ 0 & 1 & 0 & 0 \\ 0 & 0 & 1 & 0 \\ \dfrac{-1}{f_x} & \dfrac{-1}{f_y} & \dfrac{-1}{f_z} & 1 \end{bmatrix}$$

2.10.2.3. Especificação dos pontos de fuga

Os desenhos em perspectiva são caracterizados pela mudança do comprimento e pelos pontos de fuga. O primeiro é uma ilusão que nos mostra objetos cada vez menores à medida que sua distância do centro de projeção aumenta. A segunda ilusão é a de que conjuntos de linhas paralelas (não paralelas ao plano de projeção) convergem para um ponto, denominado ponto de fuga.

Denominam-se pontos de fuga principais os que aparentam uma interseção entre um conjunto de retas paralelas com um dos eixos principais x, y ou z. O número de pontos de fuga principais é determinado pelo número de eixos principais interceptados pelo plano de projeção. Assim, se o plano de projeção intercepta apenas o eixo z, somente o eixo z possui um ponto de fuga principal, pois linhas paralelas aos eixos x e y são paralelas ao plano de projeção e, dessa forma, não ocorre a ilusão de convergência (Figura 2.49).

Projeções Cônicas ou Perspectivas são categorizadas pelo número de pontos de fuga principais, ou seja, o número de eixos que o plano de projeção intercepta, como descrito na Figura 2.50:

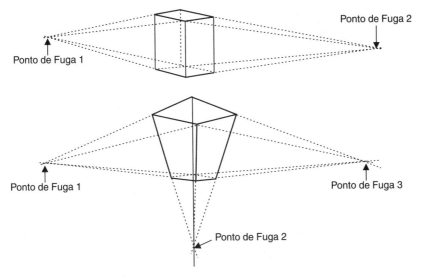

FIGURA 2.49. *Exemplos de uma projeção em perspectiva com 2 e 3 pontos de fuga.*

Na seção anterior, as matrizes de projeção foram obtidas a partir da especificação dos centros de projeção e não dos pontos de fuga. Para estabelecer a localização desses pontos e sua relação com a forma de cada uma das matrizes, vamos considerar a transformação pela matriz perspectiva de um ponto localizado no infinito na direção z. Esse ponto pode ser escrito em coordenadas homogêneas como [0, 0, 1, 0]. O número zero na posição da coordenada

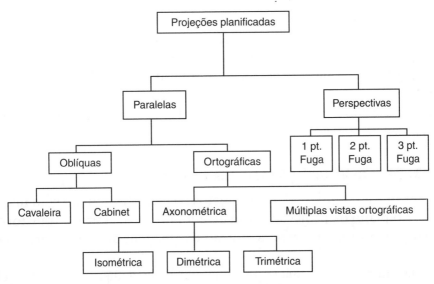

FIGURA 2.50. *Classificação das projeções geométricas.*

homogênea leva um ponto na forma cartesiana $[x, y, z]$ para o infinito [Gardan, 1986]. Aplicando a transformação em perspectiva a este ponto, teremos:

$$\begin{bmatrix} 1 & 0 & 0 & 0 \\ 0 & 1 & 0 & 0 \\ 0 & 0 & 1 & 0 \\ 0 & 0 & \dfrac{-1}{f_z} & 1 \end{bmatrix} \begin{bmatrix} 0 & 0 & 1 & 0 \end{bmatrix}^{\mathsf{T}} = \begin{bmatrix} 0 & 0 & 1 & \dfrac{-1}{f_z} \end{bmatrix}^{\mathsf{T}}$$

Usando a transformação homogênea, esse ponto se torna $[0, 0, -f_z, 1]$, que define o ponto de fuga, ou o ponto onde as retas se encontrarão no eixo z. Procedimento idêntico pode ser usado para obter os pontos de fuga nas outras direções, ou para determinar os dois ou mesmo três pontos de fuga que as matrizes das expressões anteriores representam. Assim, para a última matriz da Seção 2.7.4, tem-se três pontos de fuga:

$$[-f_x, 0, 0, 1], \text{ sobre o eixo } x,$$

$$[0, -f_y, 0, 1], \text{ sobre o eixo } y, \text{ e}$$

$$[0, 0, -f_z, 1] \text{ sobre o eixo } z.$$

Projeções perspectivas com um e dois pontos de fuga (quando um ou dois eixos principais são interceptados pelo plano de projeção) são mais comumente usadas em arquitetura e desenho publicitário. Já as projeções com três pontos de fuga são bem menos utilizadas, pois adicionam um certo surrealismo à cena, talvez só ocorram ao se visualizar a esquina de um prédio altíssimo, quando até mesmo as linhas na direção de sua altura deixarão de ter a aparência de paralelas [Anand, 1993].

2.10.3. Câmera Virtual (Parâmetros Intrínsecos)

Uma vez que as coordenadas dos objetos da cena 3D tenham sido mapeadas para o plano de projeção normalizado, faz-se necessário transformar tal mapeamento para a representação da imagem digital propriamente dita.

A imagem digital é formada por uma matriz de elementos discretos, chamados pixels. Para manipulá-la, usa-se um sistema de coordenadas cujas coordenadas inteiras representam as posições da matriz. Logo, neste sistema, um par (x,y) representa, respectivamente, uma determinada coluna e uma linha.

Ainda que a relação da câmera com o mundo, ou seja, sua posição e orientação fixas (descritas pelos parâmetros extrínsecos da câmera), seja mantida, é possível gerar imagens distintas da mesma cena variando as propriedades da imagem resultante.

Nesta seção, descrevemos as escolhas de parâmetros ditos intrínsecos (ou internos) da câmera, responsáveis pelo mapeamento entre as coordenadas normalizadas e as coordenadas de pixels (Figura 2.51).

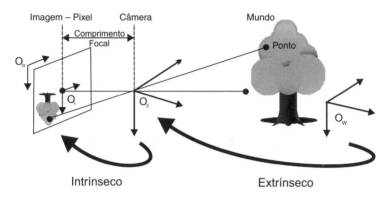

FIGURA 2.51. *Relação parâmetros intrínsecos e extrínsecos.*

Há situações em que um mesmo cenário 3D pode ser visualizado por diferentes dispositivos de saída, com diferentes resoluções, ou razão de aspecto. Os parâmetros intrínsecos são responsáveis por produzir a representação matricial adequada.

São parâmetros intrínsecos da camera (Figura 2.52):

1. o par de coordenadas 2D *(cx, cy)* que indicam o centro da imagem;
2. os fatores de escala *(sx, sy)* que definem a quantidade de pixels na largura e altura da imagem resultante.

Utilizando os parâmetros descritos, a matriz de transformação das coordenadas do Sistema de Coordenadas Normalizado (ou de Recorte) para o Sistema de Coordenadas da Imagem é definida como:

$$F = \begin{bmatrix} s_x & 0 & c_x \\ 0 & s_y & c_y \\ 0 & 0 & 1 \end{bmatrix}$$

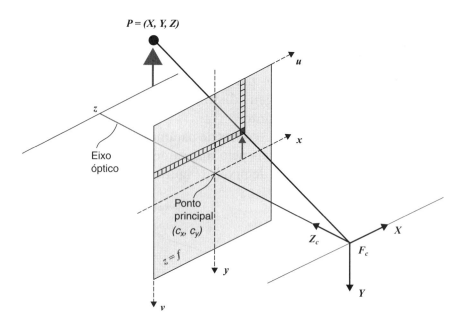

FIGURA 2.52. *Obtenção das coordenadas em pixels dos pontos de projeção (representação da imagem digital).*

Observe que os parâmetros intrínsecos não dependem da cena visualizada. Portanto, a etapa anterior de normalização pela definição do espaço de recorte permite tratar isoladamente as decisões relacionadas ao dispositivo e a imagem digital produzida.

CAPÍTULO 3

Curvas e Superfícies

3.1. Representação de curvas

    3.1.1. Conjunto de pontos

    3.1.2. Representação analítica

    3.1.3. Forma não paramétrica de representar curvas

    3.1.4. Forma paramétrica de representar curvas

    3.1.5. Curvas paramétricas de terceira ordem

    3.1.6. Curvas de Hermite

    3.1.7. Curvas de Bézier

    3.1.8. Curvas Splines

    3.1.9. Curvas racionais

3.2. Superfícies

    3.2.1. Superfícies de revolução

    3.2.2. Superfícies geradas por deslocamento

    3.2.3. Superfícies geradas por interpolação bilinear

    3.2.4. Interpolações trilineares

    3.2.5. Superfícies de formas livres

    3.2.6. Superfícies paramétricas bicúbicas

    3.2.7. Superfícies de Hermite

    3.2.8. Superfícies de Bézier

    3.2.9. Superfícies de B-Spline

    3.2.10. Tangentes e normais às superfícies

    3.2.11. Superfícies racionais

    3.2.12. NURBS

Curvas e superfícies desempenham um papel importante em diversas áreas, tanto na criação de objetos sintéticos quanto na visualização de fenômenos científicos. Na modelagem geométrica em Computação Gráfica as curvas são fundamentais, tanto da geração de formas simples, como círculos e elipses, quanto na criação de projetos complexos, como automóveis, navios ou aeronaves (onde são referidas como "formas livres").

Representar uma curva como uma sucessão de linhas retas pode ser suficiente para várias aplicações. No entanto, curvas e superfícies complexas requerem uma maneira mais eficiente de representação.

Definir uma curva que passe por um conjunto determinado de pontos (ou os interpole) é um problema distinto da procura da melhor curva para aproximar um conjunto determinado de pontos. Usaremos o termo geração de curva para ambos os casos ao longo do capítulo, pois frequentemente os dois problemas acontecem de forma combinada.

Quando se define uma região limitada por um conjunto de pontos, um conceito importante é determinar se esse limite descreve uma área **convexa** ou **não convexa**. A região será **convexa** se, quando for feita uma ligação entre dois pontos quaisquer da mesma por uma linha reta, esta linha não ultrapassar as bordas desta região. E será dita "**não convexa**" caso haja pelo menos dois pontos para os quais a ligação entre eles por uma linha reta sai desta região. Assim, por exemplo, um círculo é uma área convexa e uma figura em forma de "C" ou "lua crescente" será não convexa.

3.1. REPRESENTAÇÃO DE CURVAS

3.1.1. Conjunto de Pontos

Segmentos de curva ou de retas, mesmo que pequenos, têm sempre (matematicamente) infinitos pontos. Geralmente representa-se uma curva por um conjunto finito de pontos quando estes são medidos experimentalmente, por exemplo: { (-2, 8), (-1, 3), (0, 0), (1, -1), (2, 0), (3, 3), (4, 8) }. Nesta representação, cada par (x, y) representa um ponto no plano pertencente à curva e o conjunto de pontos representa a curva. Esta representação de pontos em um sistema de coordenadas foi proposta inicialmente no século XVII por René Descartes (1596-1650). Os pares (x, y) são chamados de coordenadas cartesianas do ponto e representam as distâncias do ponto aos eixos (Figura 3.1). Essa forma de representação é muito utilizada na visualização de medições experimentais.

Na representação por conjunto de pontos, a curva é gerada pela conexão de seus pontos. Se este número de pontos não for suficiente para que em uma determinada resolução, a curva pareça ser contínua, pode-se então (para

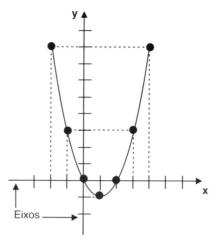

FIGURA 3.1. *Pontos na coordenada cartesiana.*

melhorar a representação) uni-los por segmentos de retas como mostrado na Figura 3.2(A). Para representação de curvaturas acentuadas, a aproximação por segmentos de reta pode não ser satisfatória. Neste caso, temos que aumentar o número de pontos nesta região, inserindo mais pontos, ou, se isso não for possível, gerando uma conexão entre os pontos por interpolação ou aproximação (Figura 3.2(B)).

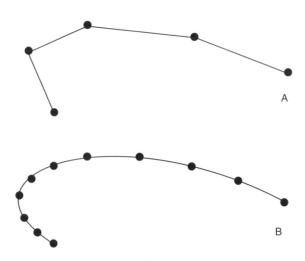

FIGURA 3.2. *Representações por conjunto de pontos.*

3.1.2. Representação Analítica

A representação analítica utiliza uma ou mais equações e apresenta várias vantagens em relação à representação por conjunto de pontos. É mais compacta, não requer área de armazenamento proporcional ao número de pontos da curva e facilita o cálculo de novos pontos, se preciso (devido à mudança de escala ou para melhor representação). Os pontos adicionais, a serem incluídos, são sempre exatos e não aproximações. Nessa forma de representação, é mais simples calcular propriedades da curva como comprimento, área, inclinação, curvatura e outros. Se forem conhecidos apenas os pontos da curva, e não sua expressão analítica, essas propriedades precisam ser calculadas por métodos numéricos. Essa forma é mais simples para ser redesenhada quando a curva sofre transformações como mudança rotação, alterações de perspectivas e projeções.

As formas analíticas (ou por equações), que representam curvas, podem usar ou não parâmetros, sendo então denominadas paramétricas ou não paramétricas. As formas não paramétricas podem ser ainda explicitas ou implícitas. A seguir, veremos em detalhes cada uma dessas formas.

3.1.3. Forma Não Paramétrica de Representar Curvas

Na forma não paramétrica, cada uma das coordenadas dos pontos da curva é representada como uma função da outra, isto é como:

$$y = f_x(x) \text{ ou } x = f_y(y)$$

Nesta representação, a equação de um quarto de círculo de raio 10 é dada por:

$$y = \sqrt{10^2 - x^2} \quad \text{ou} \quad x = \sqrt{10^2 - y^2}$$

e a equação de uma reta que passa pelo ponto (0, 1) e faz um ângulo de 45° com a horizontal é:

$$y = x + 1 \text{ ou } x = y - 1$$

A *forma* não paramétrica explícita de representar uma curva é uma equação do tipo $y = f(x)$, onde os pares $(x, y = f(x))$ representam os pontos da curva. Por exemplo, a equação de uma parábola (polinômio de grau 2) é dada por:

$$y = ax^2 + bx + c$$

sendo a, b e c números. Com $a = 1$, $b = -2$ e $c = 0$, a equação anterior pode gerar a curva da Figura 3.1. Polinômios são geralmente usados para representar curvas, pois são muito fáceis de combinar, derivar, integrar ou avaliar seu valor em algum ponto. Na representação polinomial, chama-se ordem ou grau da curva, a potência de maior valor a que x for elevado. O grau do polinômio corresponde à ordem n ou ao grau da curva. Por exemplo:

$$P(x) = a_n x^n + a_{n-1} x^{n-1} + \ldots a_2 x^2 + a_1 x^1 + a_0$$

onde n é um inteiro positivo e $a_0, a_1 \ldots a_n$, são números reais.

Desta forma, obtém-se um valor de y para cada valor de x dado. Consequentemente, se a curva tiver valores múltiplos (muitos valores de y para cada x), como um círculo, não pode ser representado explicitamente. Esta limitação não existe no caso de representações implícitas, que são dadas por expressões na forma:

$$f(x, y) = 0$$

Por exemplo, a equação implícita de uma curva do segundo grau (ou ordem 2) genérica é:

$$ax^2 + bxy + cy^2 + dx + ey + f = 0$$

Esta expressão representa uma variedade de curvas planas denominadas cônicas, que são muito importantes na Geometria Euclidiana. Essas curvas, cinco no total, são chamadas seções cônicas porque são obtidas pelo corte de um cone por um plano, resultando em um círculo, uma elipse, uma parábola, uma hipérbole ou uma reta (Figura 3.3). Cada um dos tipos surge dependendo da direção em que o plano de corte está posicionado em relação

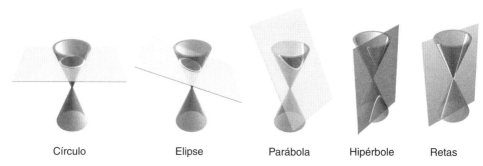

| Círculo | Elipse | Parábola | Hipérbole | Retas |

FIGURA 3.3. *Os cinco tipos de seções cônicas.*

ao cone. Na equação genérica, estes tipos de curvas surgem atribuindo-se diferentes valores às constantes "a", "b", "c", "d", "e" e "f". O círculo e a elipse têm comprimentos finitos enquanto as demais podem ter perímetros infinitos. Elas são utilizadas na astrologia para estudar o movimento dos corpos celestes (planetas, satélites, cometas etc.).

A representação de curvas tridimensionais (3D) na forma não paramétrica explícita inclui mais uma coordenada, que pode ser função de y, $z(y)$, ou de x, $z(x)$, ou de ambas as coordenadas, $z(x, y)$. Na forma implícita, uma curva 3D é descrita pela interseção de duas superfícies:

$$\begin{cases} F_1(x,y,z) = 0 \\ F_2(x,y,z) = 0 \end{cases}$$

As duas equações devem ser resolvidas simultaneamente para a determinação dos pontos da curva. Esse processo é lento e por isto a forma implícita geralmente só é usada em representações 2D. A grande vantagem da forma implícita é que com ela é muito fácil verificar se um dado ponto pertence ou não à curva, o que a torna útil para muitas aplicações de modelagem geométrica, onde é importante conhecer pontos interiores, exteriores e na fronteira dos objetos.

Chama-se implicitação a conversão de uma dada curva para essa forma. Por exemplo, a forma implícita da curva que descreve um círculo de raio r é:

$$x^2 + y^2 - r^2 = 0$$

e da reta anterior que passa pelo ponto (0, 1) e faz um ângulo de 45° com a horizontal é:

$$x - y + 1 = 0$$

As formas explícita e implícita são dependentes do sistema de coordenadas, cuja escolha afeta a facilidade de uso. Se os pontos de uma curva forem calculados a partir de incrementos uniformes em x ou y, eles podem não ficar distribuídos uniformemente ao longo da curva. Isto afeta a qualidade e a precisão da representação da curva. Estas duas limitações são superadas pelo uso da representação paramétrica.

3.1.4. Forma Paramétrica de Representar Curvas

Na forma paramétrica, usa-se um parâmetro (t, θ etc.) para definir as coordenadas dos pontos da curva. Por exemplo, a equação de um quarto de círculo de raio $r = 10$ pode ser descrita como:

$$x = 10 \cos (\boldsymbol{\theta}) = f_x (\boldsymbol{\theta})$$

$$y = 10 \text{ sen } (\boldsymbol{\theta}) = f_y (\boldsymbol{\theta})$$

e a equação da reta que passa pelo ponto (0, 1) e faz um ângulo de 45° com a horizontal pode ser representada por:

$$x = t \quad = f_x (t)$$
$$y = t + 1 = f_y (t)$$

Na forma paramétrica, cada coordenada de um ponto em uma curva é representada como uma função de um único parâmetro, sendo a posição de um ponto na curva fixada pelo valor do parâmetro. Para uma curva 2D que usa t como parâmetro, as coordenadas cartesianas de cada ponto são funções deste parâmetro t.

$$x = x (t)$$
$$y = y (t)$$

A posição do ponto na curva é, portanto, dada por:

$$P (t) = (x (t), y(t))$$

Por isso, a forma paramétrica é a mais simples para representar intervalos de comprimentos constantes ao longo da curva. É também muito mais fácil o cálculo de diversas características em relação ao parâmetro t, como suas derivadas:

$$P' (t) = (x'(t), y'(t))$$

A inclinação da curva (ou diferencial) é calculada por:

$$\frac{dy}{dx} = \frac{dy / dt}{dx / dt} = \frac{y'(t)}{x'(t)}$$

As áreas entre a curva e os eixos x e y são obtidas das integrais em relação a x e a y, respectivamente. A forma paramétrica permite representar curvas fechadas, com valores múltiplos ou com laços. Uma vez que um ponto na curva é especificado por um único valor do parâmetro usado, a forma paramétrica é independente do sistema de coordenadas, sendo assim facilmente manipulada usando as transformações geométricas. Os extremos e o comprimento da curva são fixos pelo intervalo de variação do parâmetro, que é frequentemente normalizado para $0 \leq t \leq 1$.

Uma grande vantagem da representação paramétrica é que ela pode representar curvas espaciais (isto é, em 3D) com a mesma facilidade que representa curvas no plano. Passar de 2D para 3D, nesta representação, corresponde apenas a incluir mais uma coordenada pela função: $z = z(t)$. Sendo um ponto da curva espacial definido quando suas 3 coordenadas forem conhecidas:

$$P(t) = (x(t), y(t), z(t))$$

No entanto, cada forma de representação é mais apropriada a determinadas características, sendo muitas vezes necessário passar de uma para outra forma de representação. A forma não paramétrica pode ser obtida eliminando-se o parâmetro para obter uma única equação em x e y. Determinar um ponto em uma curva, isto é, determinar o valor de y, dado x, é trivial no caso da representação não paramétrica explícita. No caso da paramétrica, é necessário obter o valor do parâmetro t, a partir de x, e a seguir usar este valor para obter y. Para equações paramétricas mais complexas, uma técnica iterativa pode ser mais conveniente.

A tabela a seguir apresenta alguns exemplos de descrição de cônicas na forma paramétrica e não paramétrica implícita. Nesta tabela não são usadas formas explícitas, pois elas não são representáveis como funções em todos os valores das curvas nessa forma.

Cônica	Forma Paramétrica	Forma Implícita
Elipse	$x = a \cos (\theta)$ $y = b \operatorname{sen} (\theta)$	$\dfrac{x^2}{a^2} + \dfrac{y^2}{b^2} - 1 = 0$
Parábola	$x = at^2$ $y = 2at$	$y^2 - 4ax = 0$
Hipérbole	$x = a \cosh (\theta)$ $y = b \operatorname{senh} (\theta)$	$\dfrac{x^2}{a^2} - \dfrac{y^2}{b^2} - 1 = 0$

Na tabela anterior, *cosh* e *senh* representam o coseno e o seno hiperbólico do ângulo θ, respectivamente.

3.1.5. Curvas Paramétricas de Terceira Ordem

Algumas curvas não podem ser facilmente descritas por expressões analíticas em toda sua extensão. Nestes casos, usam-se geralmente descrições pela união de diversas curvas. Para que diversas curvas sejam transformadas em uma curva única adequadamente será muitas vezes necessário que a curva resultante da união tenha curvatura contínua. Para que isso ocorra, cada um dos pedaços deve também ter continuidade até a segunda derivada, é por esta razão que geralmente são usadas curvas representadas por polinômios cúbicos. As curvas paramétricas de terceira ordem (isto é geradas por um polinômio cúbico) mais utilizadas em Computação Gráfica (CG) são geradas pela definição de um conjunto de pontos de controle de diferentes formas de acordo com os seus tipos, sendo as mais comuns as de Hermite, Bézier ou Splines.

3.1.6. Curvas de Hermite

O uso de polinômios de terceira ordem para gerar curvas foi inicialmente descrito pelo matemático francês Charles Hermite (1822-1901). Hermite é também conhecido em várias entidades matemáticas que levam seu nome: polinômios de Hermite, equações diferenciais de Hermite, fórmulas de interpolação de Hermite e matrizes Hermitianas.

Uma curva de Hermite é gerada pelos seus pontos extremos, que chamaremos de P_1 e P_2 e por dois vetores T_1 e T_2, que descrevem as tangentes e pesos da curva em P_1 e P_2, ou seja, T_1 indica como a curva deixa o ponto P_1 e T_2 como encontra o ponto P_2 (Figura 3.4). Estes 4 fatores de controle têm participação na composição da geometria da curva de Hermite, conforme mostrado na Figura 3.5.

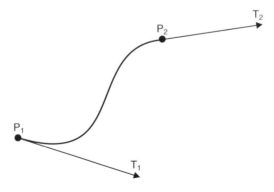

FIGURA 3.4. *Elementos da curva de Hermite.*

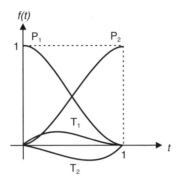

FIGURA 3.5. *Composição da geometria da curva de Hermite.*

É interessante lembrar que os vetores têm 4 propriedades básicas: módulo, direção, sentido e ponto de aplicação. Quando usou este tipo de controle para a forma de chegada e saída da curva, Hermite ampliou o controle em relação ao uso somente das tangentes, pois, com elas, teria no máximo direção e sentido. O módulo dos vetores funciona como um peso que muda completamente a curva.

Esses vetores conferem à curva uma grande versatilidade, permitindo num dado momento uma forma suave e homogênea, e, em outro, formas mais bruscas, podendo apresentar mudanças de inclinação e formar "loops". Além disso, quando os pontos e os vetores estão sobre uma mesma reta, ela se degenera e assume a forma de uma linha reta.

Em um dado instante (t) qualquer, as coordenadas dos pontos da curva de Hermite dependem destes 4 fatores de controle (P_1, P_2, T_1, T_2) em conjunto. As curvas de Hermite são definidas por polinômios de terceira ordem, com forma geral:

$$x(t) = P_x = a_x t^3 + b_x t^2 + c_x t + d_x$$
$$y(t) = P_y = a_y t^3 + b_y t^2 + c_y t + d_y$$
$$z(t) = P_z = a_z t^3 + b_z t^2 + c_z t + d_z$$

Definir uma curva de Hermite consiste na determinação dos valores de (a, b, c, d) para os valores (P_1, P_2, T_1, T_2) dados. Para $(t = 0)$ temos as coordenadas do ponto inicial, ou seja:

$$(P_{1x}, P_{1y}, P_{1z}) = (x(0), y(0), z(0))$$

$$P_{1x} = a_x 0^3 + b_x 0^2 + c_x 0 + d_x$$
$$P_{1y} = a_y 0^3 + b_y 0^2 + c_y 0 + d_y$$
$$P_{1z} = a_z 0^3 + b_z 0^2 + c_z 0 + d_z$$

ou seja, as coordenadas do ponto inicial definem o parâmetro d do polinômio de Hermite pelas suas coordenadas (d_x, d_y e d_z).

Antes de prosseguirmos encontrando os demais parâmetros, repare que a equação do 3° grau que descreve o polinômio pode ser descrita de forma mais elegante pela multiplicação de matrizes, ou mais especificamente de vetores linha (1×4) e coluna (4×1):

$$x(t) = \begin{bmatrix} t^3 & t^2 & t^1 & t1 \end{bmatrix} \begin{vmatrix} a_x \\ b_x \\ c_x \\ d_x \end{vmatrix} = T C_x$$

$$y(t) = \begin{bmatrix} t^3 & t^2 & t^1 & t1 \end{bmatrix} \begin{vmatrix} a_y \\ b_y \\ c_y \\ d_y \end{vmatrix} = T C_y$$

$$z(t) = \begin{bmatrix} t^3 & t^2 & t^1 & t1 \end{bmatrix} \begin{vmatrix} a_z \\ b_z \\ c_z \\ d_z \end{vmatrix} = T C_z$$

O primeiro descreve potências do parâmetro t e o segundo considera os coeficientes da curva de Hermite que se deseja definir. Usando essa notação matricial poderemos reescrever as expressões anteriores que descrevem como achar o coeficiente "d" da curva de Hermite:

$$P_{1x} = [\,0\ 0\ 0\ 1\,] C_x$$
$$P_{1y} = [\,0\ 0\ 0\ 1\,] C_y$$
$$P_{1z} = [\,0\ 0\ 0\ 1\,] C_z$$

Como a curva deve acabar no ponto P_2, ou seja, o polinômio no valor final de t deve satisfazer as coordenadas deste ponto e o valor final do parâmetro t

pode ser qualquer, geralmente se usa normalizar a curva, ou seja, supor que esta terá valor final 1. Assim, para $t = 1$, a equação da curva $x(t)$ deve resultar na coordenada x de P_2:

$$P_{2x} = x(1) = a_x + b_x + c_x + d_x$$

ou:

$$P_{2x} = x(1) = [1\ 1\ 1\ 1]\, c_x$$

o mesmo ocorrendo para as demais coordenadas:

$$P_{2y} = y(1) = [1\ 1\ 1\ 1]\, c_y$$
$$P_{2z} = z(1) = [1\ 1\ 1\ 1]\, c_z$$

Considerando agora as condições vetoriais da curva, e como a direção do vetor está relacionado com a tangente à curva, usaremos suas derivadas:

$$x'(t) = P'_x = 3a_x t^2 + 2b_x t + c_x$$

$$y'(t) = P'_y = 3a_y t^2 + 2b_y t + c_y$$

$$z'(t) = P'_z = 3a_z t^2 + 2b_z t + c_z$$

Essas, na forma matricial, podem ser escritas como:

$$x'(t) = P'_x = [3t^2\ \ 2t\ \ 1\ \ 0]\, C_x$$

$$y'(t) = P'_y = [3t^2\ \ 2t\ \ 1\ \ 0]\, C_y$$

$$z'(t) = P'_z = [3t^2\ \ 2t\ \ 1\ \ 0]\, C_z$$

A condição da curva em $t = 0$ ser o vetor T_1 resulta na definição dos parâmetros c_x, c_y e c_z da curva. Na forma matricial, podemos escrever:

$$x'(0) = T_{1x} = [0\ \ 0\ \ 1\ \ 0]\, C_x = c_x$$

$$y'(0) = T_{1y} = [0\ \ 0\ \ 1\ \ 0]\, C_y = c_y$$

$$z'(0) = T_{1z} = [0\ \ 0\ \ 1\ \ 0]\, C_z = c_z$$

A última condição é que em $t = 1$ o vetor T_2 defina a tangente da curva. Essa condição se expressa matricialmente como:

$$x'(1) = T_{2_x} = [3\ \ 2\ \ 1\ \ 0]\,C_x$$

$$y'(1) = T_{2_y} = [3\ \ 2\ \ 1\ \ 0]\,C_y$$

$$z'(1) = T_{2_z} = [3\ \ 2\ \ 1\ \ 0]\,C_z$$

Unindo as quatro condições P_1, P_2, T_1 e T_2 podemos unificar as expressões independentemente de representarem os eixos x, y ou z:

$$\begin{bmatrix} P_1 \\ P_2 \\ T_1 \\ T_2 \end{bmatrix} = \begin{bmatrix} 0 & 0 & 0 & 1 \\ 1 & 1 & 1 & 1 \\ 0 & 0 & 1 & 0 \\ 3 & 2 & 1 & 0 \end{bmatrix} C_x = H^{-1}C_x$$

Como os valores de C_x, C_y e C_z são desconhecidos, podemos identificá-los ao representar a expressão anterior como:

$$C_x = H H^{-1} C_x = H \begin{bmatrix} P_1 \\ P_2 \\ T_1 \\ T_2 \end{bmatrix}$$

onde H é a função que multiplicada por H^{-1} produz a matriz identidade. É fácil verificar que essa matriz é:

$$H = \begin{bmatrix} 2 & -2 & 1 & 1 \\ -3 & 3 & -2 & -1 \\ 0 & 0 & 1 & 0 \\ 1 & 0 & 0 & 0 \end{bmatrix}$$

Como esta matriz independe da direção x, y ou z, temos:

$$x(t) = T C_x = T H \begin{vmatrix} P_1 \\ P_2 \\ T_1 \\ T_2 \end{vmatrix}_x = T H G_x$$

$$y(t) = T C_y = T H \begin{vmatrix} P_1 \\ P_2 \\ T_1 \\ T_2 \end{vmatrix}_y = T H G_y$$

$$z(t) = T C_z = T H \begin{vmatrix} P_1 \\ P_2 \\ T_1 \\ T_2 \end{vmatrix}_z = T H G_z$$

As condições geométricas que definem uma dada curva de Hermite são frequentemente denominadas de vetores G_x, G_y e G_z, ou em uma forma única como matriz G_h:

$$G_h = \begin{bmatrix} P_{1x} & P_{1y} & P_{1z} \\ P_{2x} & P_{2y} & P_{2z} \\ T_{1x} & T_{1y} & T_{1z} \\ T_{2x} & T_{2y} & T_{2z} \end{bmatrix}$$

Assim, dado um conjunto de pontos e vetores, chamado de uma condição geométrica G_h, a curva de Hermite definida por ela fica perfeitamente descrita pela expressão:

$$P(t) = T H G_h$$

Como T e H são constantes na representação de Hermite, a forma mais simples de representar essas curvas será por meio das chamadas funções interpolantes de Hermite:

$$P(t) = ((2t^3 - 3t^2 + 1), (-2t^3 + 3t^2), (t^3, -2t^2 + t), (t^3 - t^2)) \begin{bmatrix} P_1 \\ P_2 \\ T_1 \\ T_2 \end{bmatrix}$$

CURVAS E SUPERFÍCIES • **119**

Estas funções produzem uma curva que é o resultado da combinação (*blending*) das quatro propriedades geométricas. Embora o conceito de vetor possa ser complexo para alguns usuários, a curva de Hermite é a que possibilita o maior controle entre as demais de terceiro grau usadas em CG. A direção das retas tangentes utilizadas na geração da curva de Hermite permite introduzir modificações significativas na curva gerada. A Figura 3.6 ilustra os diferentes resultados obtidos pela simples alteração na direção da tangente inicial da curva de Hermite.

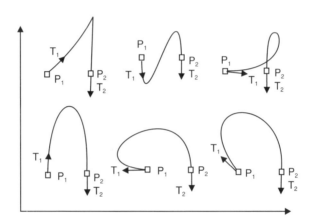

FIGURA 3.6. *Diferentes resultados obtidos pela alteração na direção da tangente inicial da curva de Hermite.*

3.1.7. Curvas de Bézier

As curvas de Bézier foram desenvolvidas por Pierre Bézier durante seus trabalhos em projetos de automóveis para a Renault francesa, no início da década de 1960. Bézier baseou seus desenvolvimentos nos princípios de Hermite, com a diferença básica que para a determinação das tangentes em P_1 e P_2 utiliza pontos e não os vetores. Assim, podem ser descritos apenas de forma gráfica pelo projetista. Essa formulação matemática foi desenvolvida na mesma época e independentemente por Paul de Casteljau da Citröen, mas como os trabalhos de Bézier foram publicados antes, seu nome ficou mais conhecido e associado a esta formulação. Esta curva, por não usar o conceito de vetor e apenas pontos em sua geração, é mais facilmente entendida pelos usuários em geral.

Para ajuste por um polinômio de grau n, a curva de Bézier pode ser gerada por 3, 4, e até $n + 1$ pontos de controle. Geralmente em Computação Gráfica se utiliza a curva de Bézier em sua forma cúbica, necessitando então de 4 pontos de controle. A curva de Bézier cúbica passa pelo primeiro e pelo último ponto de controle e utiliza outros dois para construir suas tangentes (Figura 3.7).

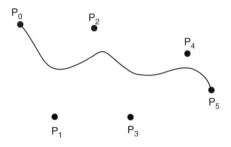

FIGURA 3.7. *Pontos de controle da curva de Bézier.*

A curva paramétrica de Bézier é definida como:

$$P(t) = \sum_{i=0}^{n} P_i J_{n,i}(t) \quad 0 \leq t \leq 1$$

onde P_i representa cada um dos $n + 1$ pontos de controle considerados e $J_{n,i}(t)$ são as funções que combinam a influência de todos os pontos (*blending functions*). Essas funções são descritas pelos polinômios de Bernstein como:

$$J_{n,i}(t) = \binom{n}{i} t^i (1-t)^{n-i}$$

onde n é o grau dos polinômios e:

$$\binom{n}{i} = \frac{n!}{i!(n-i)!}$$

sendo que $i = 0,1,...n$ são os coeficientes binomiais. Essas funções $J_{n,i}(t)$ devem satisfazer as condições: $J_{n,i}(t) \geq 0$ para todo i entre 0 e 1, isto é, $0 \leq t \leq 1$ e também que:

$$\sum_{i=0}^{n} J_{n,i}(t) = 1, \ 0 \leq t \leq 1$$

Essa última condição é chamada "propriedade normalizante" e faz com que a curva gerada fique inteiramente dentro da área convexa (convex hull) definida pelos pontos extremos e pontos de controle (Figuras 3.8).

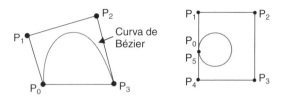

FIGURA 3.8. *A curva de Bézier é sempre interior ao polígono convexo definido pelos seus pontos de controle (esquerda). Uma curva de Bezier fechada é obtida coincidindo os pontos iniciais e finais (direita).*

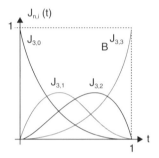

FIGURA 3.9. *Funções de combinação das curvas de Bézier cúbicas.*

Os polinômios de Bernstein usados como funções de combinação (*blending function*) nas curvas de Bézier aproximam os pontos de controle por um único polinômio. O grau da forma final resultante depende do número de pontos de controle usados. A Figura 3.9 mostra a participação de cada ponto de controle na composição da geometria da curva de Bezier com quatro pontos. Movendo-se a posição em um só ponto, toda a forma da curva se modifica. Uma curva com essa característica é dita ter "controle global". Essa característica pode ser muito negativa quando um usuário deseja fazer ajustes finos na forma final do desenho. Para dar mais flexibilidade ao usuário, é necessário aumentar bastante o número de pontos de controle (Figura 3.10). No

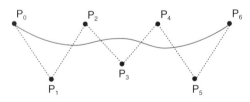

FIGURA 3.10. *Adicionando pontos de controle à curva de Bézier.*

entanto, quando muitos pontos de controle são usados, as expressões podem se tornar complexas, pois resultarão em polinômios de graus maiores. Uma alternativa simples, quando forem necessários muitos pontos de controle, é a conexão de vários segmentos de curvas de graus menores. Neste caso, para que duas curvas conectadas tenham a mesma inclinação no ponto de união, ou seja, derivadas contínuas, deve-se fazer com que tenham três pontos em linha reta. Isto é, o ponto imediatamente antes do final de uma das curvas esteja sobre a mesma linha reta dos pontos de controle (coincidentes) e do ponto imediatamente depois do início da curva seguinte (Figura 3.11).

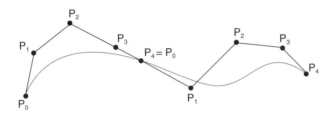

FIGURA 3.11. *Conexão de vários segmentos de curvas de graus menores para simplificação da expressão.*

Em geral, uma forma complexa é mais facilmente modelada por várias curvas que são conectadas em seus pontos extremos. Ao criar as junções, o projetista, em geral, deseja controlar a continuidade nos pontos de junção. Para representar estas continuidades, usa-se a notação C^0, C^1, C^2. Esta simbologia usa a letra C maiúscula como um número superescrito. A forma mais simples de continuidade, C^0, assegura que uma curva ou a união de curvas não terá descontinuidade. O nível seguinte de continuidade C^1 indica que a inclinação ou a derivada primeira da curva é constante em todos os pontos. A continuidade C^2 indica que há continuidade na derivada segunda da curva (Figura 3.12). Assim, uma continuidade de ordem zero (C^0) significa que as duas curvas se encontram; uma continuidade de ordem

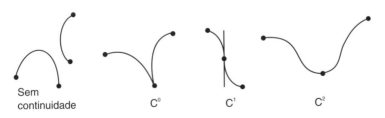

FIGURA 3.12. *Níveis de continuidade na união de duas curvas.*

um (C^1) exige que as curvas tenham tangentes comuns no ponto de junção, e uma continuidade de ordem 2, (C^2) exige que as curvaturas de ambas as curvas sejam as mesmas.

Como exemplo do uso das expressões que descrevem as curvas de Bézier, vamos considerar o caso de três pontos de controle: P_0, P_1 e P_2. Neste caso, como os polinômios terão grau $n = 2$, ao se expandir as expressões anteriores, tem-se:

$$P(t) = P_0\, J_{2,0}\,(t) + P_1\, J_{2,1}\,(t) + P_2\, J_{2,2}\,(t)$$

As três funções de combinação serão:

$$J_{2,0} = \frac{2!}{0!\,2!}\; t^0\,(1-t)^2 = (1-t)^2 = 1 - 2t + t^2$$

$$J_{2,1} = \frac{2!}{1!\,1!}\; t^1\,(1-t)^1 = 2t(1-t) = 2t - t^2$$

$$J_{2,2} = \frac{2!}{2!\,0!}\; t^2\,(1-t)^0 = t^2$$

Substituindo esses valores na equação anterior, teremos:

$$P(t) = (1-t)^2\,P_0 + 2t(1-t)\,P_1 + t^2\,P_2$$

Na forma matricial, podemos escrever:

$$P(t) = \begin{bmatrix} (1-t)^2 & 2t(1-t) & t^2 \end{bmatrix} \begin{bmatrix} P_0 \\ P_1 \\ P_2 \end{bmatrix}$$

Ou ainda separando o parâmetro t em uma matriz linha de potências de t:

$$P(t) = \begin{bmatrix} t^2 & t & 1 \end{bmatrix} \begin{bmatrix} 1 & -2 & 1 \\ -2 & 2 & 0 \\ 1 & 0 & 0 \end{bmatrix} \begin{bmatrix} P_0 \\ P_1 \\ P_2 \end{bmatrix}$$

E de uma maneira mais compacta podemos escrever:

$$P(t) = T\,M_B\,G_B$$

onde, de forma semelhante à curva de Hermite, o vetor T representa as potências do parâmetro t, M_B são os coeficientes da matriz de Bézier e G_B representa as condições geométricas. Um desenvolvimento semelhante para quatro pontos de controle levaria à expressão:

$$P(t) = (1-t)^3\, P_0 + 3t(1-t)^2\, P_1 + 3t^2(1-t)\, P_2 + t^3\, P_3$$

ou na forma matricial:

$$P(t) = \begin{bmatrix} t^3 & t^2 & t & 1 \end{bmatrix} \begin{bmatrix} -1 & 3 & -3 & 1 \\ 3 & -6 & 3 & 0 \\ -3 & 3 & 0 & 0 \\ 1 & 0 & 0 & 0 \end{bmatrix} \begin{bmatrix} P_0 \\ P_1 \\ P_2 \\ P_3 \end{bmatrix}$$

As matrizes específicas para valores pequenos de n ($n = 3, 4$) são particularmente interessantes. Para qualquer valor de n, a matriz $[M_B]$ é simétrica em relação à diagonal principal e o canto triangular inferior direito contém apenas zeros.

A formulação de Bézier apresenta, além das já comentadas, outras propriedades interessantes. As funções-base são reais. A forma da curva geralmente acompanha a forma do polígono de definição (na verdade é uma versão "suavizada" da forma do polígono). Assim, para desenhar uma curva, basta definir o polígono e depois ajustar os pontos que forem necessários para aproximar melhor a forma desejada. Isso torna a formulação adequada para o uso interativo. Um projetista experiente consegue obter a forma desejada depois de duas ou três interações.

O primeiro e último pontos da curva coincidem com o primeiro e o último pontos do polígono de definição. Em situações práticas, em geral é desejável ter controle direto sobre os pontos extremos da curva. Os vetores tangentes nos extremos da curva têm a mesma direção que o primeiro e os últimos segmentos do polígono de definição, respectivamente.

A curva está contida no fecho convexo (*convex hull*) do polígono definido pelos pontos de controle. Uma consequência simples deste fato é que um polígono plano sempre gera uma curva plana. A curva exibe a propriedade da variação decrescente. Isto significa, basicamente, que a curva não oscila em relação a qualquer linha reta com mais frequência que o seu polígono de definição. Algumas representações matemáticas têm a tendência de amplificar, ao invés de suavizar, quaisquer irregularidades de formato esboçadas pelos pontos de controle, enquanto que outras, como as curvas de Bézier, sempre suavizam os esboços iniciais definidos pelos pontos de controle. Assim, a curva nunca cruza uma linha reta arbitrária mais vezes que a sequência de segmentos que conectam os pontos de controle.

A curva de Bézier é invariante sob transformações afins (rotações, mudanças de escalas e translações). Transformações afins são importantes, pois em Computação Gráfica é essencial reposicionar e reescalar objetos. Esta propriedade garante que a ordem de execução de uma operação de calcular um ponto na curva e depois aplicar a ele uma transformação afim, ou primeiro aplicar uma transformação afim ao polígono de definição e depois gerar um ponto na curva, produzam o mesmo resultado.

3.1.8. Curvas Splines

Existem diversas formas de abordar a teoria de curvas Splines, desde o seu desenvolvimento em 1967 por Isaac Schoenberg.

O nome Spline faz alusão ao termo da língua inglesa para denominar a régua flexível usada para desenhar curvas livres suaves, de classe C^2, isto é, com curvaturas contínuas. A expressão matemática que descreve esta "régua" é chamada Spline Cúbica Natural. Nessa expressão as alterações em qualquer um dos pontos de controle provocam alterações em toda a curva (como as de Hermite e Bezier que vimos até agora), comportamento que dificulta aplicações onde é preciso ajustar as curvas interativamente.

A B-Spline não passa pelos pontos de controle e é uma "versão" da Spline Natural, com controle local isso é: as alterações nos pontos de controle da B-Spline apenas se propagam para os vizinhos mais próximos (Figura 3.13). Outra característica básica é que ela pode ser gerada para qualquer número de pontos de controle e grau de polinômio, ou seja, o grau do polinômio pode ser selecionado de maneira independente do número de pontos de controle. Mas é claro que o grau i de continuidade C^i depende da ordem dos polinômios usados nas funções de base.

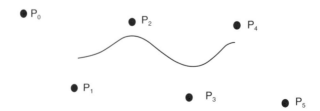

FIGURA 3.13. *A função B-Spline não passa pelos pontos de controle.*

Nas aplicações que usam curvas de formas livres (isto é, o usuário não está preocupado com detalhes matemáticos da curva, mas com sua aparência no desenho) para o projeto de objetos, curvatura contínua é geralmente um fator importante e, por isso, B-Splines cúbicas são muito usadas. A forma geral da curva B-Spline é bastante semelhante à da curva de Bézier. Um conjunto de funções $N_{i,k}(t)$ combina o efeito dos pontos de controle P_i para gerar a curva:

$$P(t) = \sum_{i=0}^{n} P_i N_{i,k}(t)$$

A diferença fundamental entre ambas é o conjunto de funções $N_{i,k}(t)$ usadas. O parâmetro k controla a ordem de continuidade da curva e n o número de pontos de controle usados. O parâmetro t também pode ter maior gama de variação do que nas curvas anteriores. Se o intervalo de definição do parâmetro t, chamado neste tipo de curva de nós (*knots*), for igual ou se repetir, faz com que a curva seja uniforme ou periódica. Assim, $N_{i,k}$ representa as funções de grau $(k-1)$(ordem do polinômio) e curvas de continuidade C^{k-2}. Cada uma das funções $N_{i,k}(t)$ é definida de maneira recursiva pelas equações:

$$N_{i,1}(t) = \begin{cases} 1 \text{ para } t_1 \leq t \leq t+1 \\ 0 \text{ nos demais } t \end{cases}$$

como o denominador pode se tornar zero, usa-se a convenção: 0/0 = 0. Essa formulação requer a escolha de um conjunto de valores t_i chamados vetores dos nós (*knot vector*), que se relacionam ao parâmetro t. Os nós são geralmente apresentados como matrizes linhas $[t_0, t_1, t_2.... t_{n+k}]$ e podem ser classificados de acordo com seus valores como: "uniformes e periódicos", "uniformes e não periódicos" e "não uniformes". Os valores dos nós influenciam bastante as funções de combinação $N_{i,k}(t)$ e portanto a aparência da curva gerada. Como os nós influenciam toda a forma da curva B-Spline, usa-se geralmente esta mesma classificação para a curva representada por eles. As únicas restrições impostas a estes conjuntos de números reais (nós) são que:

- estejam em ordem não decrescente, ou seja, os valores dos elementos t_i devem satisfazer a relação $t_i \leq t_{i+1}$

- um mesmo valor não deve aparecer mais que k vezes, ou seja, não pode surgir mais vezes que a ordem da Spline usada. Esses valores de nós idênticos são referidos como nós múltiplos, ou nós em multiplicidade k.

Como as curvas de Bézier, as Splines satisfazem a propriedade de ter um polígono envoltório convexo (*convex hull property*), como já comentado. Elas também satisfazem a propriedade normalizante, já que:

$$\sum_{i=0}^{n} N_{i,k}(t) = 1$$

Em uma curva B-Spline, o número de pontos de controle ($n + 1$), o grau ($k-1$) e o número de nós estão relacionados. Supondo que esses nós sejam $t_0, t_1, t_2 .... t_m$, essas características se relacionam pela expressão: $m = n + k$.

3.1.8.1. B-Splines uniformes e periódicas

Uma Spline é uniforme se o vetor de nós for uniforme. Um vetor de nós é dito uniforme quando é definido em intervalos iguais, isso é $t_i - t_{i-1} = t_{i+1} - t_i = \Delta t$ para toda a curva. Por exemplo, [-2 0 2 4 6] com $\Delta t = 2$. Em muitas aplicações práticas a sequência de nós começa no zero e seu valor máximo é 1 (normalizado). Neste caso, um exemplo de nós uniformes com $\Delta t = ¼$ seria: [0 ¼ ½ ¾ 1]. Em algumas situações, cada segmento da B-Spline precisa ser localmente normalizado.

Vetores de nós uniformes são também periódicos, ou seja, a função B-Spline se translada para cada segmento. A influência de cada função base é limitada a k intervalos. Por exemplo, se uma função cúbica for usada, ela se expandirá em quatro intervalos na geração de uma B-Spline cúbica uniforme.

Uma curva B-Spline periódica não passa pelos pontos de controle inicial e final, a menos que seja uma reta. Na Figura 3.14 tem-se exemplos de

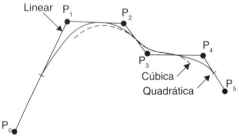

FIGURA 3.14. *B-Splines uniformes de diversos graus com B_is iguais.*

B-splines periódicas de grau 1, 2 e 3 (linear, quadrática e cúbica) calculadas com os mesmos pontos de controle. Na forma linear ($k = 2$), a curva coincide com os pontos de controle. Para $k = 3$, a curva de grau dois (ou quadrática) começa no ponto médio da reta que une os dois primeiros pontos de controle e termina no ponto médio da reta que une os dois últimos pontos de controle. Com o aumento do grau, o parâmetro t diminui seus limites da variação, como pode ser observado claramente na Figura 3.14 pela redução do comprimento da curva gerada. Isso é representado pela expressão $(k-1) \leq t \leq (n + 1)$.

3.1.8.2. B-Splines não periódicas

Uma B-Spline é não periódica se o vetor de nós for não periódico (ou *open knot vector*). Um vetor de nós é não periódico e uniforme se tem nós de valores extremos repetidos (múltiplos) o mesmo número de vezes da ordem k, e nós internos igualmente espaçados. Por exemplo, se o polígono de controle tiver $n = 4$ pontos de controle (P_0, P_1, P_2 e P_3), a relação entre a ordem de continuidade da curva k e o número de nós $m = n + k$ faz com que se tenham como possíveis vetores de nós as combinações:

Ordem (k)	Nº de nós (m)	Vetor de nós não periódicos
2	6	0 0 1 2 3 3
3	7	0 0 0 1 2 2 2
4	8	0 0 0 0 1 1 1 1

A Figura 3.15 mostra essas curvas. As expressões $t_i = 0$ para $i < k$, $t_i = i - k + 1$ para $k \leq i \leq n$ e $t_i = n - k + 2$ para $i > n$ devem ser satisfeitas para um nó t_i em um vetor de nós não periódicos que inicie em t_0. Neste caso, as curvas não diminuem seus limites, como ocorria no caso anterior de vetores de nós periódicos, eles sempre iniciam no primeiro ponto e terminam no último.

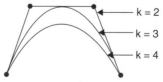

FIGURA 3.15. *B-Splines não periódicos de diversos graus.*

As curvas de Bézier podem ser vistas como um caso especial de B-Spline não periódica onde o número de vértices usados é igual à ordem da curva.

3.1.8.3. B-Splines não uniformes

Os vetores de nós são ditos não uniformes se forem não periódicos e não tivermos nós múltiplos nas extremidades ou nós internos com mesmo espaçamento (ambos são condições necessárias para a classificação de B--Splines periódicas). Por exemplo, os nós [0,0 0,2 0,4 0,5 0,6 0,8 1,0] têm espaçamentos desiguais e são, por isso, não uniformes, gerando B-Splines não uniformes. Também a sequência [0 1 2 2 3 4] representa vetores de nós não uniformes devido à multiplicidade de nós internos. Embora os nós com espaçamento uniforme sejam mais simples, há vantagens no uso de espaçamento não uniforme para controle mais preciso de formas. A Figura 3.16 mostra exemplos de duas B-Splines não uniformes, ambas com $k = 4$, mas com diferentes vetores de nós.

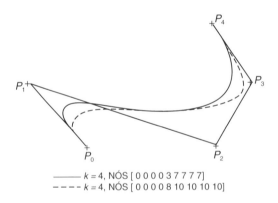

FIGURA 3.16. *B-Spline cúbica não uniforme.*

3.1.8.4. Desenvolvimento da formulação genérica de B-Splines

A fórmula geral apresentada no início da descrição das curvas B-Splines pode ser usada para desenvolver qualquer tipo desejado dessas curvas, segundo as classificações descritas nas seções anteriores.

Para gerar interpolações lineares, tem-se $k = 2$, e a curva passa a ser descrita pelas funções:

$$N_{i,2}(t)=\begin{cases}\dfrac{(t-t_i)}{(t_{i+2}-t_i)} & \text{se } t_i \leq t \leq t_{i+1}\end{cases}$$

e

$$N_{i,2}(t)=\begin{cases}\dfrac{(t_{i+2}-t)}{(t_{i+2}-t_{i+1})} & \text{se } t_{i+1} \leq t \leq t_{i+2}\end{cases}$$

Dependendo do vetor de nós escolhido pode-se ter curvas uniformes e periódicas, não periódicas ou não uniformes. Se o desejado for uma B-Spline periódica definida a intervalos iguais de 1 a partir de 0 (zero), teremos:

$$N_{i,2}(t)=\begin{cases} t & \text{para } 0 \leq t \leq 1 \\ 2-t & \text{se } 1 \leq t \leq 2 \end{cases}$$

Para gerar interpolações quadráticas, tem-se $k = 3$, e as funções são definidas recursivamente como:

$$N_{i,3}(t)=\frac{(t-t_i)}{(t_{i+2}-t_i)}N_{i,2}(t)+\frac{(t_{i+3}-t)}{(t_{i+3}-t_{i+1})}N_{i+1,2}(t)$$

Onde o valor de $N_{i+1,2}(t)$ pode ser obtido da expressão anterior. Assim, se forem usados intervalos iguais de t a partir de zero para o vetor de nós, tem-se:

$$N_{i,3}(t)=\begin{cases} \dfrac{1}{2}t^2 & \text{se } 0 \leq t \leq 1 \\[2ex] \dfrac{3}{4}-\left(t-\left(\dfrac{3}{2}\right)\right)^2 & \text{se } 1 \leq t \leq 2 \\[2ex] \dfrac{1}{2}(3-t)^2 & \text{se } 2 \leq t \leq 3 \end{cases}$$

CURVAS E SUPERFÍCIES • 131

As funções de interpolação cúbica ($k = 4$) para o mesmo conjunto de nós (periódicos e uniformes) serão:

$$N_{i,4}(t) = \begin{cases} \dfrac{1}{6}t^3 & 0 \le t \le 1 \\[2mm] \dfrac{2}{3} - \dfrac{1}{2}(t-2)^3 - (t-2)^2 & 1 \le t \le 2 \\[2mm] \dfrac{2}{3} + \dfrac{1}{2}(t-2)^3 - (t-2)^2 & 2 \le t \le 3 \\[2mm] \dfrac{1}{6}(4-t)^3 & 3 \le t \le 4 \end{cases}$$

Do mesmo modo, pode-se recursivamente gerar qualquer tipo de B-Spline, não periódica ou não uniforme apenas escolhendo adequadamente os vetores de nós.

Como em Hermite e Bézier, um interpolador B-Spline pode ser definido. Também pode ser utilizada uma forma com os parâmetros separados das matrizes B-Spline, identificando melhor os detalhes da geometria e dos pontos de controle. Assim, se a forma matricial da B-Spline cúbica anterior pode ser escrita como:

$$P(t) = [t^3 \ t^2 \ t \ 1] M_s \begin{bmatrix} P_{i-1} \\ P_i \\ P_{i+1} \\ P_{i+2} \end{bmatrix}$$

no caso de t ser substituído por $(t + i)$ em cada intervalo, tem-se uma expressão para a B-Spline cúbica uniforme:

$$M_S = \dfrac{1}{6} \begin{bmatrix} -1 & 3 & -3 & 1 \\ 3 & -6 & 3 & 0 \\ -3 & 0 & 3 & 0 \\ 1 & 4 & 1 & 0 \end{bmatrix}$$

As funções B-Spline (*blending functions*) também têm uma outra característica muito interessante. Para gerar uma curva convexa, com o mesmo grau de continuidade do restante dos segmentos, basta repetir os três primeiros pontos ao final da sequência de pontos de controle.

A teoria das Splines em Computação Gráfica tem sido muito estudada e novas formas vêm sendo desenvolvidas continuamente, permitindo melhor controle da forma e da continuidade. As β-Splines, por exemplo, mantém a continuidade geométrica ao invés da continuidade paramétrica inerente as curvas de Bezier, e para melhor controle introduzem dois novos parâmetros denominados de "bias" e "tension".

3.1.8.5. Interpolação com Splines

Embora na maioria das aplicações de Computação Gráfica o desejado, em relação à geração de curvas, seja representá-las com o menor número de pontos possíveis (para armazenamento, reprodução ou transformações), algumas vezes há o interesse em gerar curvas por interpolação usando alguns dos seus pontos. Neste caso podem ser usadas as interpolações usuais geradas usando a fórmula de Lagrange (embora essa resulte em curvas com tantas oscilações quanto o número de pontos pelo qual a curva ira passar) ou o método dos mínimos quadrados usando expressões polinomiais ou transcendentais (logaritmos, exponenciais, expressões trigonométricas etc.). Como essas são facilmente encontradas na literatura ligada a métodos numéricos, não serão descritas aqui. No entanto, existe uma forma que foi desenvolvida especificamente para ser aplicada em Computação Gráfica usando interpolações de curvas Spline: a Catmull-Rom Spline. Embora com uso inicial no projeto de curvas e superfícies ela está sendo cada vez mais usada em várias outras aplicações de interpolação. Uma característica importante da Catmull-Rom Spline é que a curva para interpolação é gerada de modo a passar através de todos os pontos de controle, o que não é comum para uma Spline.

Para calcular um ponto na curva são necessários dois pontos, um antes e outro depois do ponto desejado, como os pontos P_1 e P_2 na Figura 3.17. A posição do ponto a ser interpolado é especificada pelo parâmetro t, que indica a posição do novo ponto em relação a sua distância dos outros dois, e funciona como um ponderador ou "peso" na geração da curva: quanto mais próximo de zero, mais próximo estará o novo ponto do ponto P_1; quanto mais próximo de um, mais próximo estará o novo ponto do ponto P_2.

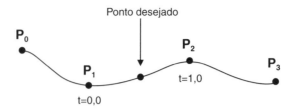

FIGURA 3.17. *Elementos usados na interpolação local por uma Catmull-Rom Spline.*

Dado os pontos de controle P_0, P_1, P_2 e P_3, e o valor do parâmetro t, a localização do ponto pode ser calculada, assumindo um espaçamento uniforme entre os pontos de controle, como:

$$P(t) = \frac{1}{2} \begin{bmatrix} t^3 & t^2 & t & 1 \end{bmatrix} \begin{bmatrix} -1 & 3 & -3 & 1 \\ 2 & -5 & 4 & -1 \\ -1 & 0 & 1 & 0 \\ 0 & 2 & 0 & 0 \end{bmatrix} \begin{bmatrix} P_0 \\ P_1 \\ P_2 \\ P_3 \end{bmatrix}$$

A Catmull-Rom Spline tem as seguintes características:

- a curva gerada passa por todos os pontos de controle (é uma interpolação);
- a curva gerada é contínua de classe 1, C^1, ou seja, não existe descontinuidade nas tangentes (Figura 3.18)

FIGURA 3.18. *A Spline contínua sem descontinuidade na direção da tangente.*

- a curva gerada não é contínua de classe 2, C^2, isto é, a curvatura do segmento gerado não é constante. A segunda derivativa, ao invés de ser contínua, apresenta uma curvatura que varia linearmente.
- Os pontos no segmento gerado podem vir a estar fora da figura limitante conexa gerada (*convex hull*) pelos pontos de controle.

3.1.9. Curvas Racionais

Antes de aprendermos sobre o conjunto de números reais nos foram ensinados os conceitos de números racionais e irracionais. Como os números inteiros são bastante intuitivos, o conceito de racionais veio a partir da idéia de fração ou divisão de dois inteiros. Assim, os números racionais são todos os que podem ser escritos como a razão de dois números inteiros, por exemplo: 0,1 = 1/10 ou 0,98765 = 98765/100000.

As curvas vistas até aqui foram descritas como polinômios. As curvas racionais (de maneira análoga aos números racionais) são descritas como a razão de dois polinômios. Essas curvas são importantes em Computação Gráfica, pois têm a propriedade de serem invariantes às transformações de projeção. Assim, a projeção em perspectiva de uma curva racional é uma curva racional, o que não ocorre com as curvas inteiras ou não racionais. O uso de funções polinomiais racionais ainda permite que se representem as curvas cônicas, comentadas no início do capítulo. Elas utilizam o conceito de coordenadas homogêneas, ou seja, a representação de pontos bidimensionais ou tridimensionais com o uso de uma coordenada a mais, que é denominada "coordenada de homogeneização do espaço".

A função polinomial das curvas racionais é definida como:

$$P(t) = P^w(t) = \frac{\displaystyle\sum_{i=0}^{n} w_i \, P_i \, J_{n,i}(t)}{\displaystyle\sum_{i=0}^{n} w_i \, J_{n,i}(t)}$$

Todos os polinômios possuem um grau. Uma equação linear possui grau 1; uma quadrática, grau 2; e as cúbicas possuem grau 3. Graus mais elevados são possíveis, porém desnecessários e complexos. Uma curva pode possuir níveis de continuidade maior que C^2, mas para modelagem em computadores, curvaturas contínuas são satisfatórias. Geralmente, a distinção entre uma curva C^2 e uma outra de maior continuidade é imperceptível.

Continuidade e grau estão relacionados. O grau 3 pode gerar curvas de continuidade C^2. Esse é o motivo pelo qual curvas de maior grau não são necessárias para modelagem. Curvas de graus maiores são também menos estáveis numericamente, o que as torna não recomendáveis.

Diferentes segmentos de curvas racionais podem ter níveis de continuidade distintos, dependendo do posicionamento dos pontos de controle pelo usuário. Em particular, quando posicionamos os controles de vértices em um mesmo lugar ou muito próximos, o nível de continuidade será reduzido. Dois controles de vértices coincidentes aguçam a curvatura, enquanto três controles coincidentes criam uma quebra angular na curva. Essa propriedade de uma curva é conhecida como multiplicidade. A multiplicidade também é aplicada quando os pontos de controle são fundidos, gerando a criação de curvas refinadas ou quebradas. O refinamento possibilita um maior controle sobre a curva.

Tanto as curvas de Bézier quanto as B-Splines possuem as formas: inteira e racional. A forma inteira foi vista nas seções anteriores. A tabela a seguir mostra as expressões correspondentes na forma racional.

	Forma Inteira	Forma Racional
Bézier	$\displaystyle\sum_{i=0}^{n} P_i\, J_{n,i}(t)$	$\dfrac{\displaystyle\sum_{i=0}^{n} w_i P_i\, J_{n,i}(t)}{\displaystyle\sum_{i=0}^{n} w_i\, J_{n,i}(t)}$
B-Spline	$\displaystyle\sum_{i=0}^{n} P_i\, N_{i,k}(t)$	$\dfrac{\displaystyle\sum_{i=0}^{n} w_i P_i\, N_{i,k}(t)}{\displaystyle\sum_{i=0}^{n} w_i\, N_{i,k}(t)}$

Essas curvas sob projeção perspectiva continuam sendo racionais. Isto não ocorre com a forma inteira destas curvas. Como já dito, isso se deve ao uso de coordenadas homogêneas. Essas coordenadas representam um ponto no espaço 3D (x,y,z) como um elemento do espaço de 4 dimensões homogêneo (w_x, w_y, w_z, w), sendo w um valor maior que zero. Esse valor w é a coordenada homogênea e muitas vezes é denominado peso.

A representação de uma curva na forma racional começa com sua representação no espaço homogêneo, ou seja, com uma coordenada a mais. Vamos exemplificar considerando a formulação da curva de Bézier em coordenadas homogêneas:

$$P^w(t) = \sum_{i=0}^{n} P_i^w \, J_{n,i}(t) \; 0 \leq t \leq 1$$

Nesta expressão, os valores $P^w(t)$ indicarão os pontos da curva no espaço homogêneo 4D, ou seja, $(w_x(t), w_y(t), w_z(t), w)$; P_i^w representam os pontos de controle no espaço homogêneo 4D, e $J_{n,i}(t)$ são as funções de Bézier padrão de combinação da influência dos pontos de controle (*standard Bezier blending functions*).

Os pontos de controle no espaço 3D são obtidos pela projeção de P_i^w (4D) no espaço tridimensional, ou seja, são obtidos pela divisão das três primeiras coordenadas pela coordenada homogênea w_i. A projeção dos pontos de controle P_i^w do espaço 4D para o espaço 3D é dada por:

$$P_i = P_i^w / w_i$$

Deste modo, $P_i^w = w_i \, P_i$. De maneira análoga, os pontos gerados pela curva são projetados do espaço 4D para o 3D. O resultado é a curva de Bézier racional:

$$P(t) = P^w(t) = \frac{\sum\limits_{i=0}^{n} w_i \, P_i \, J_{n,i}(t)}{\sum\limits_{i=0}^{n} w_i \, J_{n,i}(t)}$$

Se todos os pesos w_i da expressão racional anterior forem iguais a 1, a expressão se reverte para a forma anterior inteira. Os pesos w_i, portanto, adicionam um novo grau de liberdade na curva a ser criada. Todas as propriedades das formas inteiras são também válidas e se aplicam às formas racionais. A única restrição é que a coordenada homogênea seja positiva (e não nula), ou seja, $w_i \geq 0$. Por exemplo, se todos os pesos se mantiverem fixos a menos de um peso w_i, um aumento no valor deste peso irá empurrar a curva na direção do ponto de controle P_i. A Figura 3.19 mostra como a

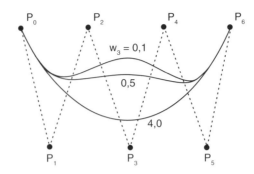

FIGURA 3.19. *Variando um dos pesos de uma curva racional.*

curva racional pode mudar a sua forma quando todos os parâmetros se mantiverem fixos a menos do peso relacionado ao ponto fixo P_3.

As curvas racionais têm se tornado muito populares nos diversos sistemas de desenho em Computação Gráfica, tanto as Bézier quanto todas as formas de B-Splines (uniformes-periódicos, não periódicos e não uniformes). A forma mais comumente encontrada são as B-Splines não uniformes racionais, que costumam ser chamadas pela forma abreviada NURB, porque essa representação inclui todas as formas possíveis de Bézier e B-Splines. Na representação de seções cônicas, as B-Splines racionais quadráticas propiciam que, com uma única formulação, seja possível representar de forma unificada essas curvas e as formas livres usando apenas 3 elementos no somatório da expressão anterior.

3.2. SUPERFÍCIES

As superfícies têm um papel muito importante na geração de objetos em Computação Gráfica a partir dos seus limites (*boundary representation*). Por meio da representação da superfície limitante dos objetos, diversas informações importantes no projeto, como a área superficial, o perímetro, o volume e o centroide, podem ser obtidas.

Uma superfície (como uma curva) pode ser gerada por famílias de conjuntos de pontos. Superfícies podem apresentar formulação analítica, explícita ou implícita, paramétrica ou não paramétrica. Podemos ainda interpolar, ajustar ou aproximar superfícies a partir de pontos. De uma maneira geral, as superfícies são modeladas como uma generalização do desenvolvimento das curvas.

A Figura 3.20 mostra duas superfícies muito conhecidas e as equações que as geraram. Estas superfícies não estão na forma paramétrica e cada

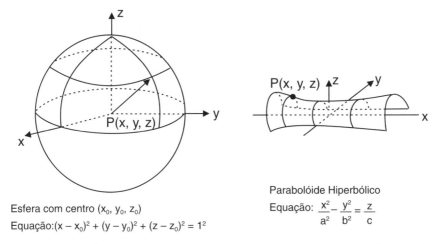

FIGURA 3.20. *Superfícies não paramétricas com ponto que são uma função de suas coordenadas.*

---

ponto sobre elas é uma função de suas coordenadas (x, y, z). A representação de superfícies na forma paramétrica genericamente requer dois parâmetros:

$$P(t;s) = [x(t;s), y(t;s), z(t;s)]$$

As curvas que pertencem à superfície podem ser geradas mantendo um dos parâmetros constante e variando o outro. Assim uma série de curvas pode ser criada ao longo das direções t e s, por exemplo $P(0;s), P(1;s)$. Desse modo, a geração de superfícies requer a geração das múltiplas curvas que a constituem. Esse conceito está presente em todos os tipos de superfícies, tanto as descritas por curvas de forma livre quanto as que têm expressão analítica.

3.2.1. Superfícies de Revolução

A rotação de uma curva plana em torno de um eixo produz a família mais conhecida de superfícies: as superfícies de revolução. De maneira geral, tem-se que um ponto da superfície de revolução é descrito como $P(t; \theta)$, o que significa que é uma função do ângulo de rotação θ e de uma posição na curva t, que sofre a rotação. Curvas, ângulos e eixos de rotação diferentes produzem várias formas de superfícies de revolução. Assim, um segmento de reta inclinado de um ângulo α em relação ao eixo z e girando de 360° em torno deste eixo, como mostrado na Figura 3.21, produz um segmento de cone com raio menor r, raio maior R e altura h, sendo α = *arco* tg (R-r)/h = tg⁻¹ (R-r)/h. Dessa forma, um ponto da superfície de revolução da Figura 3.21 é função dos dois parâmetros: o ângulo de rotação θ e uma posição na reta inclinada t:

$$P(t; \theta) = [r(t) \text{ sen } \theta, r(t) \cos \theta, h\text{-}r(t) \cos \alpha].$$

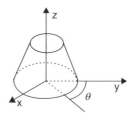

FIGURA 3.21. *Um segmento de reta girando de 360° em torno do eixo z produz uma superfície cônica.*

Superfícies de revolução podem ser obtidas a partir de qualquer tipo de curva, mesmo as fechadas como elipses e círculos, ou as geradas por qualquer um dos métodos descritos nas seções anteriores (Seções Cônicas, Hermite, Bézier, Splines etc).

3.2.2. Superfícies Geradas por Deslocamento

Translações e deslocamentos genéricos de curvas produzem diversas formas de superfícies. Nos textos em inglês, esta forma de geração é denominada *sweeping*. A geração por rotação, vista na seção anterior, pode ser considerada um caso particular desta onde o deslocamento é uma rotação. Mais precisamente, *sweeping* é o procedimento de gerar uma superfície por meio do movimento de uma curva ao longo de um caminho.

O movimento que a operação de *sweeping* fará pode ser descrito tanto por uma simples linha reta quanto por curvas complexas. Se um ponto da curva ou superfície for descrito como C(t) e um ponto do deslocamento a ser feito for $M(s)$, um ponto de superfície gerada pode ser definido como:

$$P(t; s) = C(t) \times M(s)$$

onde x indica o produto cartesiano das duas curvas $M(s)$ e $C(t)$. A Figura 3.22 mostra algumas superfícies geradas desta forma. O processo de geração da superfície pode também estar associado a mudanças de escala e rotações de $C(t)$ ao longo do seu deslocamento.

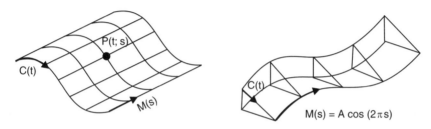

FIGURA 3.22. *Superfícies geradas por deslocamento.*

3.2.3. Superfícies Geradas por Interpolação Bilinear

A geração de superfícies a partir da expressão da curva ou dos pontos que descrevem seus limites é uma das mais úteis, sendo muito empregada nas construções navais, aeroespaciais e na análise numérica, onde há necessidade de discretização de domínios (para análise pelos método dos elementos finitos ou de contorno).

Essas formas são paramétricas e começam pela definição da forma como os parâmetros representarão a superfície. A forma mais simples é considerar o espaço dos parâmetros representados por uma área unitária limitada pelos pontos (0;0) (0;1) (1;0) e (1;1). Essa área pode ser vista como o produto cartesiano dos dois eixos normalizados ortogonais mostrados na Figura 3.23, de modo que qualquer ponto do interior desta região é definido univocamente. Caso se queira gerar uma superfície a partir de quatro pontos, A, B, C e D, esses pontos devem ser associados aos limites do espaço dos parâmetros (0;0), (1;0), (1;1) e (0;1), então o interior é gerado empregando-se duas interpolações lineares sucessivas. Na primeira interpolação serão geradas as retas AD e BC, que correspondem aos limites com parâmetro $u = 0$ e $u = 1$. Qualquer ponto $E(v)$ sobre a reta AD será definido como:

$$E(v) = (1 - v) A + vD,$$

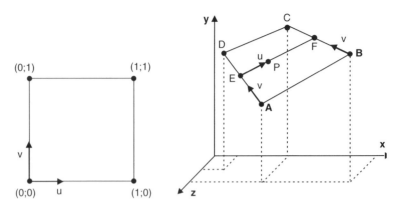

FIGURA 3.23. *Geração de superfícies por 4 pontos limites.*

de modo que $v = 0$, $E(v) = E(0)$ é o próprio ponto A e $v = 1$, $E(v) = E(1)$ corresponde ao ponto D. Do mesmo modo, os pontos $F(v)$ sobre a reta BC serão obtidos pela interpolação linear das coordenadas de B e C:

$$F(v) = (1-v) B + vC.$$

Com os pontos E e F gera-se o interior da superfície a partir de outra interpolação linear, usando agora o parâmetro u:

$$P(u;v) = (1-u) E(v) + u F(v)$$

As expressões anteriores podem ser reunidas resultando em duas interpolações lineares ou uma interpolação bilinear:

$$P(u;v) = (1-u)(1-v) A + (1-u) v D u (1-v) B + u v C$$

É fácil verificar que a superfície gerada só será um plano se os quatro pontos forem coplanares (estiverem sobre um mesmo plano). Neste caso, as fronteiras serão limitadas por segmentos de reta.

Se as fronteiras (ou limites) forem definidas por curvas e não por retas, a forma mais simples de gerar o interior é usar a expressão dessas curvas para produzir os pontos de $E(v)$ e de $F(v)$. Essa é a ideia de geração de superfícies denominada *lofting*, usada desde a antiguidade na construção de caravelas, naus, embarcações e navios. Nela, as curvas dos limites opostos nas direções u ou v dos parâmetros são usadas para a geração da superfície. A Figura 3.24

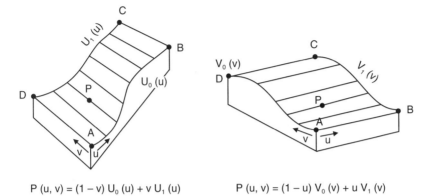

FIGURA 3.24. *Loftings definidos nas direções u e v.*

mostra *loftings* definidos em uma das direções e se deslocando na direção oposta. A interpolação resultante é linear a partir das curvas das fronteiras. Por isso, as outras fronteiras limitantes serão retas.

No caso de o limite ser por quatro curvas, a interpolação de Coons (1974) gera a superfície interior. O resultado obtido, ou seja, a superfície gerada é conhecida na literatura como retalho de Coons, interpolação de Coons ou *Coons Patches*. Esse método consiste na soma das superfícies geradas pelos *loftings* unidirecionais anteriores, subtraídas da superfície gerada pela interpolação bilinear dos quatro pontos representados por qualquer uma das duas curvas limites que passam por eles, chamando esses pontos de A, B, C e D. Esses são:

$$A = U_0(0) = V_0(0)$$
$$B = U_0(1) = V_1(0)$$
$$C = U_1(1) = V_1(1)$$
$$D = U_1(0) = V_0(1)$$

3.2.4. Interpolações Trilineares

As interpolações trilineares são úteis no caso da definição da superfície por três curvas de fronteira. Nesta interpolação, um ponto do interior é definido por três parâmetros u, v e w (Figura 3.25). Como as superfícies são elementos 2D, ou seja, sempre podem ser descritas com apenas dois parâmetros, obviamente há a restrição adicional de que $w + v + u = 1$ em qualquer ponto.

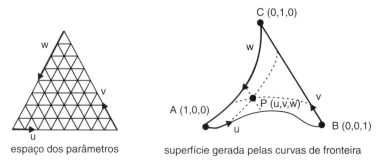

FIGURA 3.25. *Interpolações trilineares.*

A geração de superfícies a partir de suas fronteiras permite diversas possibilidades de restrições adicionais muito úteis nas análises numéricas, como: a utilização de contornos definidos por curvas fechadas (Figura 3.26 mostra esta possibilidade); a redução de uma das curvas a um ponto; a combinação de duas curvas para a formação de um contorno único; a passagem por pontos ou curvas interiores específicas e outros.

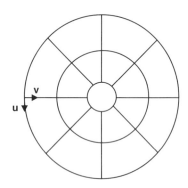

FIGURA 3.26. *Contorno definido por curva fechada.*

As generalizações mais importantes dessas formas de criação de superfícies pelos seus contornos são os mapeamentos transfinitos. Eles possibilitam a utilização de limites discretos de qualquer número para a definição do contorno, o que as torna aplicáveis em experimentos e generalizações com quaisquer formas de descrição das fronteiras.

3.2.5. Superfícies de Formas Livres

A ideia básica de construir uma superfície pelas interpolações dos contornos que as limitam, comentadas nas seções anteriores (Figura 3.27 A), pode ser generalizada para o uso das curvas estudadas nas seções iniciais deste capítulo (Hermite, Bézier, Splines ou Racionais), gerando superfícies que podem ser descritas por curvas criadas a partir de pontos de controle (Figura 3.27) das suas formas.

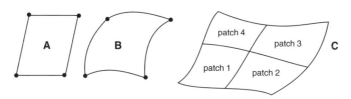

FIGURA 3.27. *Superfícies paramétricas bicúbicas.*

Superfícies complexas podem então ser geradas pela combinação de pedaços (*patches*) de superfícies gerados por essas curvas como na confecção de uma "colcha de retalhos" (Figura 3.27 C). Essa forma é conhecida como geração de superfícies por formas livres. A geração da superfície fica então associada aos pontos e ao tipo de superfície usada.

3.2.6. Superfícies Paramétricas Bicúbicas

São superfícies quadrilaterais originadas de curvas cúbicas (Figura 3.27 B). Cada pedaço da superfície é definido por uma fórmula matemática e pelos pontos que caracterizam sua forma no espaço tridimensional. Esta forma de representação permite obter uma infinidade de formas alterando-se somente as especificações matemáticas ou os pontos de controle.

As superfícies paramétricas bicúbicas são definidas como combinação de curvas cúbicas e 16 pontos de controle P_{ij}, como:

$$P(u;v) = \sum_{i=0}^{3} \sum_{j=0}^{3} P_{ij} B_i(u) B_j(v)$$

Essas superfícies, por serem descritas por fórmulas matemáticas, permitem cálculos de propriedades como comprimentos, área e volumes.

Mas, ao se alterar as formas de determinados pedaços, pode-se encontrar algumas dificuldades para manter a continuidade e a suavidade em relação aos pedaços vizinhos. Outro problema desta forma de representação é o tempo usado para geração de uma visualização realística (render) e na representação de objetos complexos.

3.2.7. Superfícies de Hermite

A superfície bicúbica de Hermite é uma extensão da formulação da curva de Hermite. As curvas de contorno são definidas pelas expressões de Hermite e o interior gerado pelas suas funções de mistura (*blending function*). Dois parâmetros são necessários, ambos variando entre 0 e 1. Se esses parâmetros forem chamados de s e t, a superfície bicúbica pode ser escrita como:

$$P(s;t) = SHG_H H^T T^T$$

onde $S = [\ s^3\ s^2\ s\ 1\ ]$, $T = [\ t^3\ t^2\ t\ 1\ ]$, (o sobrescrito T indica que é usado a transposta das matrizes e vetores), H é a matriz de Hermite usada na geração de curvas e G_H uma matriz com as descrições das características geométricas para definição da superfície de Hermite. Essa matriz deve conter os quatro pontos limites dos cantos da superfície, suas derivadas em relação aos parâmetros s e t (vetores tangentes) nos pontos dos cantos e suas derivadas cruzadas nestes pontos (também chamado de vetores de torção, ou *twist vectors*).

$$G_H = \begin{bmatrix} P(0;0) & P(0;1) & \dfrac{dP}{dt}(0;0) & \dfrac{dP}{dt}(0;1) \\[2ex] P(1;0) & P(1;1) & \dfrac{dP}{dt}(1;0) & \dfrac{dP}{dt}(1;1) \\[2ex] \dfrac{dP}{ds}(0;0) & \dfrac{dP}{ds}(0;1) & \dfrac{d^2P}{dsdt}(0;0) & \dfrac{d^2P}{dsdt}(0;1) \\[2ex] \dfrac{dP}{ds}(1;0) & \dfrac{dP}{ds}(1;1) & \dfrac{d^2P}{dsdt}(1;0) & \dfrac{d^2P}{dsdt}(1;1) \end{bmatrix}$$

Assim, a superfície se modifica alterando-se os pontos (representados na submatriz superior esquerda), os vetores tangentes ou as derivadas cruzadas (submatriz inferior à direita).

A superfície cúbica pode ser simplificada anulando as derivadas cruzadas. Essa variação é chamada de Ferguson ou F-patch. Essa formulação mais simplificada, na prática, não é muito usada porque a superfície gerada é forçada a ficar com uma forma mais plana nos cantos. A maior desvantagem desta forma de criação de superfícies é não ser intuitiva para a maioria dos usos das derivadas (nos vetores tangentes e de torção), que precisam ser definidas para seu emprego.

3.2.8. Superfícies de Bézier

A expressão das superfícies de Bézier, como a expressão das superfícies de Hermite, é uma extensão direta das curvas de Bézier, sendo mais simples de criar e mais intuitivamente modificáveis que as superfícies de Hermite (como as curvas). Um ponto qualquer da superfície de Bézier pode ser obtido pela definição dos parâmetros s e t na expressão:

$$P(s;t) = \sum_{i=0}^{n} \sum_{j=0}^{m} P_{i,j} J_{i,n}(s) J_{j,m}(t) \quad 0 \leq s,t \leq 1$$

onde, como no caso das curvas de Bézier, $P_{i,j}$ define os pontos de controle da superfície e $J_{i,n}(s)$, $J_{j,m}(t)$ são as funções de Bernstein nas direções s e t respectivamente. As funções não precisam ter o mesmo grau nas duas direções, podendo ser cúbicas na direção s e quadráticas na direção t, por exemplo. A superfície toma a forma definida pelos pontos de controle $P_{i;j}$. Os pontos dos quatro cantos da superfície gerada coincidem com os quatro pontos de controle nestas posições. A superfície gerada estará contida no *convex hull* definido pelos pontos de controle.

Na forma matricial com curvas cúbicas na direção dos parâmetros s e t, a equação anterior pode ser escrita como:

$$P(s;t) = S M_B G_B M_B^T T^T$$

onde $S = [\, s^3 \; s^2 \; s \; 1\,]$, $T = [\, t^3 \; t^2 \; t \; 1\,]$ (o sobrescrito T indica que é usada a transposta das matrizes e vetores), M_B é a matriz de Bézier e G_B uma matriz com os 16 pontos de controle na definição da superfície (Figura 3.28). Tem-se uma superfície de Bézier definida por dois polinômios de grau 3, bicúbica de Bézier, que pode ser escrita como:

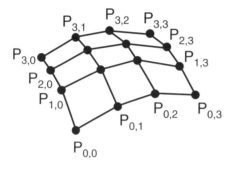 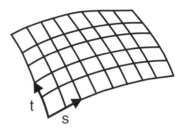

FIGURA 3.28. *Pontos de controle e a superfície de Bézier gerada por eles.*

$$P(s,t) = \begin{bmatrix} s^3 & s^2 & s & 1 \end{bmatrix} M_B G_B M_B^T \begin{bmatrix} t^3 \\ t^2 \\ t \\ 1 \end{bmatrix}$$

Sendo:

$$M_B = \begin{bmatrix} -1 & 3 & -3 & 1 \\ 3 & -6 & 3 & 0 \\ -3 & 3 & 0 & 0 \\ 1 & 0 & 0 & 0 \end{bmatrix}$$

e os pontos de controle representados pela matriz:

$$G_B = \begin{bmatrix} P_{0,0} & P_{0,1} & P_{0,2} & P_{0,3} \\ P_{1,0} & P_{1,1} & P_{1,2} & P_{1,3} \\ P_{2,0} & P_{2,1} & P_{2,2} & P_{2,3} \\ P_{3,0} & P_{3,1} & P_{3,2} & P_{3,3} \end{bmatrix}$$

Diversas superfícies de Bézier são frequentemente necessárias para a criação de um objeto. No caso de superfícies bicúbicas, a continuidade paramétrica de primeiro grau é obtida fazendo com que os retalhos de superfícies vizinhos tenham a mesma curva nas bordas e que os lados dos polígonos de controle comuns sejam colineares.

3.2.9. Superfícies de B-Spline

As superfícies B-Spline, como as anteriores, podem ser representadas pela expressão:

$$P(s;t)=\sum_{i=0}^{n} \sum_{j=0}^{m} P_{i,j} N_{i,k}(s) N_{j,l}(t)$$

onde $N_{i,k}(s)$ e $N_{j,l}(t)$ são as mesmas funções de B-Spline definidas para as curvas B-Spline e $P_{i,j}$ os pontos de controle. Os vetores de nós nas duas direções de parametrização podem ser classificados como periódicos uniformes, não periódicos ou não uniformes, como no caso das curvas. As superfícies B-Splines periódicas uniformes são geradas usando vetores de nós uniformes. Essas superfícies têm o mesmo tipo de controle local das curvas B-splines. Se um ponto de controle, apenas, for alterado, somente uma parte da curva é afetada.

Como no caso das curvas B-Splines, essas superfícies também podem ser expressas em formulação matricial que, no caso das bicúbicas periódicas toma a forma:

$$P(s;t)=S M_S G_S M_S^T T^T$$

onde os parâmetros são representados pelos vetores $S = [s^3\ s^2\ s\ 1]$ e $T = [t^3\ t^2\ t\ 1]$, G_S representa a matriz formada pelos dezesseis pontos de controle e as matrizes M_S são as mesmas já usadas para curvas:

$$M_S = \frac{1}{6} \begin{bmatrix} -1 & 3 & -3 & 1 \\ 3 & -6 & 3 & 0 \\ -3 & 0 & 3 & 0 \\ 1 & 4 & 1 & 0 \end{bmatrix}$$

A união de superficiais B-splines bicúbicas com continuidade C^2 pode ser conseguida fazendo com que 12 dos 16 pontos de controle sejam idênticos entre dois retalhos vizinhos.

3.2.10. Tangentes e Normais às Superfícies

A expressão das tangentes às superfícies são calculáveis de maneira simples, usando as expressões na forma matricial das superfícies, pois as tangentes à superfície $P(s;t)$ são fornecidas pelas derivadas parciais do vetor de parâmetros. Assim, no caso de bicúbicas:

$$\frac{\partial}{\partial s}P(s;t)=\begin{bmatrix}3s^2 & 2s & 1 & 0\end{bmatrix}MGM^T T^T$$

e:

$$\frac{\partial}{\partial t}P(s;t)=S\,M\,G\,M^T\begin{bmatrix}3t^2\\2t\\1\\0\end{bmatrix}$$

Para calcular o valor do vetor tangente em um ponto, basta substituir nas expressões anteriores as coordenadas s e t do ponto onde se deseja conhecer a tangente, as matrizes do tipo da curva desejada, M, e as coordenadas dos pontos de controle G.

Normais às superfícies são importantes para a geração realística de sombreamentos nos pontos das superfícies, para cálculo de trajetórias em jogos, para detecção de interferências em robótica e para diversos cálculos na modelagem de objetos. Essas normais a uma curva paramétrica em qualquer ponto são encontradas a partir do produto vetorial das derivadas dos parâmetros no ponto:

$$n = \partial P / \partial s \times \partial P / \partial t$$

Ou seja, fazendo o cálculo do produto vetorial das tangentes no ponto considerado, obtidas pelas duas expressões anteriores.

3.2.11. Superfícies Racionais

O processo de geração de superfícies racionais também é uma extensão do processo usado para gerar as curvas racionais, aplicando o conceito de coordenadas homogêneas. A tabela a seguir mostra as expressões das superfícies de Bézier e B-Splines racionais.

	Forma Inteira	Forma Racional
Bézier	$\displaystyle\sum_{i=0}^{n}\sum_{j=0}^{m} P_{i,j}\, J_{i,n}(s)\, J_{j,m}(t)$	$\displaystyle\frac{\sum_{i=0}^{n}\sum_{j=0}^{m} w_{i,j}\, P_{i,j}\, J_{i,n}(s)\, J_{j,m}(t)}{\sum_{i=0}^{n}\sum_{j=0}^{m} w_{i,j}\, J_{i,n}(s)\, J_{j,m}(t)}$
B-Spline	$\displaystyle P(s;t)=\sum_{i=0}^{n}\sum_{j=0}^{m} P_{i,j}\, N_{i,k}(s)\, N_{j,l}(t)$	$\displaystyle P(s;t)=\frac{\sum_{i=0}^{n}\sum_{j=0}^{m} w_{i,j}\, N_{i,k}(s)\, N_{j,l}(t)\, P_{i,j}}{\sum_{i=0}^{n}\sum_{j=0}^{m} w_{i,j}\, N_{i,k}(s)\, N_{j,l}(t)}$

Onde s e t são os parâmetros, n e m dependem do grau dos polinômios usados, P_i; são os pontos de controle, $w_{i,j}$; são os pesos de cada ponto de controle e $N_{i,k}(s)$, $N_{j,l}(t)$, $J_{i,n}(s)$ e $J_{j,m}(t)$ são as funções de interpolação usadas.

No caso das curvas de B-Spline, o vetor de nós usado pode ser periódico e uniforme, não periódico ou não uniforme, e vetores de nós diferentes podem ser usados nas direções s e t. Como no caso das curvas racionais, os pesos $w_{i,j}$ dão um grau de liberdade adicional para a forma da superfície a ser obtida. A maioria das propriedades das superfícies não racionais estendem-se à sua forma similar racional. Por exemplo, múltiplos vértices têm o mesmo efeito na forma racional e normal (inteira).

3.2.12. NURBS

O termo NURBS é a abreviatura de *Non-Uniform Rational B-Splines Surfaces*, ou seja, é uma superfície gerada por B-Spline racional (originaria da razão de polinômios) não uniforme. Em outras palavras, a influência da extensão dos pontos de controle não precisa ocorrer a intervalos iguais do parâmetro t, podendo variar (o que é muito bom quando se deseja modelar superfícies irregulares). A equação na forma racional fornece um modelo melhor para projeções em perspectivas, o que permite representar algumas superfícies originárias de seções cônicas.

As superfícies NURBS não existem no mundo do desenho tradicional. Elas foram criadas especialmente para a modelagem em três dimensões no computador. As superfícies NURBS são formulações matemáticas para representar contornos e formas dentro de um espaço 3D. O uso de NURBS oferece uma formulação matemática comum tanto para a análise quanto para a geração de formas livres. Ela provê uma flexibilidade para projetar uma grande variedade de formas de maneira rápida por algoritmos numericamente estáveis e precisos. Essas superfícies são uma das formas de representação mais usadas em projetos de engenharia, principalmente por englobar todas as outras formas de representação.

A forma geral das superfícies B-Splines racionais descritas na seção anterior é também usada nestas formas não uniformes. Ela pode fazer com que todas as demais formas de representação sejam casos particulares dela se as seguintes restrições forem seguidas:

Tipo de Superfície	Restrição
B-Spline não racionais	Fixar todos os pesos $w_{i,j} = 1$
Bézier racionais	Se o número de pontos de controle é igual à ordem da curva em cada direção do parâmetro e não existir nós interiores
Bézier não racionais	As mesmas das anteriores com todos os pesos unitários.

Além disso, as NURBS têm a habilidade de representar superfícies quadráticas. Por serem geradas matematicamente na forma homogênea, NURBS possuem um parâmetro adicional em 3D. Especificamente, um *array* de valores chamados "nós" especifica a influência de sua extensão para cada vértice da superfície. Os "nós" são invisíveis no espaço 3D e não podem ser manipulados diretamente, sendo que o seu comportamento é ocasionalmente capaz de afetar a aparência de um objeto gerado pelas NURBS.

152 • COMPUTAÇÃO GRÁFICA – GERAÇÃO DE IMAGENS

CAPÍTULO 4

Cores

4.1 Fundamentos básicos

    4.1.1 Percepção tricromática

    4.1.2 A luz

    4.1.3 Reflexão × absorção

4.2 Formas de descrição das cores

    4.2.1 Espaço RGB de representação de cores

    4.2.2 Funções de combinação de cores

    4.2.3 O espaço de cores XYZ

    4.2.4 Os espaços de cores CMK e CMYK

    4.2.5 Tipos de espaço de cores

    4.2.6 Outros espaços de cor

Atualmente, não se imagina criar um objeto ou desenho em computação gráfica sem lhe dar ao menos um nível mínimo de sombreamento e cor para deixá-lo mais atraente. Este capítulo apresenta definições gerais e fundamentos relacionados com as cores em computação gráfica. São abordadas características da percepção humana, assim como detalhes relacionados à física da luz e do espectro eletromagnético visível. A ideia de codificação das cores é vista junto com as principais famílias de espaços de cores, isto é, grupos de modelos de representação de cores que facilitam sua manipulação, reprodução em um meio digital, ou mesmo de maneira impressa, e armazenamento em arquivos de dados.

4.1. FUNDAMENTOS BÁSICOS

A visão é o nosso sentido predominante e pelo qual obtemos as informações que interpretamos mais rapidamente. A maior parte de nossa interação com o mundo é visual. Nós, que possuímos uma visão relativamente normal, dificilmente podemos imaginar como seria não ver, ou mesmo ter alguma dificuldade em ver colorido. No entanto, uma parte da população, mesmo enxergando nitidamente as formas, tem daltonismo, isto é, tem problemas em distinguir cores, ou mesmo não as enxerga. Em inglês, isto é chamado de *color-blind*. Nos últimos semestres, tivemos um aluno completamente deficiente visual, outro com baixa visão, e um número razoável com tipos e níveis distintos de daltonismo.

Desde as últimas décadas do século passado, as deficiências da visão colorida, mais frequentes no sexo masculino, vêm sendo explicadas como relacionadas a genes e mutações sofridas pela raça humana. Possuímos visão colorida porque temos três fotopigmentos diferentes, produzidos nas células da retina chamadas 'cones', que formam nossa sensibilidade às radiações eletromagnéticas. Existem ainda outros tipos de células, os bastonetes, que são sensíveis a intensidades menores, distinguindo apenas a luz mais ou menos intensa, realizando detecção monocromática (como em tons de cinza) em ambientes de pouca luz.

4.1.1. Percepção Tricromática

Esses pigmentos, conhecidos como rodopsinas, são grandes proteínas semelhantes às moléculas de retinol, composto derivado da vitamina A. As rodopsinas fazem parte de uma classe de receptores de membrana chamados receptores acoplados a proteína G. A forma de ação convencional desta família de receptores envolve a ativação da proteína por um agente que produz uma cascata de eventos bioquímicos intracelulares. No caso das rodopsinas, o agente é a luz de uma faixa de comprimento de onda específico cujo pico de estimulação do receptor corresponde a um comprimento de onda e, portanto, a uma determinada cor do espectro visível. O retinol funciona como um desencadeante das alterações bioquímicas e celulares por trás da visão em cores.

Cada um desses três fotopigmentos absorve parte do espectro de luz visível, sendo principalmente mais ativados pelo comprimento específico que o caracteriza (Figura 4.1). Esse comprimento de onda pode estar no meio (M = Medium) ou nas extremidades de ondas curtas ou mais longas (S = Short, L = Long). Dois dos genes responsáveis por nossa sensibilidade de detecção dos comprimentos de onda visíveis localizam-se no cromossomo X. Como a população feminina possui dois desses cromossomos, tem menor possibilidade de apresentar problemas na visão devido a genes de fotopigmentos defeituosos. Muitos mamíferos possuem apenas dois desses fotopigmentos em suas células fotorreceptoras específicas, S e M. Muitos insetos também possuem visão tricromática, que pode incluir fotopigmentos sensíveis ao Ultra Violeta (UV); e algumas aves e peixes possuem até mais receptores com visão tetracromática. No entanto, só os genes para as rodopsinas L e M estão localizados no cromossomo X; o gene do pigmento S está no cromossomo 7 e tem uma origem genética independente, estando presente em vários outros vertebrados.

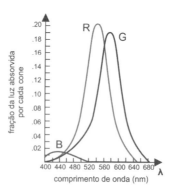

FIGURA 4.1. *Absorções relativas das células cones para comprimentos de ondas próximos da cor azul (B), em torno do verde (G) e próximos da cor vermelha (R), que, junto com os bastonetes, formam a superfície de absorção de nossa retina e dos circuitos neurais associados. (Imagem disponível no encarte colorido)*

O sequenciamento das diferentes rodopsinas mostrou a semelhança, em termos de aminoácidos, entre as proteínas fotorreceptoras L e M, com cerca de

90% de similaridade. As curvas de sensibilidade e de absorção (Figura 4.1) dos pigmentos L e M também são muito semelhantes. Estudos sugerem que esses genes são homólogos, isto é, têm sequência de DNA derivada de uma origem comum, originados da duplicação de um gene ancestral. A duplicação gênica é considerada um dos mecanismos mais importantes para origem de novos genes, e pode ocorrer, entre outras causas, por erros durante a divisão celular. Pode ser que, em uma determinada época da evolução humana, um grupo de primatas sofreu uma mutação no cromossomo X, fazendo que a sensibilidade aos comprimentos maiores tivesse dois picos (neofunção). No que diz respeito à sobrevivência na natureza, a habilidade de diferenciar mais cores deve ter sido muito importante para esses primatas, como ainda é hoje em dia, por exemplo, a habilidade de diferenciar entre frutos maduros e verdes, ou entre brotos verdes e frutas vermelhas venenosas.

Comprimentos de ondas visíveis são geralmente descritos em nanômetros, **nm**, o que corresponde a 10^{-9} metro ou um milimicro (**mµ**). Independentemente de ser emitida ou refletida por um objeto, a percepção da cor para os humanos resulta de uma série de combinações de processos originados da absorção da luz pelas células cones da retina, que apresentam picos nos comprimentos de ondas das cores **Vermelha** (700 nanômetros), **Verde** (546 nanômetros) e **Azul** (435,8 nanômetros), e por esse motivo essas células são também chamadas de cones **R** (Red), **G** (Green) e **B** (Blue).

4.1.2. A Luz

A palavra espectro, como se diz no Brasil, ou espetro, como se fala em Portugal, que significa uma "aparição" ou "imagem", vem do latim *spectrum*, tem a mesma grafia em inglês e plural *spectra* ou *spectrums*. Ela foi introduzida na Física por Newton, no século XVII, para descrever o que ocorre quando a luz branca atravessa um prisma, se convertendo em uma gama de cores variadas. Assim, de uma forma ampla, o espectro eletromagnético se refere às possibilidades de frequências eletromagnéticas, *f*, emitidas ou absorvidas por um determinado dispositivo ou objeto.

As cores são radiações eletromagnéticas que o olho humano pode perceber. Percebemos radiações em apenas uma pequena faixa do espectro eletromagnético, a luz visível, cujo comprimento de onda, λ, está em torno de 400 a 800 nanômetros (nm). A Figura 4.2 mostra um exemplo do espectro eletromagnético em comprimento de ondas e frequências. As duas formas podem ser usadas, já que ambas se relacionam pela velocidade da onda no meio, v: $f = v/\lambda$. Quanto maior o comprimento da onda, menor sua

Espectro eletromagnético

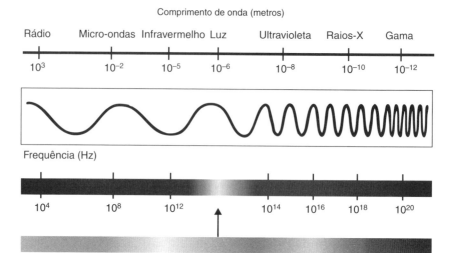

FIGURA 4.2. *Espectro eletromagnético em comprimento de ondas e frequências. (Imagem disponível no encarte colorido)*

frequência. A amplitude é outra propriedade das ondas, e se refere ao valor máximo que ela pode ter. A Figura 4.3 mostra diversas ondas senoidais com mesma amplitude, mas com comprimentos de ondas e frequências diferentes. Uma luz verde com 500×10^{-9} metros por onda tem 2×10^6 ondas por metro (m), ou 2 mil ondas por milímetro (mm), e é equivalente a uma frequência de 600×10^{12} ondas por segundo ou 600 Tera Hertz (símbolo Hz), pois a velocidade da luz é de 3×10^8 metros por segundo (m/s). O "domínio" das ondas eletromagnéticas nos proporcionou o desenvolvimento de muitas tecnologias úteis como os raios-X, micro-ondas, transmissões de rádio e celulares etc.

FIGURA 4.3. *Com um comprimento de onda menor (azul < vermelho) tem-se uma frequência maior (mais ondas azuis que vermelhas) em um mesmo intervalo de tempo ou em uma mesma região do espaço. (Imagem disponível no encarte colorido)*

Em um sentido mais específico, denomina-se **espectro** o gráfico que indica a variação da intensidade ou da energia de uma determinada grandeza em função da sua frequência ou comprimento de onda. Esse uso do termo espetro se expandiu para além das ondas eletromagnéticas; sendo aplicado a ondas sonoras e a outros conjuntos que possam ser descritos com uma gama de frequências (ou comprimento de onda). A Figura 4.4 mostra o espectro da radiação do Sol. Essa luz é considerada "branca", pois tem energia aproximadamente igual em todos os seus comprimentos de onda. Já os dois espectros da Figura 4.5 têm valores bem diferentes na faixa de comprimento de ondas centrais, resultam na sensação de uma cor magenta que é a cor resultante da combinação de azul e vermelho. Embora se originem de fontes diferentes, como ambas têm gráficos com duas modas (picos), cujas médias em separado se encontram no mesmo comprimento de onda, e a mesma área (o que representa a energia ou intensidade luminosa), é impossível distingui-las com nossos olhos, de forma que elas são chamadas de metâmeros. O mesmo ocorreria se houvesse um comprimento de onda natural que, ao emitir uma luz pura em uma faixa menor de comprimentos de onda, apenas, produzisse essa sensação de cor.

Radiação Solar

FIGURA 4.4. *Luz branca: sem saturação ou concentração de energia em qualquer faixa de comprimento de ondas. (Imagem disponível no encarte colorido)*

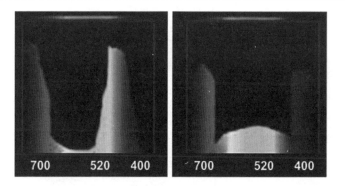

FIGURA 4.5. *Dois espectros de emissão luminosa que produzem a mesma sensação visual de cor magenta (mistura de vermelho e azul): metâmeros. (Imagem disponível no encarte colorido)*

A saturação de uma cor ou luz determina o grau de pureza da cor, isto é, determinado pelo comprimento de onda dominante no espectro de cores.

A luz branca contém todos os comprimentos com praticamente a mesma intensidade, sendo não saturada de qualquer cor (Figura 4.4). Repare que as saturações dos gráficos da esquerda e direita da Figura 4.5 são diferentes.

4.1.3. Reflexão × Absorção

A caracterização da cor de um objeto é, em parte, independente da iluminação. Isso se relaciona ao fato da visão humana de cores ter uma **constância** aproximada da cor. Por exemplo, tomates maduros não parecem deixar de ser vermelhos quando são vistos em uma horta ensolarada ou em uma cozinha iluminada com luz incandescente. Uma superfície preta absorve praticamente todos os comprimentos de onda que nela chegam e parece preta independentemente da luz que a ilumina. Mas isso ocorre até certo ponto. Qualquer explicação com base física da identificação das cores deve relacionar propriedades físicas dos objetos iluminados, da luz que o ilumina e da percepção da cor, como tenta explicar o esquema da Figura 4.6. Na sua forma mais simples, este processo envolve um iluminante constante pontual interagindo com uma superfície fosca ou mate (com características refletoras fixas) para produzir a luz refletida que atinge no olho. A luz identificada pelo observador depende do espectro de luz da fonte luminosa, e de uma cadeia de processos que se estende desde sua emissão até o estímulo cerebral, passando pelo objeto. É claro que é o objeto que parece ser colorido (mais estritamente, a sua superfície), e isso depende das propriedades físicas do material do qual é feito, do seu nível de espelhamento e acabamento; ele

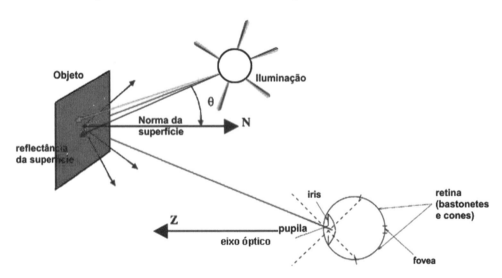

FIGURA 4.6. *Principais "atores" do processo de visão colorida. (Imagem disponível no encarte colorido)*

pode refletir somente uma parte da luz (refletância espectral), como se indica na Figura 4.7. Mas, se houver maior variação nas propriedades físicas da iluminação, a luz refletida pode ter outra distribuição de comprimentos de onda (distribuição de energia espectral), chegando com outras propriedades aos órgãos visuais humanos, e tendo outras respostas aos três tipos de cones fotorreceptores. Assim, se os comprimentos de onda que a superfície reflete não chegarem até ela, não será possível vê-la com a mesma cor. Mas existem ainda outros fatores importantes neste processo, como a distância entre a superfície e a fonte de luz e a inclinação relativa (ângulo) entre as superfícies iluminada e a fonte de luz. Esses serão importantes para os algoritmos de visualização que veremos no próximo capítulo.

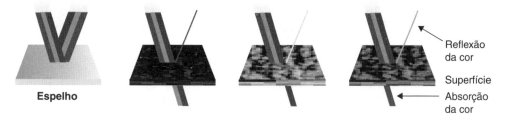

FIGURA 4.7. *Superfícies interagindo com os comprimentos de ondas da luz branca: a reflexão e a absorção influenciam a cor que a superfície aparenta ter. (Imagem disponível no encarte colorido)*

4.2. FORMAS DE DESCRIÇÃO DAS CORES

O espaço espectral de luz visível possui dimensão infinita. Para realizar a representação de uma cor é necessário "discretizar" este espaço e obter uma representação de dimensão finita capaz de ser reconstruída e estar percentualmente próxima à cor. Mas é claro que a representação das cores em dispositivos depende da forma como o dispositivo funciona. Para os seres humanos, a "discretização" acontece nos olhos. Os cones, sensíveis à informação luminosa recebida, realizam a amostragem da radiação eletromagnética em três combinações distintas do espectro visível (vermelho, verde e azul). O cérebro recebe essa informação e a percepção da cor ocorre. Embora percentualmente iguais, as cores reconstruídas pelo cérebro podem vir de outra distribuição espectral (ocorrida em qualquer fase do processo); este fenômeno é chamado de metamerismo. Esta característica do olho humano é o que permite fazê-lo perceber luzes vermelhas e verdes combinadas como amarelo (Figura 4.7). Em certas superfícies, como os espelhos, não é absorvido quase nada da luz incidente, praticamente tudo é refletido e o olho humano é capaz de perceber a cor da fonte de luz, o que não ocorre nas superfícies recobertas de pigmentos, que têm a propriedade de absorver uma parte da energia dos comprimentos de onda que as atingem.

4.2.1. Espaço RGB de Representação de Cores

Para que as cores sejam representadas, armazenadas e reconstruídas de várias formas e meios, sejam eles analógicos (luzes, tintas, materiais) ou digitais (vídeos, projetores, telas de dispositivos móveis), são necessários modelos capazes de apresentar uma correspondência compatível com o dispositivo que se utiliza. Estes modelos são chamados sistemas ou **espaços de cores**. Há uma variedade de espaços de cores, cada um dos quais com suas vantagens e desvantagens, dependendo do contexto em que se aplicam, de suas possibilidades de ter cores diferentes e de suas formas de composição de cores.

A maneira padrão para representar as cores nestes espaços é semelhante àquela usada para descrever pontos em sistemas de coordenadas 3D. Registram-se os coeficientes positivos (c_1, c_2, c_3), representando os pesos que aplicados aos vetores unitários das bases do espaço descrevem o ponto, que, no caso de espaço de cores, será uma determinada cor. A Figura 4.8 mostra o espaço RBG como um sistema de coordenadas cartesiano com as coordenadas máximas possíveis iguais a 1. A diagonal principal deste cubo representa todas as variações de cores onde as três componentes são iguais, o que corresponde aos níveis de cinzas possíveis.

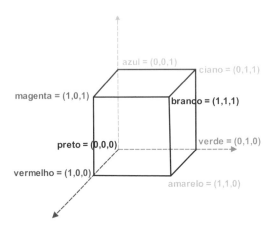

FIGURA 4.8. *Cubo de cores possíveis no RGB: $C = r R + g G + b B$, onde C é a cor representada, R, G e B são as cores primarias e r, g e b os coeficientes da mistura das primárias que produz a cor.*

Deve-se considerar também a forma de quantização ou a **quantidade de cores ou níveis de tons** que podem ser atribuídos a cada ponto na sua codificação. As cores **analógicas** possuem um número ilimitado de variações de uma dada cor (níveis de tons ou matiz). No computador, é necessário **limitar** os níveis de cores ou tons possíveis de serem atribuídos a cada cor (**gradação tonal**). As cores devem ser discretizadas e convertidas da forma contínua em uma representação discreta. A partir da representação discreta, gera-se um conjunto de dados representativos que podem ser transformados no formato binário usado na computação. Pode-se usar um byte para cada um dos eixos, de forma que cada uma destas coordenadas pode estar entre 0 e 255. A variação de cada bit de um elemento gera teoricamente uma nova cor. A Tabela 4.1 (também disponível no encarte colorido) mostra algumas destas possibilidades. Outra sigla que aparece nesta tabela corresponde ao espaço de cor que ainda será comentado no decorrer do capitulo. No RGB, a cor branca corresponde à adição das três cores primárias, no valor máximo, enquanto o preto corresponde à ausência das três.

TABELA 4.1 Algumas cores no RGB e no LAB

Cor	RGB			LAB		
	R	G	B	L	a	b
Vermelho	255	0	0	53	80	67
Verde	0	255	0	88	-86	83
Azul	0	0	255	32	79	-109
Amarelo	255	255	0	97	-21	94
Magenta	255	0	255	60	99	-72
Laranja	255	100	0	61	56	70
Cinza	100	100	100	42	0	0
Vinho	100	0	100	22	49	-31
Verde escuro	0	60	0	20	-30	28
Azul esverdeado	0	50	255	36	65	-101

Considerando 1 byte de armazenamento, o branco é obtido quando os valores de R, G e B estão no máximo (255, 255, 255). Quando essas têm valores mínimos (0, 0, 0), tem-se a cor preta. Com essa discretização, existe a possibilidade de codificar $2^{8 \times 3}$ cores, ou algo em torno de 16 milhões de elementos distintos. Para uma máquina, qualquer bit de diferença resulta em uma nova cor, mas isso pode não fazer o menor sentido quanto à percepção.

As especificações da cor também podem ser descritas de maneira **normaliza-da**, isto é, com valores máximos iguais a 1, independentemente de quantos bits foram utilizados para armazenar a informação de cada componente, mas ainda de maneira dependente ao modo como foi feita a operação de normalização. Existem diversas formas de se fazer isso; por exemplo, é possível adotar o valor máximo de cada direção usada como sendo 1 (isto é, de forma que os valores 255 passem a ser 1, como na Figura 4.8), e assim o amarelo mais intenso possível no RGB passa a ser $(1, 1, 0)$. Pode-se normalizar pela intensidade total da cor, ou seja, pela soma dos valores máximos possíveis das três cores primárias, de modo que o branco seja $(1/3, 1/3, 1/3)$, ou ainda de outras formas.

Usando a normalização pela intensidade total da cor, a soma dos 3 elementos (r, g, b) que a caracterizam sempre será 1. Essa relação $r + g + b = 1$ introduz uma dependência entre as cores e faz com que, conhecendo apenas duas, se obtenha a terceira. Ou, em outras palavras, a descrição da cor passa a ser 2D, e não mais como um elemento 3D, o que facilita sua representação. Assim, por exemplo, todas as cores possíveis do RGB podem ser descritas pelo triângulo mostrado na Figura 4.9, na qual o eixo azul desaparece, e os componentes b correspondentes devem ser obtidos pelos valores conhecidos de r e g, por $b = 1\text{-}r\text{-}g$, para determinar a cor.

4.2.2. Funções de Combinação de Cores

Cores são consideradas iguais se percebidas como iguais (metâmeros), independentemente de como foram produzidas. Assim, cores são consideradas idênticas com bases em experimentos de comparação de cores (Figura 4.10). Um possível experimento neste sentido consiste em apresentar a um observador confiável uma luz pura de determinado comprimento de onda e igualá-la pela combinação de luzes primárias com intensidades que possam ser controladas, até que a cor apresentada e a obtida pela combinação sejam idêntica para este observador. Experimentos deste tipo permitem fazer uma "receita" de como se produzir cores a partir de certas primárias.

Em 1931, a Comissão Internacional de Iluminação (CIE, ou *Commission internationale de l'éclairage*[1]) criou o chamado CIE RGB, um modelo de cor cujas cores primárias são o vermelho, o verde e o azul (de comprimentos padronizados), com base na tricromaticidade da visão humana (relacionada a células cones da retina).

A Figura 4.11 apresenta resultados de experimentos que permitem reproduzir uma cor visível a partir do conhecimento do seu λ como luz pura,

---

[1] http://cie.co.at/

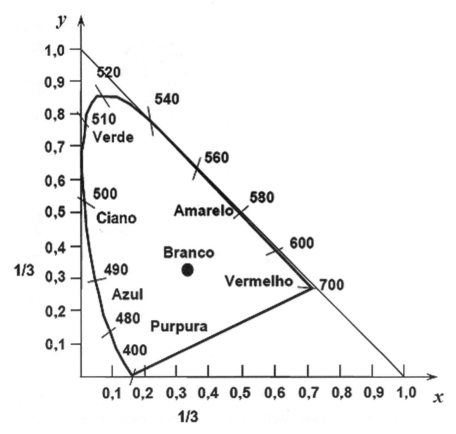

FIGURA 4.9. *Triângulo das cores RGB normalizadas. A curva contínua interna representa a indicação de alguns comprimentos de ondas para facilitar a localização do matiz.*

usando como primárias monocromáticas as do RGB padrão CIE, ou seja, com luzes vermelhas, verdes e azuis com comprimentos de ondas de 700 nm, 546,1 nm e 435,8 nm. Para conseguir um amarelo com 560 nm, por exemplo, deve-se fornecer a mesma intensidade das luzes vermelha e verde, e desligar a azul. Esse tipo de gráfico é chamado de **funções de combinação de cores** (*color matching functions*) e pode ser produzido para caracterizar quaisquer primárias. Observe que, com essas primárias, no entanto, para alguns comprimentos de onda, como, por exemplo, para 495 nm, a luz vermelha apresenta valores negativos. Não é possível conseguir isso fisicamente com luzes. Esses valores negativos têm, no caso dos experimentos, um sentido especial: eles indicam que na experiência foi preciso usar um artifício para que a cor apresentada e a cor obtida fossem igualadas. O valor negativo indica que o "casamento" das cores só foi possível depois de se adicionar luz vermelha ao padrão apresentado (indicando que ela foi retirada da cor).

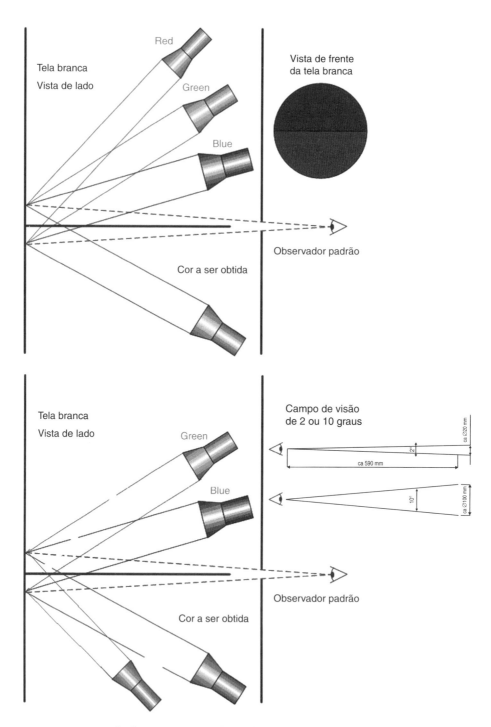

FIGURA 4.10. *Exemplo de experimento de combinação e comparação de cores e possíveis artifícios para casamento da metade de baixo (cor apresentada) e de cima (cor composta pelas primárias), usando um observador humano médio, que visualiza as cores por uma abertura que lhe proporciona um campo de visão de 2 graus. (Imagem disponível no encarte colorido)*

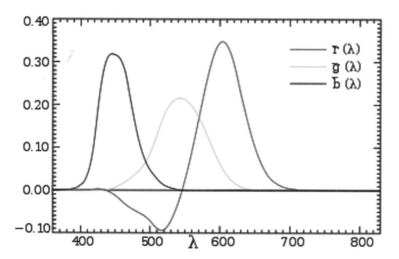

FIGURA 4.11. *Função de combinação de cores considerado como primárias, as RGB CIE (RGB color matching functions).*

Poder produzir cores a partir de primárias é um método prático, mas os trechos negativos que podem surgir em gráficos como o da Figura 4.11 tornam o processo inútil se a cor desejada se encontrar ali. Para evitar isso, o CIE definiu três primárias padrões, que denominou de XYZ, e que podem substituir as RGB no processo sem nunca apresentar trechos negativos. Com elas, é possível obter uma função de combinação de cores com valores positivos para todos os λ do espectro visível.

Lembre-se de que as curvas das Figuras 4.11 e 4.12 não são distribuições espectrais das luzes primárias RGB ou XYZ, e sim apenas funções que permitem conhecer qual intensidade deve-se fornecer para as três primárias, de forma que seja possível produzir uma determinada luz de comprimento de onda. Essas "receitas" podem ser encontradas tabeladas para cada 1nm de comprimento de ondas no site do CIE.

As curvas da Figura 4.12 são, na verdade, combinações lineares das curvas da Figura 4.11, indicando que obviamente também se pode ir do XYZ para o RBG (e vice-versa) desta mesma forma. Elas têm todas as mesmas áreas entre a curva e o eixo horizontal. Assim, a relação entre eles pode ser representada pela multiplicação da cor no XYZ pela matriz de transformação que leva essa cor ao RBG (sendo que sua inversa produz a transformação oposta).

$$\begin{bmatrix} R \\ G \\ B \end{bmatrix} \begin{bmatrix} 2.36470 & -0.51515 & 0.00520 \\ -0.89665 & 0.14264 & -0.01441 \\ -0.46808 & 0.08874 & 1.00921 \end{bmatrix} \begin{bmatrix} X \\ Y \\ Z \end{bmatrix}$$

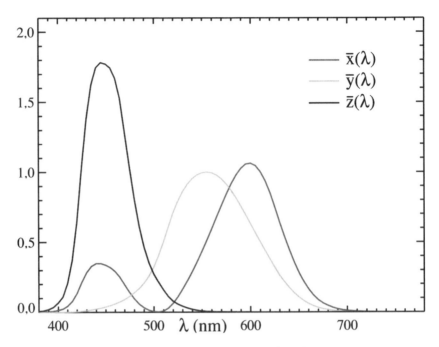

FIGURA 4.12. *Função de combinação de cores consideradas como primárias, as XYZ CIE (XYZ color matching functions).*

4.2.3. O Espaço de Cores XYZ

Apesar de as cores poderem ser representadas pelas primárias de uma base ou de um espaço de cor, nem todas as cores visíveis podem ser obtidas. O CIE RGB não é capaz de expressar todas as cores possíveis do espectro visível. Como visto na seção anterior, nem todas as cores visíveis podem ser especificadas no espaço de cor RGB. Assim, no século passado foi apresentado o modelo CIE XYZ, criado na tentativa de representar todas as possibilidades de cores visíveis pela percepção humana. O modelo é baseado em três comprimentos de ondas imaginárias: as primárias X,Y,Z.

A eficiência luminosa dos olhos humanos é máxima em torno de 550 nm e considerada como representada em uma curva que é originaria da soma das respostas espectrais dos três tipos de células cones mostrados na Figura 4.1. A primária Y foi intencionalmente definida como essa curva, e as outras duas definidas de forma a se possível mapear todas as cores visíveis adequadamente sem valores negativos. Tendo X, Y, Z como primárias, todas as cores visíveis podem ser especificadas com apenas valores positivos das primárias. O CIE XYZ é um dos muitos espaços de cores aditivos e serve como base para a definição de cores de forma padronizada. Nesta base, a representação de todas as cores visíveis é o sólido 3D mostrado nas Figuras 4.13 e 4.14.

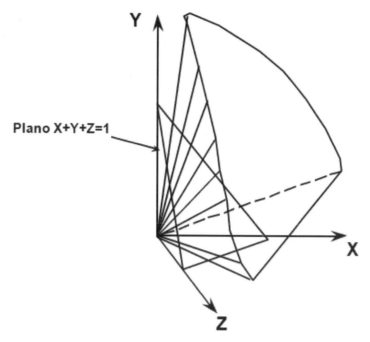

FIGURA 4.13. *Sólido de cores visíveis descrito no sistema XYZ.*

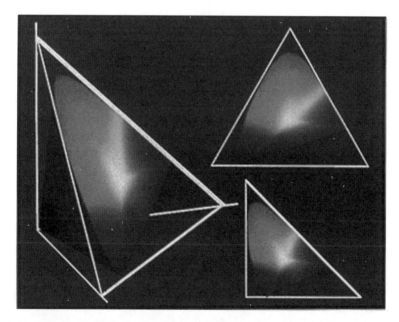

FIGURA 4.14. *Cores visíveis descritas em XYZ, vistas em uma projeção na direção ortogonal ao plano $X + Y + Z = 1$ e no plano XY, possibilitando a existência de vistas 2D do mesmo plano. (Imagem disponível no encarte colorido)*

É possível normalizar as componentes de uma luz no XYZ, como foi feito no espaço RGB, pela soma das intensidades, obtendo-se um plano de cores que resulta em maior facilidade de representar em gráficos 2D as características especificas de uma cor. Para isso, considera-se a ideia de que uma cor pode ser descrita pela sua intensidade luminosa, ou energia, e a sua cromaticidade (atributos que inclusive são processados diferentemente do cérebro). O que caracteriza a cor com única é sua pureza (ou saturação) e o seu matiz. Por exemplo, a **cor branca** e qualquer cor **cinza** têm a mesma combinação de cores primárias, mas o branco é muito mais intenso que o cinza. Assim é possível descrever a cor em 2D como no **diagrama de cromacidade** mostrado na Figura 4.15.

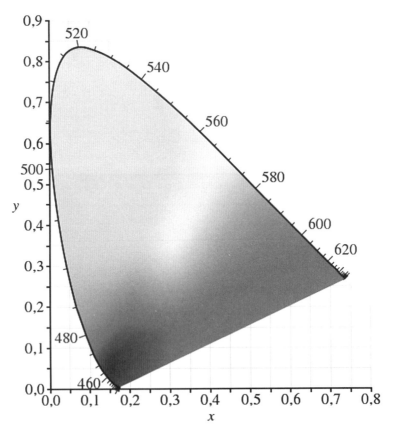

FIGURA 4.15. *Diagrama de Cromacidade CIE. (Imagem disponível no encarte colorido)*

Como figuras 3D são difíceis de utilizar e representar em publicações, esses diagramas facilitam a utilização dos espaços de cores. Para chegar até os pontos (x,y) da Figura 4.15, a partir dos valores XYZ originais, usa-se:

$$x = X/(X+Y+Z); y = Y/(X+Y+Z), \text{sendo } x+y+z = 1$$

Deve-se armazenar o valor de Y na dupla (x, y), isto é, considerar (x, y, Y) para poder recuperar a informação XYZ original pelas relações:

$$X = Y(x/y), Y = Y; Z = Y(1-x-y)/y$$

O limite superior dos gráficos das Figuras 4.13 a 4.16 lembra uma ferradura. Esse limite das curvas destas figuras corresponde às cores saturadas. Os números em torno da curva na Figura 4.15 correspondem aos comprimentos de onda, e o diagrama se relaciona com o conjunto de cores que são visíveis a um observador padrão. A borda inferior dos gráficos, em linha reta, é denominada "linha dos magentas". Estas cores não são associadas a comprimentos de onda e sim visíveis quando nossos os olhos são estimulados por uma mistura de azul e vermelho (podemos "ver" como tons de roxo, magenta ou rosa-choque). Esse é o caso das duas luzes da Figura 4.5. No centro do gráfico, está a cor branca, que é a cor menos saturada possível ou a mistura

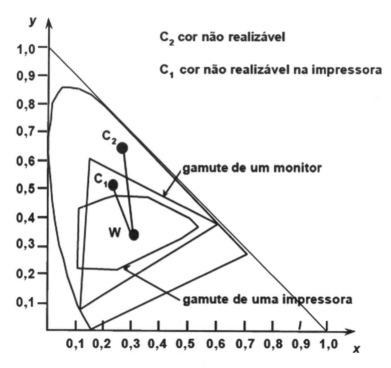

FIGURA 4.16. *Diagrama de Cromacidade CIE e caracterização da combinação de cores possíveis pelas cores primárias e secundárias.*

de todas as cores. Escolha quaisquer duas cores no gráfico da Figura 4.15. A linha reta que une essas cores representa todas as combinações possíveis das mesmas, assim como a distância relativa entre essas cores, e o ponto da reta que as une indica a proporção destas na combinação da cor desejada. Assim, o diagrama de cromaticidade CIE permite calcular qualquer mistura de cores com uma simples interpolação. Outro uso do diagrama é a definição de *gamutes*, ou as cores que potencialmente podem ser produzidas por um dispositivo. A possível combinação de quaisquer três cores está indicada no interior do triângulo definido por essas cores. Portanto, é possível caracterizar as cores possíveis em um dispositivo e verificar se uma cor desejada é possível de ser conseguida por meio dele. Por exemplo, na Figura 4.16, o ponto C_1 pode ser representado no monitor, mas não na impressora.

4.2.4. Os Espaços de Cores CMK e CMYK

Os sistemas capazes de realizar uma amostragem do espectro de cor são chamados de **sistemas receptores**, ou sistemas físicos de amostragem de cor. Câmeras fotográficas ou de vídeo, escâneres e o próprio olho humano podem ser considerados sistemas receptores. Os capazes de reconstruir uma cor são chamados de sistemas físicos de **reconstrução** de cor. Este é o caso dos projetores, televisões, telas de dispositivos móveis e diversos outros que podem ser apresentados como exemplos de sistemas de produção. Nestes, a forma mais usada de descrição e registro de uma cor é o RGB (amplamente difundido nos meios digitais e outros dispositivos eletrônicos).

O segundo sistema mais usado em computação é o CMYK. O CMYK é um sistema subtrativo com quatro cores básicas e o mais utilizado em processos de impressão. Mas ainda podem ser encontrados modelos de impressoras que usam o CMY. CMYK e CMY são ambos baseados em combinação de cores primárias para reprodução de outras cores. Assim como no RGB, suas siglas representam as cores primárias usadas em inglês. As cores são formadas através das misturas de pigmentos Ciano (*Cyan*) (C), Magenta (M) e Amarelo (*Yellow*) (Y), que vão sendo combinados até se obter a cor desejada.

Nestes sistemas são subtrativos porque cada uma das tintas ou pigmentos primários (C, M, Y), ao serem iluminados por uma luz branca, absorvem uma das cores primárias do RBG. Como mostra a Figura 4.7, a superfície pintada com tinta ciano absorve o vermelho da luz branca, o amarelo absorve o azul da luz branca, e quando coberto de um pigmento magenta, o verde que incide sobre a tinta é absorvido.

O espaço CMY pode ser descrito sobre o cubo RGB da Figura 4.8, invertendo a posição da origem em relação ao eixo principal do cubo. Ou seja, a origem do CMY se encontra no ponto onde se representa a cor branca no RGB. Seus eixos da base são paralelos aos do RBG, mas com orientações opostas, ligando o branco às cores magenta, ciano e amarelo, respectivamente. A Figura 4.17 mostra esse espaço. Usando valores normalizados, as componentes de cor neste espaço se relacionam com as de uma cor no RGB por C = 1-R, M= 1-G, Y= 1-B, ou C = 255-R, M= 255-G, Y= 255-B, se for usado um byte para cada um dos canais.

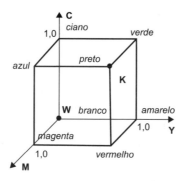

FIGURA 4.17. *O espaço de cor CMK.*

A subtração máxima da energia luminosa incidente resulta teoricamente na cor preta, mas, na prática, esse preto perfeito é mais difícil de obter por combinação, de modo que passou a ser utilizado diretamente, originando o CMYK (no qual o K representa *Black Key*), que foi criado para suprir melhor a necessidade de se obter a cor preta perfeita nas impressões.

O CMYK se relaciona com o CMY atribuindo à cor preta o valor mínimo comum das três cores, e retirando esse mínimo de cada nova cor. Ou seja, usando:

$$K = \mathrm{mim}\{C, M, Y\}, C = C - K; M = M - K \text{ e } Y = Y - K$$

4.2.5. Tipos de Espaço de Cores

Para se ter uma descrição adequada da cor, o **espaço de cores** deve ter a capacidade de representar a **maior quantidade** de cores possível. É importante também que esse espaço tenha **uma base** (com o menor número de elementos) capaz de gerar todo o espaço e que considere ao máximo as **características físicas** do sistema ótico usado além das **fisiológicas e subjetivas** do observador. Como esses últimos aspectos, em particular, são muito complexos, ainda existem muitas pesquisas e desenvolvimentos em relação a espaços e modelos de representação das cores, havendo também diversas maneiras de agrupá-los e classificá-los.

Todo espaço de cores deve poder ser transformado em outro, em especial nos mais usados. As transformações entre espaços podem ser lineares ou não, e associadas a algoritmos mais ou menos simples. Mas nem todos têm as mesmas possibilidades de descrição de cores (Figura 4.16), chamadas **gamutes** (*gamuts*). Cada uma tem as suas próprias limitações de representação, com impossibilidade de descrição da cor, se esta não for realizável (ou seja, estiver fora da gama de cores possíveis).

Espaços de cor podem ser **aditivos ou subtrativos**. Aditivos, nos casos em que as cores são obtidas pela adição de luzes, ou quando as cores são obtidas por emissão de luz (RGB e XYZ). Os espaços serão subtrativos se as cores são combinadas pela diminuição da luz (por filtros ou pigmentos) e relacionadas ao quanto uma superfície iluminada absorve (ou subtrai) da luz que nela incide. As cores são combinadas por retiradas de comprimentos de ondas da luz incidente (CMY e CMYK). Esses são associados à composição da cor por tintas e outros efeitos que recobrem a superfície de objetos que não emitem luz (filtragens diretas ou por absorção pelas tintas antes da luz ser refletida e atingir o receptor).

Chama-se de **Cores Complementares** um par de cores que, quando combinadas, produzem o **branco** (em sistemas aditivos) ou o **preto** (em subtrativos). Por exemplo, amarelo-azul, magenta-verde e ciano-vermelho são pares de cores complementares.

Espaços podem ser classificados ainda por serem representados ou não por **cores primárias** que, quando combinadas, reproduzem todas as demais cores possíveis de serem representadas neles. Nestes sistemas, a primeira combinação de duas cores primárias é denominada **cor secundária. Cor terciária** é a obtida da mistura de uma primária (*main hues*) e outra secundária (*second class hues*). Enquadram-se nesta classificação todos os que foram comentados até aqui neste capitulo, mas veremos adiante outros que não possuem uma base com cores primárias.

Os espaços podem ainda estar relacionados a formas de descrição de cor para **aplicações especificas**, ou dispositivos específicos. Por exemplo, os espaços descritos por uma medida da intensidade luminosa acromática e duas componentes com atributos de cor formam um grupo grande de espaços, como os YIQ, Lab, YCrCb, LUV etc. O mesmo pode ser dito daqueles que separam em um canal as sensações mais ligadas a caracterização da cor, e em outros sua pureza e intensidade. Pode ser considerar que pertencem a esse último grupo os HSV, HSI, Pantone, Munsel, Scotich, RAL etc. Há ainda aqueles que tentam descrever outros fenômenos da visão humana, como a percepção não linear, a alteração de contraste de uma cor devido a vizinhança, e o tempo de uso dos fotorreceptores da retina associado a fenômenos específicos (como *after efects*). Neste grupo se enquadram os sistemas de cores oponentes, La*b*, Lu*v*e outros.

4.2.6. Outros Espaços de Cor

Diversos modelos de cor projetados e utilizados para suprir as necessidades de um fim específico, seja analógico ou digital, podem ser encontrados na literatura. Alguns sistemas usam características mais intuitivas para descrever as cores. Além disso, alguns modelos de cor apresentam evolução histórica, dada as novas necessidades que surgiram com o tempo. O importante a se ressaltar é a ideia central de que eles podem ser considerados modelos para representação e reconstrução de mais cores do espectro visível. Existem, assim, outras versões do modelo de cor RGB, como o RGB-NTSC, sRGB, e Wide Gamut-RGB, cada um deles diferindo ligeiramente em suas matrizes de transformação e alcance.

Um grupo de espaço de cores muito usado em aplicações de computação gráfica para fins artísticos e entretenimento são os HSV/B (Hue, Saturation Value/Brightness) e HSI/L (Hue, Saturarion, Intensity/Lightness). Nestes, e em outros, quando há a ocorrência das iniciais H, de matiz (*hue*, em inglês), e S (*saturation*), não existe um grupo de cores primárias (Figura 4.18). O matiz identifica a cor em si, o que é determinado pelo comprimento de

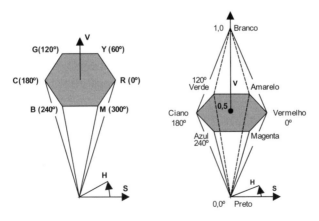

FIGURA 4.18. *Espaços de cores HSV e HSL.*

onda dominante da luz. A saturação determina o grau de pureza da cor; quanto maior a saturação, mais pura é a cor. Nos RGB e CMY, a pureza da cor é diretamente proporcional à sua distância do eixo principal do cubo, e no CMYK, ao quanto menor for o valor de K. Considere o princípio de que a percepção subjetiva da cor (matiz + saturação) e a sua intensidade são tratadas de formas distintas pelo sistema perceptivo humano quando o sinal sai da retina, segue para o cérebro e se direciona a áreas específicas para o tratamento de cor e iluminação. Esta "divisão" é responsável por termos percepções independentes entre a intensidade e do cromatismo.

No espaço *HSV*, as cores principais (vermelho, amarelo, verde, ciano, azul e magenta) ocupam os vértices da base de uma pirâmide hexagonal invertida. S = 0 representa cor não saturada (tom de cinza), V = 0 e S = 0 representam o preto, e V = 1 e S = 0, a cor branca.

No *HLS*, a base hexagonal das cores puras está no nível médio de intensidade. Eles são considerados semelhantes ao modo como um artista plástico descreve as misturas de cores.

Podem ser considerados neste grupo os sistemas **Munsell** (1905), **Ostwald** (1915), **Pantone** (1960), NCS, RAL, CcMmYK, Hexachrome, RYB, OSA--UCS, RG, DIN, PCCS, ABC e DCA.

Outro grupo muito usado inclui a primária Y (do sistema XYZ) como componente de intensidade, e associa dois elementos à crominância na base de descrição (YIQ, YDbDr, YCbCr, Yuv, YUV, YPbPr, xvYCC,). Há cores nestes grupos que não são representáveis no RGB.

O **YIQ** é um espaço de cor aditivo, que foi muito utilizado na transmissão dos sinais da televisão analógica tradicional. Nas televisões em branco e preto, apenas os valores de Y eram usados. Com o surgimento das televisões coloridas, essa estratégia possibilitou que ambas pudessem utilizar e repartir a infraestrutura disponível nos receptores dos sistemas preto e branco. O componente Y descreve intensidade, enquanto I e Q representam duas cores que eram combinadas e transmitidas juntas com o sinal analógico, transportando as informações da cor da imagem. Como esse espaço é analógico, ele usa modulação para transporte da informação por uma onda portadora. Modulação é o processo no qual o sinal a ser transmitido é adicionado a ondas eletromagnéticas. Na transmissão, adiciona-se a informação de forma que ela possa ser recuperada na recepção por meio de um processo reverso (demodulação). No elemento I, essa informação é modulada em fase com o sinal (In fase), e no Q, em quadratura (defasado de 90 graus).

YDbDr é composto dos componentes Y (luminância), e dos elementos de crominância Db (diferença de luminância do componente azul) e Dr (diferença de luminância do componente vermelho). Ele é utilizado na transmissão de televisão a cores em parte da Europa, África e Ásia. **YCoCr** usa a luminância Y, crominância verde Cg e laranja Co. Desenvolvido pela Microsoft, tem sido aplicado na compressão de imagens JPEG. Na transmissão das televisões digitais e na codificação MPEG é usado o **YCbCr**, ou **YUV** (e o equivalente analógico **YPbPr**), onde Cb (U) representa crominância azul (diferença entre o azul e a luminância: B-Y), e Cr (V) a luminância vermelha (diferença entre o vermelho e a luminância: R-Y) (Figura 4.19).

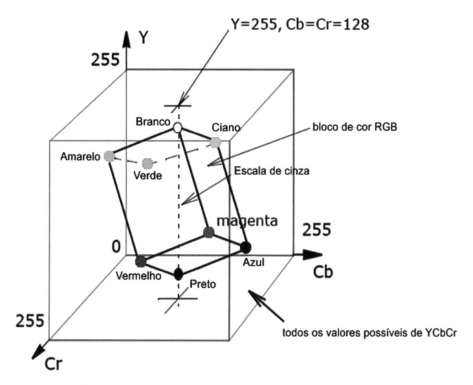

FIGURA 4.19. *YCbCr.*

Como o CIE RGB e o CIE XYZ, há diversos outros modelos desenvolvidos pelo CIE, inclusive separando a intensidade da crominância (como o L*a*b*· L*u*v*, etc).

O CIE/**xyY** representa as cores de acordo com a sua cromaticidade (eixos x e y) e luminância (eixo Y). Semelhante ao XYZ, o CIE UVW tem duas crominâncias: U e V.

O LUV foi proposto na tentativa de tornar o espaço XYZ perceptivamente uniforme, por meio de uma transformação linear simples, e é muito utilizado para aplicações em computação gráfica. Ele utiliza um canal de luminância

(L) e dois de crominância (UV). O CIE/LUV representa em seu diagrama cromático todas as cores capazes de reprodução, sem levar em conta fatores físicos de percepção da cor pelo olho humano.

CIE LAB utiliza, como o LUV, um canal de luminância (L) e dois de crominância (AB), mas é um sistema de cores subtrativo, utilizado em materiais não emitentes de luz, como tecidos, plásticos e tintas. CIE/**LAB** ou **La*b*** é um modelo colorimétrico (também conhecido como CIELAB), e supre a deficiência dos anteriores, ligadas à percepção de cor. A coordenada **a*** contém um espectro de cores que variam entre vermelho e verde, e a coordenada **b***, por sua vez, possui um espectro de cores variantes entre amarelo e azul. Neste espaço de cores, a intensidade luminosa é descrita pela luminosidade (**L***), e as cores por duas coordenadas. Ele é representado como uma esfera. Tem valores negativos de cor, de -120 até 120. A luminosidade varia de 0 até 100 (Figura 4.20).

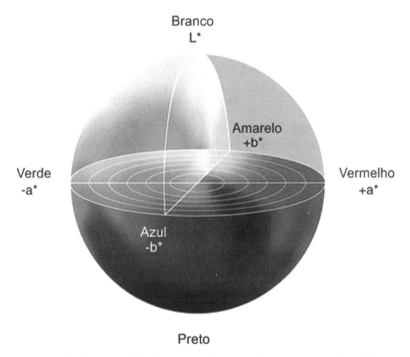

FIGURA 4.20. *CIE/Lab ou La*b*. (Imagem disponível no encarte colorido)*

A complexidade da forma de descrição da percepção contribui para a existência dos espaços de cores **oponentes**, na tentativa de explicar efeitos do desequilíbrio de fotopigmentos (como os *after images* mostrados na Figura 4.21): depois de muito tempo focando uma imagem, que usa

FIGURA 4.21. *Se você ampliar a primeira imagem de modo que preencha toda a tela do seu computador e fixar seu olhar nela por pelo menos 20 segundos, ao olhar para uma parede branca você irá ver as cores da outra imagem. (Imagem disponível no encarte colorido)*

demasiadamente um conjunto de rodopsinas, seu desequilíbrio no sistema visual faz com que cores oponentes a essas sejam vistas ao se focar uma superfície branca. Esse modelo considera que as respostas dos três tipos de cones são combinadas para alimentar um dos dois canais de cores oponentes: o vermelho-verde e o amarelo-azul. Ao sair da retina, os impulsos eletroquímicos que determinam a cor seguem seu caminho para o sistema perceptivo. A trinca de informação que sai da retina se transforma em uma dupla de cores oponentes (amarelo-azul, vermelho-verde), agindo como um filtro, tornando a percepção da cor mais tendenciosa. O modelo oponente usa a característica de que as cores vermelhas e verdes se cancelam, ou seja, não são vistas simultaneamente no mesmo lugar (não existe o **vermelho esverdeado**). O mesmo acontece com o **amarelo e azul** (não existindo, assim, o **amarelo azulado**). Este espaço consegue explicar vários fenômenos visuais cuja existência não é adequadamente esclarecida pelas outras teorias.

Finalmente, é preciso descrever dois tipos de espaços de cor: os **absolutos** e os **perceptualmente lineares**. Nestes últimos, a diferença entre as cores percebidas está diretamente relacionada com as distâncias entre pontos destas cores, na representação do espaço de cor. Nos **absolutos** (*absolute color space*), as cores são inequívocas, no sentido de terem bases de definição colorimétricas sem referência a fatores externos ao espaço. O CIE-XYZ e sRGB são exemplos de espaços de cor absolutos. Um espaço de cores não absoluto pode se tornar absoluto, se for definido com quantidades colorimétricas absolutas. Por exemplo, se no L*a*b* o ponto branco for especificado precisamente, ele pode se tornar um espaço absoluto.

CAPÍTULO 5

Renderização

5.1 Etapas da renderização

    5.1.1 O *pipeline* gráfico e o hardware gráfico

5.2 Rasterização

    5.2.1 Rasterização de retas

    5.2.2 Rasterização de polígonos

5.3 Tratamento de visibilidade

    5.3.1 Recorte e remoção de primitivas

    5.3.2 Algoritmo de eliminação de faces ocultas pela orientação em relação ao observador (*culling*)

    5.3.3 Tratamento de oclusão

5.4 Iluminação

    5.4.1 Fontes emissoras de luz

    5.4.2 Interação da luz com diferentes meios

    5.4.3 Modelo de iluminação local

    5.4.4 Sombreamento (*Shading*)

    5.4.5 Modelos de iluminação global

5.5 Texturas

    5.5.1 Mapeamento de texturas

    5.5.2 Mapeamento do ambiente

    5.5.3 Mapeamento de rugosidade e mapeamento de deslocamento

    5.5.4 Amostragem de textura

    Conclusões

A Computação Gráfica trata da síntese de imagens através do computador. Sintetizar uma imagem é criá-la a partir de um conjunto de dados que descrevem os objetos virtuais que compõem a cena representada. Isso se faz a partir da descrição da geometria dos objetos (tipicamente na forma de malhas poligonais), dos materiais associados às suas superfícies (suas cores e suas texturas), das fontes de luz e do modelo de representação da iluminação adotado, da definição de uma câmera virtual que estabelece a posição de observação da cena, entre outros dados. Nesse processo de formação de uma imagem, **renderização** é o nome que se dá ao processo de criação de uma imagem por computador a partir de dados que descrevem uma cena virtual.

Uma parte fundamental do processo de renderização é a sequência de transformações geométricas capazes de produzir uma projeção 2D a partir da cena 3D visualizada por uma câmera virtual, conforme detalhado no Capítulo 2. Entretanto, durante a renderização, também são realizadas diversas outras tarefas igualmente importantes para a criação da imagem virtual, as quais são tratadas neste capítulo. Uma visão geral das etapas envolvidas no processo de renderização é apresentada na Seção 5.1.

Para a formação da imagem é necessário, por exemplo, transformar a representação dos objetos contidos na cena para se adequarem a representação da imagem sendo construída. É comum que os objetos sejam descritos como malhas poligonais, compostas por conjuntos de vértices e arestas. Já a imagem é normalmente representada na forma de uma matriz de pixels. Assim, faz-se necessário transformar os objetos em amostras tomadas sobre as posições da matriz representando a imagem, ou seja, posições correspondentes aos seus pixels. Esta tarefa é discutida na Seção 5.2.

Outra tarefa necessária é a de definir quais dos objetos da cena fazem de fato parte da composição da imagem. Para tanto, é preciso avaliar se uma determinada superfície está inteira ou parcialmente contida no volume de visualização (Seção 5.3.1), quais as faces de um objeto estão voltadas para a câmera (Seção 5.3.2) e ainda se a mesma se encontra visível ou oculta (ainda que parcialmente) por outro objeto presente na cena (Seção 5.3.3).

Criar imagens com realismo fotográfico é, muitas vezes, o objetivo final da Computação Gráfica. Uma produção fotorrealista usa um conjunto de técnicas que buscam a visualização de objetos virtuais de maneira a mais próxima possível do que seria capturado por câmeras reais caso tais objetos fossem construídos e fotografados no mundo real. Para alcançar tal realismo, fazem-se necessários ao processo de renderização, além dos processamentos mencionados, a definição de um modelo de iluminação (Seção 5.4) e a simulação de diferentes materiais e propriedades das superfícies dos objetos, o que pode ser alcançado com o uso de mapas de textura (Seção 5.5).

O realismo é fundamental em muitas aplicações: das simulações físicas ao entretenimento. Um exemplo corriqueiro de simulação onde se busca realismo é a sua utilização pelas construtoras para mostrar aos compradores de um apartamento como serão os cômodos de um imóvel, sua iluminação, a vista de suas janelas, o seu exterior, as possibilidades de decoração, entre outros, de modo que se conheça a realidade que se poderá ter antes de ela ser realmente construída. No entretenimento, a renderização fotorrealística viabiliza a criação de cenários de filmes, jogos e até mesmo simular cenários virtuais para programas filmados em estúdio. Certamente você já sentiu nos jogos a importância de um cenário ou de um personagem realístico. As aplicações se estendem por diversas outras áreas como educação, medicina, indústria, entre outras, de maneira que sugerimos ao leitor que faça uma busca na internet por aplicações recentes de visualizações realísticas.

5.1. ETAPAS DA RENDERIZAÇÃO

O processo de renderização é responsável por converter dados em uma imagem. A renderização é implementada em sistemas gráficos na forma de etapas consecutivas. Tais etapas são organizadas como uma linha de montagem operando desde a descrição dos objetos até a composição da imagem resultante (na forma matricial). Por operar em uma linha de montagem, o conjunto de etapas realizadas até a produção da imagem recebe o nome de *pipeline de renderização* ou *pipeline gráfico*.

A implementação de uma aplicação gráfica, antes de se passar ao processo de renderização propriamente dito, se inicia pela definição de um conjunto de objetos virtuais. A geometria dos objetos é comumente descrita na forma de malhas poligonais decompostas em primitivas gráficas. Embora conceitualmente outras representações possam ser usadas, normalmente as bibliotecas de programação gráfica oferecem suporte apenas a polígonos, por estes serem mais eficiente e poderem ser usados na aproximação de curvas. A Figura 5.1 apresenta exemplos de primitivas comumente adotadas na construção de malhas. São elas: os pontos, as retas, sequência de retas, os triângulos, as sequências de triângulos dispostos em faixas, as sequências de triângulos dispostos na forma de um leque (com um vértice em comum), os quadriláteros, as sequências de quadriláteros dispostos em faixas, entre outros polígonos. Cada primitiva é descrita por um conjunto de vértices conectados entre si por um conjunto de arestas.

Uma vez definido o tipo de primitiva adotado na composição dos objetos virtuais, são listadas as coordenadas e as propriedades associadas a cada vértice (por exemplo, cor e vetor normal). Juntas, formam um conjunto de

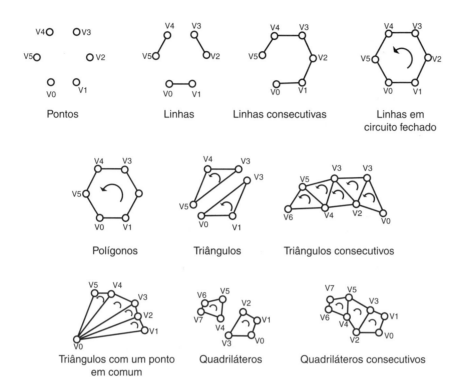

FIGURA 5.1. *Primitivas gráficas utilizadas na composição de malhas poligonais.*

números que é passado para o *pipeline* gráfico para dar início ao processo de renderização. Cria-se, assim, um fluxo de dados a ser processado pela linha de montagem definida pelo *pipeline* gráfico.

O *pipeline* gráfico envolve diversas tarefas distintas, que podem ser agrupadas em cinco etapas principais (Figura 5.2), detalhadas ao longo deste capítulo. São elas:

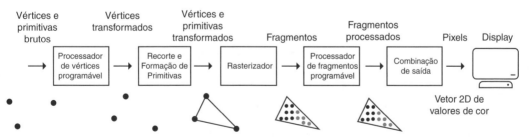

FIGURA 5.2. *Fluxo de transformação dos dados que descrevem o modelo da cena pelo pipeline gráfico (descrito com o agrupamento de suas tarefas em cinco etapas principais).*

1. O processamento dos vértices;
2. O recorte (do inglês *clipping*) e a montagem de primitivas;
3. A rasterização de primitivas;
4. O processamento dos fragmentos;
5. A composição dos fragmentos e a formação da imagem final.

As tarefas realizadas por cada uma delas são descritas em alto nível a seguir e detalhadas ao longo deste capítulo.

A primeira etapa do *pipeline* gráfico aplica individualmente em cada vértice do modelo as transformações lineares sobre sua localização 3D (apresentadas no Capítulo 2). Ou seja, é responsável por transformar as coordenadas de cada vértice inicialmente representado no sistema de coordenadas adotado pela aplicação por um conjunto de matrizes (individualmente ou concatenadas) até sua projeção no Sistema de Coordenadas Normalizado.

Também é durante a primeira etapa que são realizados quaisquer outros cálculos de propriedades associadas a cada vértice individualmente, tais como operações de coloração por aplicação de um modelo de iluminação e sombreamento sobre os vértices, mapeamento de textura e transformação de normais.

A segunda etapa do *pipeline* gráfico recebe os vértices representados no Sistema de Coordenadas Normalizado e realiza a tarefa de recorte e eliminação de primitivas em relação ao volume de visualização associado à câmera virtual. O recorte é responsável por tratar primitivas parcialmente dentro do volume de visualização, e por descartar aquelas que não contribuem para a formação da cena por estarem completamente fora desse volume (Figura 5.3). No tratamento de primitivas parcialmente no interior

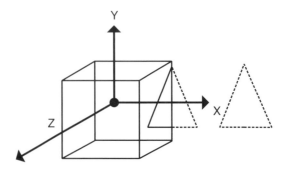

FIGURA 5.3. *Recorte de primitivas parcialmente localizadas no interior do volume de visualização e eliminação de primitivas completamente fora deste volume (triângulo tracejado).*

do volume de visualização, novos vértices e arestas podem vir a ser criados sobre a borda do volume. Considerando que nessa etapa do *pipeline* gráfico as coordenadas dos vértices já estão descritas no Sistema de Coordenadas Normalizado, o recorte é realizado em relação a um cubo padronizado. Desta forma, é possível isolar o mecanismo de recorte das escolhas específicas associadas à configuração da câmera virtual. Algoritmos de recorte são detalhados na Seção 5.3.1.

Também durante a segunda etapa do *pipeline* gráfico, as primitivas cujos vértices não foram descartados pelo recorte passam a serem montadas como primitivas propriamente ditas (tarefa denominada *assembly*, ou montagem de primitivas), de acordo com o tipo de primitiva pré-definido na aplicação. Assim, o fluxo de dados, que inicialmente era tratado como contendo vértices isolados, tem seus elementos agrupados em primitivas, fazendo-se com que a partir deste ponto o *pipeline* passe a processar um fluxo de primitivas gráficas.

Ainda durante a segunda etapa, opcionalmente, como forma de otimização, o *pipeline* pode abortar (descontinuar) o processamento de determinadas primitivas por meio do algoritmo de eliminação de faces ocultas (detalhado na Seção 5.3.2). A motivação para descontinuar o processamento de uma primitiva é diminuir o fluxo de dados sendo processado e assim reduzir a sobrecarga de processamento nas etapas seguintes do *pipeline*. A eliminação de faces ocultas busca avaliar quais primitivas não vão contribuir para a composição da imagem final, uma vez que estejam posicionadas de maneira não visível ao observador.

A segunda etapa do *pipeline* de renderização realiza ainda a transformação das coordenadas dos vértices das primitivas do Sistema de Coordenadas Normalizado para o Sistema de Coordenadas do Dispositivo. A essa operação se dá o nome de transformação de exibição, uma vez que faz com que as coordenadas passem a representar posições na janela da aplicação.

A terceira etapa do *pipeline* gráfico realiza a chamada rasterização das primitivas. Isso significa que as primitivas que não foram eliminadas pelas etapas anteriores têm sua descrição vetorial (na forma de vértices e arestas) convertida em amostras sobre a matriz de representação da imagem final. Como resultado deste processo de passagem de uma representação contínua para uma representação discreta, as amostras produzidas por uma primitiva sobre o quadriculado da matriz da imagem recebem o nome de fragmentos. Os algoritmos de conversão de primitivas em amostras discretas são apresentados na Seção 5.2.

Cada fragmento tem a ele associado uma posição no Sistema de Coordenadas do Dispositivo, além de um conjunto de outras propriedades. O valor assumido por cada propriedade associada a um fragmento também é preenchido durante a rasterização. Para isso, durante a rasterização são feitas interpolações lineares dos valores das propriedades dos vértices da primitiva original, levando em conta a posição do fragmento gerado. A Figura 5.4 ilustra o resultado da interpolação de cores no interior de um triângulo contendo um vértice associado à cor azul, outro à cor verde e outro à cor vermelha.

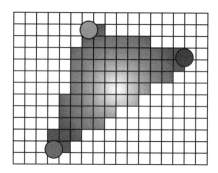

FIGURA 5.4. *Interpolação da cor associada aos vértices de um triângulo nas cores dos fragmentos durante a rasterização de primitivas. (Imagem disponível no encarte colorido)*

A quarta etapa do *pipeline* gráfico é responsável pelo processamento dos fragmentos e atua na coloração de cada fragmento individualmente. A essa altura do *pipeline* gráfico, um fragmento não pode ser deslocado, mas apenas ter as propriedades a ele associadas usadas para o cálculo de seu valor final. Durante esta etapa, se desejado, podem ser realizados cálculos de iluminação por fragmento (tal como o sombreamento pelo método de Phong apresentado na Seção 5.4.4), além da aplicação de diferentes técnicas baseadas na aplicação de textura (Seção 5.5).

Na quinta e última etapa são feitos testes nos fragmentos e sua eventual escrita no conjunto de memórias, dito frame buffer (Figura 5.5),

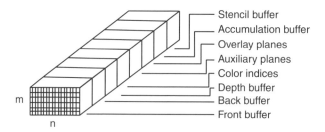

FIGURA 5.5. *Frame buffer: conjunto de matrizes que armazenam a imagem produzida (renderizada) e outras informações por pixel.*

responsáveis por salvar o resultado produzido pelo *pipeline*. O frame buffer é um espaço alocado em memória RAM de alta velocidade contendo um conjunto de matrizes a serem posteriormente exibidas no dispositivo ou utilizadas durante o processo de renderização. Ele é alocado de maneira a viabilizar a rápida transferência da imagem produzida para a tela do computador em uma área de memória comumente chamada de memória de vídeo. A memória de vídeo pode estar localizada fisicamente tanto na placa mãe quanto, no caso de computadores com placas gráficas (Unidades de Processamento Gráfico, do inglês *Graphics Processing Units - GPUs*), na própria placa, de maneira acessível ao processador gráfico e também a saída de vídeo.

A imagem propriamente dita é armazenada em uma dessas matrizes, denominada color buffer. É comum o uso de mais de uma matriz para armazenar a informação das cores que compõe a imagem. Ao adotar um color buffer composto mais de um buffer, por exemplo por um *front buffer* e um *back buffer*, é possível fazer com que a renderização aconteça sempre nos bastidores. Enquanto a imagem de um dos dois é exibida na tela, o segundo buffer atua como auxiliar ao processo de renderização, armazenando a imagem sendo construída que passa a ser exibida apenas quando estiver pronta. Para isso, a cada frame produzido, um dos dois buffers é usado para guardar nos bastidores o desenho sendo produzido, enquanto o outro armazena a imagem em exibição. Uma vez finalizada a renderização do novo frame, o papel dos dois buffers é invertido: o auxiliar passa a ser exibido, e o outro passa a ser preenchido nos bastidores pela nova imagem. Esta alternância evita que sejam exibidas imagens de composições intermediárias produzidas pelo *pipeline* gráfico.

A quinta etapa do *pipeline* gráfico recebe os fragmentos processados e avalia sua posição, valores representando sua cor e profundidade. Na sequência de processamento, um fragmento até então é apenas um candidato a contribuir com o pixel associado a uma determinada posição no *frame buffer*. Isso porque é possível que alguns fragmentos não sejam visualizados na cena final por serem sobrepostos por fragmentos provenientes de outras primitivas. O tratamento fino da visibilidade ao nível de fragmentos é realizado pelo chamado algoritmo de *z-buffer* (conforme apresentado na Seção 5.3.3). Um fragmento também pode ser eliminado sem contribuir para o respectivo pixel da tela, quando estiverem ativados critérios especiais de escrita codificados por buffers de armazenamento de máscaras (como os *stencil test buffer*, ou ainda os *scissor test buffer*). Nas aplicações que utilizam essas máscaras para testes binários e/ou testes de profundidade, os buffers correspondentes também são armazenados no frame buffer.

Os fragmentos que passam nos testes pré-estabelecidos e ocupam a mesma posição do espaço da tela são combinados entre si de maneira a formar a cor final do pixel correspondente a tal posição. O valor de um fragmento pode ser usado para substituir ou ser combinado com os valores armazenados na posição correspondente no *frame buffer*, seja usando um modelo incremental, seja por meio de interpolação dos valores.

Entender o *pipeline* gráfico é essencial na confecção de sistemas gráficos com demanda por tempo real. A velocidade de renderização pode ser medida pela quantidade de imagens que o *pipeline* consegue produzir por unidade de tempo. Ao se organizar na forma de uma linha de produção com etapas em sequência, a velocidade do *pipeline* gráfico é determinada pela velocidade de sua etapa menos rápida. Somente conhecendo suas tarefas é possível analisar como as características da aplicação em questão afetam a existência de gargalos de processamento e, a partir do tratamento de tais gargalos, aumentar a velocidade de produção do *pipeline* como um todo.

5.1.1. O *Pipeline* Gráfico e o Hardware Gráfico

Historicamente, as tarefas do *pipeline* de renderização passaram a ser suportadas por equipamentos especializados, ou seja, hardwares dedicados a essas tarefas, chamados de Unidades de Processamento Gráfico (GPUs). Tais hardwares são especialmente projetados para executar um mesmo conjunto de operações sobre grandes fluxos de dados. Assim, refletem a necessidade das tarefas do *pipeline* gráfico por replicar um conjunto de operações em grandes fluxos de vértices, primitivas e fragmentos. Inicialmente, as tarefas do *pipeline* passaram a serem executadas em hardware e apenas a configuração de alguns de seus parâmetros era suportada. Mais recentemente, as implementações de algumas de suas tarefas foram sendo abertas para serem inteiramente programadas pelo desenvolvedor de sistemas gráficos na forma de programas chamados *shaders*, cujos códigos são executados diretamente nas GPUs.

Em hardwares gráficos programáveis, as tarefas associadas à primeira etapa do *pipeline* gráfico podem ser programadas pela codificação de um *vertex shader*. Cada execução de um *vertex shader* codifica a transformação e o processamento de um único vértice. Entretanto, uma vez que nesta etapa cada vértice é processado sem levar em consideração qualquer resultado proveniente do processamento de outro vértice, os hardwares gráficos tomam proveito desta independência para executar em paralelo várias instanciações do mesmo *vertex shader*, cada uma operando em um vértice distinto. Ao codificar um *vertex shader*, o programador deve codificar todas as transformações geométricas desejadas associadas à primeira etapa da *pipeline*, uma vez que, ao adotar um *vertex shader*, a versão padrão da etapa é substituída pela programável.

As GPUs modernas também oferecem a possibilidade de se codificar os mecanismos de subdivisão de primitivas gráficas e tesselagem personalizados nos chamados *tessellation shaders*. Elas permitem, por exemplo, o tratamento de subdivisão de polígonos não convexos e a adaptação de uma malha mais grosseira em uma malha mais detalhada.

Aqui, e em outros pontos deste capítulo, faremos menção a polígonos *convexos* e *não convexos*. Vejamos, então, qual seu significado. Consideremos um único polígono. Ele será dito convexo, se em qualquer posição que se trace um segmento de reta por dois pontos distintos de seu interior não houver interseção com o seu contorno. Caso contrário, havendo interseção, ela será chamado de *não convexo*. Em resumo, se um segmento de reta unindo pontos do interior do polígono estiver sempre no seu interior ele será convexo, e se isso não acontecer será não convexo. A Figura 5.6 exemplifica essas duas definições.

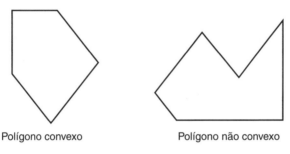

FIGURA 5.6. *Exemplo de polígono convexo e não convexo.*

Os hardwares gráficos modernos também permitem codificar o processo de montagem de primitivas nos chamados *geometry shaders*. Se incluído, um *geometry shader* atua de maneira semelhante à etapa de montagem de primitivas, podendo remover ou até subdividir primitivas (aumentando o número delas), ou mesmo convertê-las em diferentes tipos (gerando triângulos a partir de pontos, por exemplo).

A codificação de um *tessellation shader* e de um *geometry shader* é opcional. Seu processamento acontece antes da etapa de recorte e montagem de primitivas padrão do *pipeline*. Atualmente, sua inclusão não substitui a etapa padrão implementada em hardware, mas oferece mecanismos de programação de tratamentos de primitivas a serem executados antes que os tratamentos padrão sejam aplicados.

Outra etapa programável em GPUs é a etapa de processamento de fragmentos. Historicamente, esta foi a primeira etapa do *pipeline* gráfico a ser aberta como programável. Os cálculos envolvidos no processamento individual de um fragmento são codificados em um *fragment shader* (também chamado de *pixel shader*). Uma instância de um *fragment shader* atua em um único fragmento de cada vez e tem pré-definida a posição associada ao seu resultado no espaço da tela e, por consequência, no *frame buffer*. Diversas instâncias de um mesmo *fragment shader* podem ser instanciadas em paralelo, já que cada uma atua em um único fragmento e não leva em consideração os resultados obtidos no processamento de outros fragmentos. Assim como no uso de *vertex shader*, sua programação substitui a versão padrão do hardware gráfico de maneira que o programador fica responsável por definir o resultado do processamento do fragmento.

5.2. RASTERIZAÇÃO

Grande parte dos dispositivos de entrada e saída de dados visuais, tal como câmeras digitais, escâneres, monitores, projetores e impressoras, usam uma representação da informação visual por eles manipulada, denominada tecnologia *raster*. O termo *raster* significa que os dados visuais são representados como amostras discretas tomadas em uma matriz de pixels.

Em aplicações de síntese de imagens, muitos dos objetos virtuais são inicialmente definidos pelas primitivas geométricas com representação vetorial, ou seja, contínua. Assumindo, por exemplo, a adoção de malhas de polígonos, essa representação é constituída de uma coleção de vértices (descritos por coordenadas contínuas), arestas entre esses vértices, e faces.

Rasterização é o processo de conversão da representação vetorial para a matricial. Ela permite realizar a conversão de uma forma tridimensional descrita por coordenadas e primitivas contínuas em uma representação discreta, que utiliza posições inteiras representando posições em uma grade, de modo que seja possível exibi-la por meio de um dispositivo de saída matricial.

A Figura 5.7 ilustra a rasterização de uma reta. Ao transformar uma representação continua em uma representação discreta, formalmente a rasterização define um processo de amostragem e, por isso, é suscetível às questões relacionadas à amostragem de sinais digitais, discutidas no Volume 2 deste livro.

Algoritmos de rasterização de retas e polígonos são apresentados a seguir.

5.2.1. Rasterização de Retas

Ao tentar desenhar uma reta contínua em um dispositivo matricial, ela terá de ser aproximada na grade formada pela sua matriz de pixels (Figura 5.7). O algoritmo de rasterização de retas é responsável por escolher que pontos

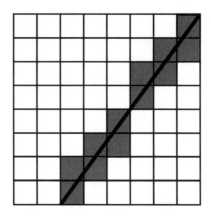

FIGURA 5.7. *Conversão da representação de uma reta na forma vetorial (linha contínua) para a matricial (ou rasterizada).*

da matriz deverão ser selecionados para representar tal reta. Suponhamos como entrada para tal algoritmo um par de coordenadas (x_1, y_1) e (x_2, y_2) que definem as extremidades da reta no sistema de coordenadas da tela, descritas por valores contínuos (números reais). Sabe-se que um ponto (x,y) qualquer na reta podem ser descrito pela equação y = m*x + b, onde sua inclinação pode ser obtida como:

```
Δx = x2 - x1
Δy = y2 - y1
m = Δy/Δx
```

Suponhamos ainda que as posições da matriz (x_m, y_m), com coordenadas inteiras, representem pixels (x_p, y_p) centralizados na grade do dispositivo. Desta forma, o fragmento correspondente a um par (x, y) de valores contínuos no sistema de coordenadas do dispositivo é obtido por:

```
produz_fragmento(x,y)
  xm = [x]
  ym = [y]
  xp = xm + 0.5
  yp = ym + 0.5
fim produz_fragmento
```

Ao desenhar uma reta de 1 pixel de espessura, os algoritmos de rasterização interativos observam qual dos dois eixos varia mais rápido, comparando o valor de |Δx| com o de |Δy| para decidir o passo de sua interação. Quando a velocidade da variação sobre o eixo x é maior do que sobre o eixo y (|Δx| > |Δy|), desenha-se um pixel por coluna e, no caso contrário, (|Δx| < |Δy|), desenha-se um pixel por linha. Esta relação é ilustrada na Figura 5.8. O caso |Δx| = |Δy| acontece em retas diagonais e pode ser tratado junto a qualquer um dos dois casos anteriores.

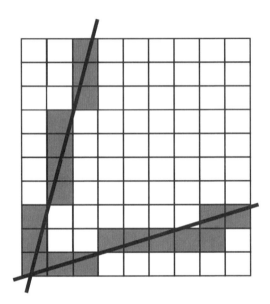

FIGURA 5.8. *Reta abaixo com um pixel por linha e reta de cima com um pixel por coluna. Distinção feita de acordo com a relação entre |Δx| e |Δy|.*

Assim, uma primeira abordagem para produzir os fragmentos de retas com |Δx| > |Δy|, assumindo x1 < x2 pode usar um algoritmo simples que se desloca uma coluna por vez e calcula a linha correspondente:

```
x = x1
y = y1
Δx = x2 - x1
Δy = y2 - y1
m = Δy/Δx

produz_fragmento(x,y)
while( x < x2 )
  x= x + 1
  y = m*x + b ← cálculo de y pela equação da reta
  produz_fragmento (x,y)
end while
```

5.2.1.1. Algoritmo de Bresenham para traçado de retas

O algoritmo de Bresenham para a rasterização de linhas, ao avançar na direção de maior velocidade, avalia, a cada passo, o que deve fazer na coordenada de menor velocidade. Ou seja, avalia se na coordenada de menor velocidade deve continuar na mesma posição ou se deve passar para a posição seguinte. Para isso, observa uma medida do erro corrente de representação da coordenada com menor velocidade. Tal medida avalia nesta coordenada a diferença entre a posição atual na representação discreta e a posição ideal na reta contínua. Quando a medida desse erro ultrapassa a fronteira entre pixels na grade representada, é a indicação de que deve atualizar a coordenada de menor velocidade para a posição seguinte.

No caso de retas com $|\Delta x| > |\Delta y|$, isso significa que o algoritmo avalia a cada passo em x se deve manter ou mudar de linha de acordo com uma variável que mede o erro acumulado na coordenada y. No caso oposto ($|\Delta x| < |\Delta y|$), ele avalia se deve mudar de coluna, observando o erro acumulado na coordenada x.

O tratamento das retas por esse algoritmo não calcula diretamente a coordenada de menor velocidade na reta contínua, mas apenas atualiza sua representação inteira. Por isso, além de comparar a velocidade de variação em relação a cada eixo ($|\Delta x|$ *versus* $|\Delta y|$), deve também avaliar o sinal da coordenada de menor velocidade para, dessa forma, considerar como candidata a próxima posição nesse eixo a posição atual acrescida ou subtraída de uma unidade.

O algoritmo de Bresenham para traçado de retas com $|\Delta x| >= |\Delta y|$ com Δy positivo é apresentado a seguir. Nele, inicialmente o erro de representação é subtraído de meio para centralizar o pixel em relação à grade. Cada vez que o algoritmo acrescenta 1 em x, e assim avança na direção horizontal, y é acrescido de m na representação contínua da reta (vide equação da reta). O algoritmo de Bresenham usa essa taxa de atualização para atualizar o erro acumulado de representação entre a posição atual e a próxima posição candidata na grade (Figura 5.9). Quando a troca de linha é realizada, o erro em y é subtraído de 1, justamente para indicar a troca.

```
x  = x1
y  = y1
Δx = x2 - x1
Δy = y2 - y1
m  = Δy / Δx
```

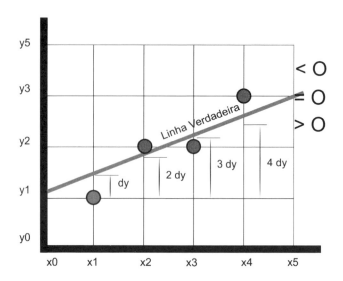

FIGURA 5.9. *Tratamento de linhas com |Δx| > |Δy| pelo algoritmo de Bresenham. Erro é medido em relação à coordenada vertical.*

```
e = m - 0.5
for x = x1 to x2 do  ← por tratar retas com |Δx| >= |Δy|
  produz_fragmento(x,y)
  if e ≥ 0.0
    y = y + 1  ← por tratar retas com Δy > 0
    e = e - 1
  end if
  e = e + m
end for
```

Onde e representa o erro acumulado na representação da coordenada y (Figura 5.9).

Como apenas o sinal do erro é analisado e durante o laço de repetição somente somas e subtrações são utilizadas, é um algoritmo bastante eficiente. Observe que ele produz valores inteiros para as variáveis x e y, deixando de ser necessário o arredondamento pelo procedimento de geração de fragmentos.

O algoritmo de Bresenham pode ser codificado de maneira ainda mais eficiente se a divisão por Δx for eliminada, passando a utilizar somente somas, subtrações e deslocamento de bits (multiplicação por 2). Ele passa a ser escrito como:

```
Δx = x2 - x1
Δy = y2 - y1
D = 2*dy - dx
y = y1
for x = x1 to x2 do  ← por tratar retas com |Δx| >= |Δy|
  produz_fragmento(x,y)
  if D > 0
  y = y + 1
  D = D - 2*dx
  end if
  D = D + 2*dy
```

As demais inclinações de retas podem ser tratadas adaptando-se os algoritmos apresentados.

5.2.2. Rasterização de Polígonos

Existem diversos algoritmos para preenchimento de polígonos. O algoritmo apresentado nesta seção foi escolhido por dar suporte à criação de amostras discretas em seu interior, portanto, pode ser usado pelo *pipeline* gráfico na produção de fragmentos no interior de polígonos.

O preenchimento de um polígono pode ser pensado como o problema de decidir que pontos estão em seu interior (Figura 5.10). O algoritmo mais usado para essa decisão recebe o nome de algoritmo de cruzamento, da regra par-ímpar ou ainda da regra de paridade. A ideia principal do algoritmo é cruzar o polígono por um raio e contar as intercessões produzidas. Sem tocar os vértices, qualquer reta partindo de um ponto em seu exterior e cruzando o polígono atravessa necessariamente uma quantidade par de arestas até sair do polígono. Assim, um ponto em seu

FIGURA 5.10. *Resultado obtido no preenchimento de polígonos com buracos pelo algoritmo de teste de par-ímpar.*

interior pode ser identificado quando o número de arestas do polígono cruzadas até atingi-lo for ímpar, e um ponto em seu exterior, quando a contagem for par.

A restrição de se evitar o cruzamento de vértices na aplicação direta da regra de paridade deve-se ao fato de esse cruzamento criar uma ambiguidade (Figuras 5.11 e 5.12). Observe que há cruzamentos com vértices que deveriam ser contabilizados como a intercessão com duas (ou, de maneira equivalente, zero) arestas, comportando-se, neste caso, como uma reta que "entra" e "sai" do polígono imediatamente. Há também cruzamentos com vértices nos quais os raios passam a percorrer o interior do polígono, criando eventos com comportamento opostos ao anterior.

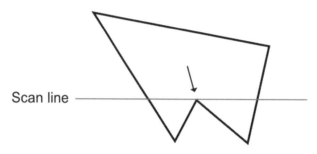

FIGURA 5.11. *Ambiguidade na contagem de intercessões com vértices: linhas que tocam vértices do polígono.*

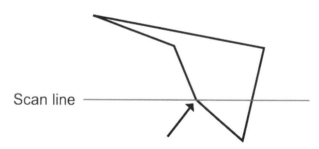

FIGURA 5.12. *Ambiguidade na contagem de intercessões com vértices: linhas que cruzam o polígono na posição de um vértice.*

Observe que, no primeiro caso ilustrado, as arestas do vértice interceptado estão situadas de um mesmo lado em relação aos raios de cruzamento. Já no segundo caso ilustrado, as arestas dos vértices interceptados se apresentam em lados opostos dos raios de cruzamento. A partir dessa observação, para solucionar a ambiguidade da regra de paridade no cruzamento de vértices, passa-se a incluir uma nova regra que diferencie estes dois casos. Uma possível abordagem é contar um dado vértice interceptado apenas caso sua coordenada y seja mínima dentre o par de pontos que define a aresta. O mesmo efeito de quebra de ambiguidade pode ser alcançado, por exemplo, usando o máximo como critério de contagem, entre outros.

Resta saber o que fazer quando o raio de cruzamento estiver alinhado com uma aresta (Figura 5.13). Neste caso, os vértices da aresta situada sobre o raio não devem ser contabilizados.

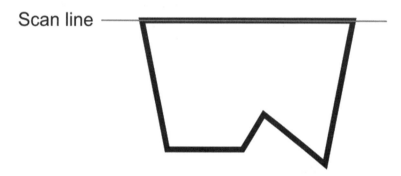

FIGURA 5.13. *Ambiguidade na contagem da intercessão com retas alinhadas ao raio.*

Na implementação do algoritmo no *pipeline* gráfico, é comum o uso das chamadas *scan-lines* (Figura 5.13) como sendo as retas de análise. Uma *scan-line* é uma linha horizontal do vídeo, de maneira que a contagem do cruzamento de arestas do polígono é feita por linha do *frame buffer*. Assim, o processo de determinar quais pixels serão preenchidos é chamado conversão de varredura (*scan conversion*).

Além disso, é comum restringir o suporte a polígonos convexos, de maneira a facilitar sua implementação eficiente, uma vez que somente duas arestas são cruzadas neles. Polígonos não convexos podem ser repartidos em convexos usando algoritmos de tecelagem.

Uma vez que os polígonos são geralmente representados na memória do computador pela lista de seus vértices, a conversão de varredura se inicia amostrando suas arestas (definidas como pares de vértices) em relação à matriz de pixels por meio da aplicação de um algoritmo de rasterização de linhas. A rasterização fornece as interseções entre o polígono e as linhas de varredura. Em seguida, para cada linha ocupada pelo polígono, as posições de interseção são ordenadas da esquerda para a direita e seu interior é preenchido usando as regras apresentadas.

5.3. TRATAMENTO DE VISIBILIDADE

Com o que foi apresentado até então, ao definir uma cena e enviá-la para renderização, todos os objetos por ela descritos seriam processados pelo *pipeline* gráfico, independentemente de que se espere ou não que todas as superfícies nela contidas estejam visíveis na imagem resultante.

É considerada visível uma superfície (ou parte dela) que contribui na formação de uma imagem produzida a partir de um determinado ponto de vista. Mais especificamente, a superfície será visível se estiver localizada no interior do volume de visualização definido pela câmera virtual e não houver barreiras entre o observador e essa superfície do objeto.

Esta seção trata de três aspectos envolvendo a visibilidade de polígonos: sua presença no interior do volume de visualização (Seção 5.3.1); sua orientação em relação ao observador (Seção 5.3.2); e sua oclusão por outros objetos da cena (Seção 5.3.3).

5.3.1. Recorte e Remoção de Primitivas

Os algoritmos de recorte têm a função de decidir quais primitivas, ou partes delas, são candidatas a compor a imagem renderizada por pertencerem ao volume de visualização. O resultado de algoritmos de recorte é, portanto, um fluxo de primitivas no interior desse volume, que é passado ao rasterizador para dar continuidade ao processo de renderização. Esses algoritmos atuam no fluxo de primitivas e não em vértices isoladamente, portanto, o momento em que o recorte é implementado no *pipeline* gráfico deve acontecer após a etapa de montagem (ou *assembly*) de primitivas. Por questões de otimização, etapas adicionais de recorte e eliminação de primitivas podem ser incluídas antes mesmo do processamento pelo *pipeline* gráfico, usando volumes de recorte especificados pelo programador.

As primitivas situadas completamente no interior do volume de visualização são consideradas visíveis. Primitivas completamente fora desse volume são consideradas como não visíveis e são rejeitadas. Primitivas parcialmente no interior do volume são tratadas de maneira a remover partes fora do volume e a manter no fluxo de processamento as partes posicionadas em seu interior. Por esse motivo, recebem o nome de algoritmos de recorte.

Apresentaremos o algoritmo de recorte de linhas de Cohen-Sutherland em 2D, pois sua extensão para 3D é intuitiva. No caso 2D, tratamos o recorte em relação a uma janela de visualização (ao invés do volume de visualização do caso 3D). Esse algoritmo testa os pontos terminais de um segmento de reta na tentativa de encontrar casos triviais de visibilidade (testes de baixo custo computacional de descarte ou aceite de um segmento de reta). Os segmentos de reta que não têm sua visibilidade definida pelos dois testes triviais, têm sua interseção calculada com uma das arestas que definem a janela de visualização. O teste de aceitação ou descarte trivial é repetido nos novos segmentos produzidos. O processo é repetido até que os segmentos de reta sejam aceitos ou descartados. A ideia é evitar o cálculo da interseção quando possível, uma vez que é considerado mais caro computacionalmente do que os testes triviais que são descritos a seguir. A Figura 5.14 ilustra segmentos de reta avaliados frente a uma janela de visualização.

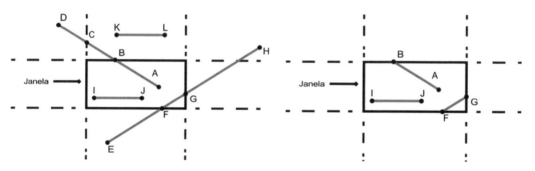

FIGURA 5.14. *Segmentos de reta antes e depois do recorte em relação a uma janela de visualização (ilustração do caso 2D).*

O algoritmo de Cohen-Sutherland assume um prolongamento (ao infinito) das arestas que definem as bordas da janela de visualização. Com esse prolongamento, o espaço 2D passa a estar dividido em 9 regiões distintas. Os testes do algoritmo de Cohen-Sutherland são realizados associando a cada um dos dois pontos extremos de um segmento de reta um código binário de 4 bits, o qual representa a região do espaço no qual o ponto está contido. Cada bit é associado a uma determinada aresta da janela e recebe o valor 0 no lado contendo a janela de visualização e 1 caso contrário. A Figura 5.15 ilustra os códigos associados às diferentes regiões.

RENDERIZAÇÃO • 201

	Esquerda	Central	Direita
Superior	1001	1000	1010
Central	0001	0000 Janela	0010
Inferior	0101	0100	0110

FIGURA 5.15. *Códigos binários associados a cada uma das regiões do espaço definidas pelas arestas da janela de visualização. Bits definidos (da esquerda para direita) pela relação com os lados superior, inferior, direito e esquerdo.*

Assim, dado um segmento de reta definido entre os pontos P1 = (x1,y1) e P2 = (x2, y2), o algoritmo de recorte de Cohen-Sutherland é definido como:

1. Inicialmente cada ponto extremo do segmento de reta recebe um código binário de 4 bits.
2. Os testes triviais são realizados:
   - Se ambos os códigos são 0000, o segmento de reta está no interior da janela e já pode ser considerado como completamente no interior da janela, passando a ser processado pelas demais etapas do *pipeline* gráfico.
   - Se ambos os códigos tiverem 1 em um mesmo bit, isso significa que o segmento de reta está completamente fora da janela de visualização, pela aresta associada a tal bit. Logo, pode ser descartado e eliminado do fluxo de primitivas.
3. Segmentos de reta não considerados triviais (no item anterior) são de retas com pelo menos um de seus pontos extremos situado no lado externo da janela de visualização. Necessariamente, tal segmento de reta deve atravessar pelo menos uma das arestas que definem a janela. Deve, então, ser recortado na posição de cruzamento com a aresta da janela antes de ser encaminhado as demais etapas de processamento do *pipeline* gráfico. Para isso:
   - Observa-se um dos pontos terminais do segmento de reta contendo pelo menos um bit com valor 1. Lê-se o código binário em busca de uma aresta com valor 1.
   - Ao encontrar o bit com 1, calcula-se a interseção do segmento de reta com a janela de visualização em relação à aresta correspondente ao bit. O ponto terminal avaliado é, então, substituído pelo ponto de

interseção e o algoritmo recomeça sua análise com o segmento de reta formado entre o ponto de intercessão e o outro ponto terminal.

4. O algoritmo se repete até que o segmento de reta produzido seja um caso trivial.

Observe que o teste trivial de aceite pode ser realizado aplicando-se uma operação de **OU** booleano bit a bit entre os códigos associados à P1 e a P2 e é aprovado quando o resultado é **0000**. Já o teste de descarte trivial pode ser realizado aplicando-se uma operação de **E** booleano bit a bit entre os códigos associados a P1 e a P2 e elimina segmentos de reta quando o resultado for diferente de **0000**.

O algoritmo apresentado é bastante eficiente quando existem muitos segmentos de reta a serem analisados, mas apenas uma pequena parte é de fato exibida. Neste caso, a maioria dos segmentos pode ser descartada com os testes triviais e o número de intercessões calculadas e de chamadas recursivas do algoritmo se mantém baixo.

O algoritmo apresentado pode ser expandido para o tratamento de linhas em 3D sem muita dificuldade, considerando que para representar o volume de visualização são usados planos que dividem o espaço 3D em 27 regiões distintas, e que neste caso o código binário possui 6 bits. Sua programação para recorte em relação ao volume de visualização em segmentos de retas representados no Sistema de Coordenadas Normalizado é bastante simples, uma vez que os planos de recorte são paralelos aos eixos desse sistema.

Uma vez recortados os segmentos de reta, seu resultado pode ser usado por algoritmos de recorte de polígonos. Polígonos não convexos recortados por uma janela de visualização podem vir a produzir mais de um polígono resultante (Figura 5.16). Para evitar o tratamento desse tipo de exceção, a maioria das bibliotecas gráficas evita o uso de formas não convexas,

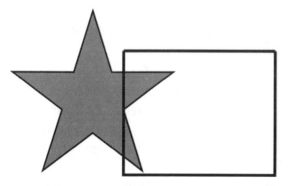
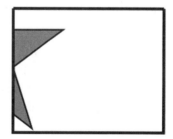

FIGURA 5.16. *Recorte de polígonos não convexos.*

seja não fornecendo primitivas para sua construção, proibindo-as ou, ainda, adotando mecanismos de tesselagem para sua subdivisão em formas convexas.

O recorte de um polígono convexo por um retângulo pode produzir no máximo uma forma convexa. Neste caso, o algoritmo de recorte de linhas pode ser aplicado aresta a aresta do polígono para formação da primitiva recortada. Uma outra abordagem mais eficiente e apropriada para a programação no *pipeline* gráfico é proposta pelo algoritmo de Sutherland–Hodgman [Sutherland, 1974]. A ideia desse algoritmo é fazer o recorte em relação a cada aresta da janela de maneira independente das demais arestas. Ou seja, o polígono a ser recortado é todo avaliado segundo uma aresta antes de passar para a próxima. Uma sequência de recortes independentes é montada. Como resultado de cada etapa, o polígono pode ser inteiramente descartado, inteiramente mantido, ou ser recortado pela aresta em questão gerando um novo polígono que segue para a próxima etapa de recorte. Em 2D, quatro recortes independentes são realizados em sequência, conforme ilustrado na Figura 5.17.

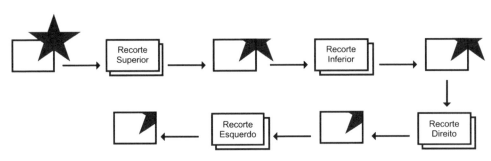

FIGURA 5.17. *Recorte de polígonos pelo algoritmo de Sutherland–Hodgman.*

5.3.2. Algoritmo de Eliminação de Faces Ocultas pela Orientação em Relação ao Observador (*Culling*)

Considere a observação de um cubo. De suas seis faces, pode-se visualizar simultaneamente de uma a no máximo três faces, dependendo do ângulo que as normais de suas faces fazem com a direção de observação (Figura 5.18). Lembre-se que a normal é definida como vetor perpendicular ao plano da face. A definição do sentido da normal é ambígua (qual dos dois sentidos, isto é, para um lado ou outro do plano, escolher?). Por isso, um sentido deve ser padronizado e a decisão mantida coerente nos modelos adotados.

FIGURA 5.18. *Um cubo, dependendo do ponto de vista, pode ter de uma a três faces visíveis.*

Assume-se, daqui em diante, que o sentido da normal é tomado para o lado a ser considerado como o de frente (ou lado principal) em objetos planares e para fora (ou lado externo) em superfícies fechadas.

O vetor normal *n* perpendicular à face de um triângulo pode ser calculado pelo produto de dois vetores *u* e *v* quaisquer contidos no plano definido por esse triângulo, desde que não paralelos entre si. Por isso, *u* e *v* podem ser construídos a partir de quaisquer três pontos não alinhados contidos no plano da face. Na prática, a obtenção da normal é realizada construindo *u* e *v* a partir dos vértices que definem o triângulo (por serem coordenadas conhecidas sobre o plano de interesse), aqui representados por P_A, P_B e P_C. Mais especificamente, *u* e *v* podem ser tomados como:

$$u = \overrightarrow{P_A P_B}\, P_B - P_A = <P_{Bx} - P_{Ax}, P_{By} - P_{Ay}, P_{Bz} - P_{Az}>$$

$$v = \overrightarrow{P_A P_C}\, P_C - P_A = <P_{cx} - P_{Ax}, P_{cy} - P_{Ay}, P_{cz} - P_{Az}>$$

A normal $n = <n_x, n_y, n_z>$ é obtida pelo produto vetorial entre *u* e *v*, descrita em termos dos pontos P_A, P_B e P_C como:

$$n_x = u_y v_z - u_z v_y = (P_{By} - P_{Ay})(P_{cz} - P_{Az}) - (P_{Bz} - P_{Az})(P_{xy} - P_{Ay})$$

$$n_y = u_z v_x - u_x v_z = (P_{Bz} - P_{Az})(P_{cy} - P_{Ax}) - (P_{Bx} - P_{Ax})(P_{cz} - P_{Az});$$

$$n_z = u_x v_y - u_y v_x = (P_{Bx} - P_{Ax})(P_{cy} - P_{Ay}) - (P_{By} - P_{Ay})(P_{cx} - P_{Ax});$$

A ordem em que esses pontos são utilizados no cálculo da normal do plano é relevante, pois pode alterar o sentido do vetor normal produzido. Por isso, a padronização do sentido das normais em malhas de triângulos é atrelada à ordem de listagem dos seus vértices.

As duas ordenações possíveis para listagem dos vértices de um dado triângulo em relação a uma rotação ao redor do centro do triângulo, quando observado de frente, são a orientação horária e a anti-horária e é chamada de ordem de enrolamento (do inglês *winding order*) (Figura 5.19). A adoção de um desses padrões deve ser mantida coerente na especificação de todos os triângulos que definem um determinado objeto, assegurando normais com sentidos coerentes ao longo do objeto.

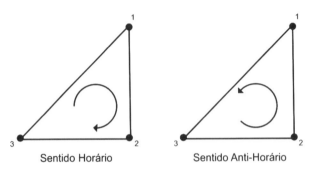

FIGURA 5.19. *Padrões de especificação de vértices para definição do seu lado de frente e oposto (assumindo sistema de coordenadas da mão direita): triângulos com vértices visualizados em ordenação horária (normal para dentro do papel) e anti-horária (normal para fora do papel).*

O sentido da normal produzida também é afetado pelo modelo de um sistema de coordenadas adotado como da mão direita ou da mão esquerda (Capítulo 2). Assumiremos, nesta seção, o uso da ordenação anti-horária na listagem dos vértices de malhas de triângulos e de sua definição em um sistema de coordenadas da mão direita. A normal assim obtida é tal que, ao visualizar o triângulo de maneira com a qual seus vértices estejam dispostos em ordem anti-horária, o sentido da normal é o de apontar para o lado contendo o observador (Figura 5.20). Uma vez que as faces de uma

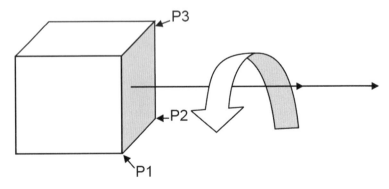

FIGURA 5.20. *Determinação da ordem de definição dos vértices P1, P2 e P3 no sentido anti-horário para definição da normal à superfície.*

malha estiverem associadas a vetores normais, tal malha pode ser avaliada pelo critério de visibilidade descrito a seguir.

Se observarmos diretamente uma superfície plana (um cartão, por exemplo), verifica-se que não podemos enxergar simultaneamente o seu lado oposto. Apenas vê-se uma das faces do plano, não importa qual sua distância ao observador. Se você girar essa superfície de modo a ver a outra face, alguma hora o plano será visível apenas como um segmento de reta. Nessa posição em que a superfície é vista como uma reta, sua normal estará perpendicular (90° ou -90°) à direção dos seus olhos. Assim, podemos dizer que uma determinada face é visível (ou seja, está de frente para o observador), quando sua normal estiver fazendo um ângulo no intervalo [−90°, +90°] com o vetor formado ligando a superfície ao observador, denominado vetor de visibilidade.

Essa característica é particularmente aplicável para encontrar as faces visíveis de poliedros convexos fechados, sendo a base do **teste de visibilidade da normal** (ou *Robert's visibility test*). Supondo normais apontando para fora de poliedros, este teste permite eliminar as faces cujas normais estão apontadas em direção oposta a posição da câmera. Sua eliminação se justifica por serem ocultas por outras faces do mesmo objeto cuja normal aponta em direção à câmera (Figura 5.21).

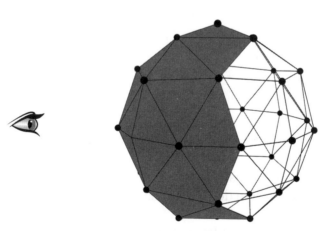

FIGURA 5.21. *Faces de uma esfera visualizadas pela câmera (em cinza), e faces ocultas pela própria esfera (em branco).*

Assim, o teste de visibilidade da normal é realizado verificando-se o ângulo formado entre a normal, da face em consideração, e o vetor de visibilidade tomado do triângulo para o observador. A superfície estará visível se este ângulo formado estiver entre -90° e 90°, e oculta, caso contrário.

O vetor de visibilidade l é tomado ligando-se um dos vértices do triângulo, normalmente o primeiro listado (P_A), a posição P_O do observador. Mais formalmente: a verificação de visibilidade é realizada mediante o cálculo do ângulo (β) entre o vetor normal (n) de cada uma das faces do objeto em relação ao vetor de visibilidade (l). Da álgebra linear, sabemos que o *produto escalar*, •, relaciona dois vetores e o ângulo entre eles, pela seguinte equação (Capítulo 2):

$$n \bullet l = \mid n \mid \mid l \mid \cos \beta,$$

onde:

$\mid n \mid$ corresponde à magnitude ou "norma" do vetor normal da face, n;
$\mid l \mid$ corresponde à magnitude ou "norma" do vetor de direção de observação, l, que liga a face ao olho do observador; e

β o ângulo entre os vetores n e l.

Sendo então: $\beta = \text{arc cos} \left(\dfrac{n \cdot l}{\mid n \mid \mid l \mid} \right)$ ou ainda: $\beta = \text{arc cos } (n \bullet l)$, assumindo n e l como vetores pré-normalizados. Observe ainda que, como os ângulos de 90° e -90° são os limiares de troca de visibilidade, basta analisar o sinal do produto interno entre n e l para definir se a face está ou não visível.

Usando as coordenadas do observador $P_O = (P_{Ox}, P_{Oy}, P_{Oz})$ e o vetor de visibilidade $l = \overrightarrow{P_A P_O} = < P_{Ox} - P_{Ax}, P_{Oy} - P_{Ay}, P_{Oz} - P_{Az} >$, o produto interno pode ser calculado como:

$$n \bullet l = n_x (P_{Ox} - P_{Ax}) + n_y (P_{Oy} - P_{Ay}) + n_z (P_{Oz} - P_{Az})$$

De modo que: se $n \bullet l = 0$, então o observador está perpendicular ao plano da face. Se $n \bullet l > 0$, então a face é visível ao observador. Se $n \bullet l < 0$, então a face está de costas (invisível) para o observador e pode ser eliminada em superfícies convexas, sem detrimento da imagem produzida na renderização do objeto.

A eliminação de faces ocultas pelo método definido nesta seção, por si só, não constitui uma técnica completa para determinação de superfícies visíveis por não tratar de oclusões entre objetos distintos. Entretanto, observe que a verificação de faces visíveis pela análise de normais de uma superfície em relação ao observador atende a dois propósitos: realismo e eficiência.

Realismo, por evitar que faces de um mesmo objeto que deveriam ficar ocultas por outras contidas no mesmo objeto sejam visualizadas em poliedros convexos fechados. O *pipeline* gráfico não garante a ordem com que as primitivas são desenhadas na saída, portanto, eliminar a parte de uma superfície que fica de costas para o observador impede que estas sejam desenhadas sobrepostas às partes que deveriam ficar visíveis do mesmo objeto.

Já quando pensada em termos do fluxo de dados sendo processado pelo *pipeline* gráfico, o descarte de superfícies não visíveis aumenta a eficiência do *pipeline*, por permitir a redução dos cálculos envolvidos nas etapas subsequentes ao descarte. Neste sentido, deve ser aplicada tão cedo quanto possível no *pipeline* de renderização, para reduzir ao máximo processamentos desnecessários que não viriam a contribuir para a cena final.

5.3.3. Tratamento de Oclusão

A seguir, são apresentados algoritmos de tratamento do problema de visibilidade, que consiste em determinar que elementos de uma cena são visíveis na imagem produzida e quais estão escondidos. Os dois algoritmos apresentados são algoritmos de tratamento de oclusão da cena como um todo, que, diferentemente do teste de normais apresentado, conseguem lidar com oclusão entre objetos distintos. O algoritmo do pintor é o primeiro apresentado, sendo o menos eficiente dos dois, embora consiga tratar de cenas contendo objetos transparentes. Em seguida, apresenta-se o algoritmo de *z-buffer,* padrão atual do tratamento de oclusão com implementação em hardwares gráficos.

5.3.3.1. Algoritmo de visibilidade por prioridade

Usando uma linha simplificada de raciocínio, como: se um objeto "A" bloqueia a visão de um objeto "B" e ambos os objetos se encontram na mesma linha de visão do observador, então o objeto "B" está mais distante do observador que o objeto "A", é possível criar um algoritmo que calcule a distância dos objetos ao observador, e que dê prioridade à visualização dos objetos mais próximos (ao observador).

O **algoritmo de Visibilidade por Prioridade** baseia-se nessa ideia. Recebe muitas vezes o nome ilustrativo de **algoritmo do pintor** por simular a forma como um *pintor* trataria a visibilidade em uma *tela pintando a óleo*, onde os detalhes mais na frente são acrescentados encobrindo os objetos posteriores. Os pontos fundamentais do **algoritmo de Visibilidade por Prioridade** são:

- Calcula-se a distância ao observador de todas as faces poligonais da cena (que chamaremos de D);
- Ordenam-se todos os polígonos pelo valor da sua distância ao observador, D;

- Resolvem-se as ambiguidades nos casos em que as distâncias ao observador (D) de dois polígonos forem iguais (verificando se ocupam as mesmas posições rasterizadas ou não);
- Desenham-se primeiro os polígonos que estiverem mais distantes do observador (ou seja, os que tiverem maior valor de D).

Nesse processo, deve-se calcular a distância de cada superfície ao observador e ordenar os valores obtidos numa tabela de prioridades. Os objetos mais distantes devem então ser apresentados na tela antes dos mais próximos, por ordem decrescente de distância, de maneira que os objetos mais próximos ao observador sejam "sobrescritos" pelos objetos mais distantes, "bloqueando" a sua visualização. Existem diversas variações dessa técnica em função da maneira pela qual se escolhe ou se calcula a distância de um objeto ao plano de projeção ou ao observador. A aproximação mais simples para esse cálculo é usar a distância do *centroide*, ou *centro de gravidade*, da superfície em análise de visibilidade. Essa distância D, considerando-se o observador na origem (0,0,0) do sistema de coordenadas 3D, é obtida por:

$$D = \sqrt{x^2 + y^2 + z^2}$$

onde x, y, z representam as *coordenadas do centroide da face*. Se o observador não estiver na origem do sistema de coordenadas, é possível usar a mesma expressão desde que x, y, z representem as *diferenças* entre as coordenadas do ponto onde está o observador e as coordenadas correspondentes do centroide da face em análise. Como operações envolvendo raízes demandam maior quantidade de cálculos para serem realizadas, e o importante nesta análise são as posições relativas e não a distância real, a forma que usa a soma das diferenças das coordenadas em módulo é normalmente usada:

$$D = |x| + |y| + |z|$$

A Figura 5.22 apresenta polígonos com formas simples que tornam complexa a identificação de qual estará na frente. Como a visibilidade por prioridades baseia-se na suposição de que uma superfície qualquer sempre domina o seu plano de visibilidade, ou seja, se "A" bloqueia "B", então "B" não pode bloquear "A", o que só é sempre verdadeiro para polígonos convexos sem sobreposições, algumas incorreções podem ocorrer. Polígonos não convexos ou disposições especiais podem bloquear uns aos outros. A utilização de um polígono de contorno pouco usual pode acarretar erro no

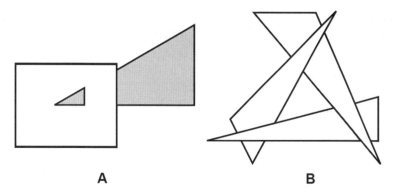

FIGURA 5.22. *Polígonos de formas geométricas simples, mas que dificultam o tratamento de oclusão, pois não podem ordenados em relação à coordenada de profundidade.*

algoritmo de determinação de visibilidade. Na Figura 5.22 A e B não é possível ordenar tais polígonos em relação à profundidade da câmera, e assim determinar quais superfície aparecerão visíveis, uma vez que não é possível considerar suas superfícies como inteiramente visíveis.

A solução para o problema da determinação de visibilidade nos casos de polígonos não convexos é usar vários pontos dos polígonos na comparação das distâncias. Ou seja, dividi-los em muitos polígonos convexos. Já no caso de disposições "exóticas", apesar da aparente simplicidade, as dificuldades que aparecem na resolução das ambiguidades são maiores. Isso geralmente ocorre quando as faces não têm todos os seus pontos com mesma distância ao observador, e estão dispostas de modo que partes de alguma superfície sejam obscurecidas por partes de outra. Isto é, problemas podem ocorrer quando partes de objetos mais distantes obscurecem partes de objetos mais próximos. Nesse caso, será necessário uma série de testes para determinar como os dois polígonos necessitam ser subdivididos e reordenados. Esses testes de resolução das ambiguidades tornam esse algoritmo difícil de ser implementado e muito lento conforme o número de polígonos aumenta.

A aplicação prática do algoritmo do pintor é indicada em cenas que envolvam objetos não opacos. Neste caso, ainda que estejam sobrepostos por outros objetos, os objetos em maior profundidade podem vir a contribuir na formação da imagem, e não podem ser simplesmente descartados por não estarem necessariamente ocultos pelas superfícies em primeiro plano.

5.3.3.2. Algoritmo *Z-Buffer*

O algoritmo *z-buffer*, desenvolvido inicialmente por Catmull (1974), é um algoritmo de determinação de visibilidade que trabalha no espaço de coordenadas da tela. Isso significa que realiza a análise de visibilidade por posição de pixel. Para isso, aloca uma matriz com dimensões idênticas ao do *color buffer* de armazenamento da imagem. Essa nova matriz fica responsável por guardar as profundidades associadas aos objetos visíveis da cena, tomadas a cada posição de pixel.

A profundidade é medida em relação à coordenada z do Sistema de Coordenadas Normalizado, limitadas aos objetos situados no interior do volume de visualização, tipicamente com valores no intervalo [0,1] ou [-1,1] associados respectivamente aos planos próximo e longe. Por esse motivo, o espaço de memória que recebe a matriz de profundidade leva o nome de *buffer* de profundidade ou *z-buffer* (Figura 5.23).

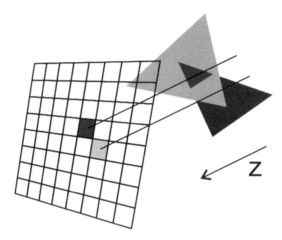

FIGURA 5.23. *Ilustração de cena 3D com tratamento de oclusão por pixel via uso de z-buffer.*

O tratamento de visibilidade pelo método de *z-buffer* é realizado dando como valor inicial a todas as posições do *z-buffer* o valor mais alto possível, representando o valor de distância máxima associada ao plano longe. Caso existam objetos no interior do volume de visualização, estes necessariamente possuirão profundidade menor do que o valor inicial. Para produzir uma imagem do zero, o *color buffer* que armazenará a imagem resultante também é inicializado, mas com o valor RGB da cor associada ao fundo da imagem. Os polígonos que compõem os objetos no espaço 3D são processados pelo *pipeline* gráfico em uma ordem qualquer produzindo fragmentos associados a uma determinada posição no espaço da tela e também a um valor de profundidade em relação ao volume de visualização. A escrita do fragmento na saída é dependente da comparação de sua profundidade com a profundidade armazenada na posição a ele correspondente no *z-buffer*. Assim, o valor correspondente à profundidade do objeto considerado visível até então em cada posição da tela (assumindo apenas os fragmentos já processados) fica armazenado no *z-buffer*, e é usado como critério para verificar se um fragmento contribui para o respectivo pixel na imagem resultante ou pode ser descartado.

A ideia é comparar a distância do fragmento em relação ao plano de projeção, com a dos demais fragmentos já processados até então. Se a distância de um fragmento for inferior à distância armazenada no *z-buffer* (consultada na posição associada à coordenada correspondente ao fragmento), então os valores de cor desse fragmento substituem os valores anteriormente armazenados na tela (ou são combinados, de acordo com o modo de escrita escolhido) e a profundidade do fragmento é armazenada no *z-buffer* como novo valor associado à profundidade do objeto visível em sua posição da tela. Nos casos em que o valor pré-armazenado no *z-buffer* é maior do que o da profundidade do fragmento, então tal fragmento está sendo "bloqueado" por outra amostra de superfície, previamente processada, que se encontra mais próxima do plano de projeção. Com essa estratégia, o algoritmo de *z-buffer* permite reproduzir o fato esperado de que objetos mais próximos ocultem objetos mais distantes do observador, se em mesma linha de projeção.

O pseudocódigo a seguir ilustra o algoritmo de visibilidade pelo uso do *z-buffer*:

```
Inicializa-se a matriz de composição da imagem com a
cor de fundo (color buffer)
Inicializa-se a matriz de profundidades com o valor
associado ao plano longe (z-buffer)
Para cada polígono P da cena
  Para cada pixel (x, y) de um polígono P
  computar z_depth na posição x, y
  se z_depth < z_buffer (x, y) então
  defina_pixel (x, y, color)
  troque o valor: z_buffer (x, y) = z_depth
```

O *z-buffer* é geralmente implementado em hardware, compondo o conjunto de matrizes que formam o *frame buffer* (Figura 5.5). Implementações em hardware escalam o intervalo de profundidade em uma representação inteira de 16 a 32-bits, mas as implementações por softwares devem usar valores de ponto flutuante, para evitar problemas de *aliasing*. Quanto maior o número de bits usados para representar a profundidade, menor a chance de ocorrer artefatos visuais causados por objetos que estão em profundidade próxima e acabam ressaltando a falta de precisão na representação de suas profundidades.

As vantagens do algoritmo de *z-buffer* são: ele resolve o problema de visibilidade para superfícies convexas e não convexas (não há exceções em seu tratamento), não requer que os objetos sejam polígonos ou impõe qualquer restrição à forma, nenhum algoritmo explícito de cálculo de interseção precisa ser utilizado ou é dependente da ordem em que os objetos gráficos são renderizados, e é fácil de implementar.

Suas desvantagens são relacionadas ao fato de que somente um valor de intensidade e profundidade é armazenado para cada pixel, não dando suporte direto ao tratamento dos problemas relativos ao serrilhamento (*aliasing*), nem suporte a renderização de superfícies com transparência. Seu custo de memória costumava ser apontado como alto, mas com a evolução do hardware gráfico e queda no preço e aumento da capacidade disponível de memória RAM, o algoritmo de visibilidade baseado em *z-buffer* se tornou o mais popular dentre os algoritmos de tratamento de visibilidade, sendo amplamente suportado por GPUs modernas.

Há também outros usos para o *z-buffer*, como a criação de sombras pela renderização da cena pelo ponto de vista da luz. Esta técnica recebe o nome de mapeamento de sombras. Nela, as sombras são criadas ao se testar se um determinado pixel está visível pela fonte de luz comparando o pixel com o *z-buffer* contendo a imagem gerada do ponto de vista da luz, armazenada da forma de uma textura. Técnicas baseadas em textura são apresentadas na Seção 5.5.

5.4. ILUMINAÇÃO

O tratamento de iluminação é uma etapa fundamental para visualizações realísticas de cenas 3D. As cores e o sombreamento esperados em uma visualização realística são resultado da interação dos objetos (seu material e geometria) com a iluminação da cena. Sem se levar em consideração os efeitos de iluminação, um objeto tridimensional de cor única é visualizado de modo chapado e artificial (Figura 5.24).

A Computação Gráfica considera regras da ótica e da física das radiações para explicar a interação da luz com os objetos. No entanto, a complexidade da aplicação direta de tais regras resulta na adoção de modelos baseados em simplificações e heurísticas com um bom resultado prático, ainda que por vezes sem fundamento ou exatidão teórica.

A motivação para o uso de simplificações e heurísticas se acentua quando há demanda por renderização em tempo real, ou seja, em aplicações em

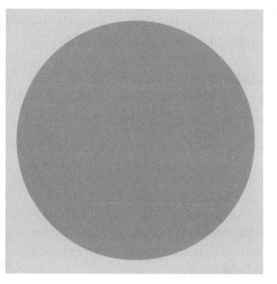 

FIGURA 5.24. *Renderização de objeto de cor única considerando-se apenas seu material (esquerda) e considerando-se a interação de seu material e geometria com a iluminação (direita).*

que se deseja produzir imagens renderizadas a velocidades rápidas o suficiente para permitir que o usuário possa interagir com a aplicação visual (por exemplo, de um ambiente virtual) sem sentir atraso na resposta da aplicação.

Esta seção descreve as principais características das fontes de luz, assim como os fundamentos de sua interação com os materiais dos objetos, e em seguida apresenta os modelos de iluminação mais adotados pela Computação Gráfica para renderização de imagens.

5.4.1. Fontes Emissoras de Luz

Objetos que emitem luz por conta própria (tais como lâmpadas, velas, fogo, sol e estrelas) são considerados fontes emissoras de luz. De maneira geral, a modelagem de uma fonte emissora de luz é caracterizada por sua cor e intensidade. Para visualização de cenas simula-se a existência de fontes emissoras de luz na faixa de radiação eletromagnética denominada luz visível. Tais fontes emitem ondas no intervalo entre 380 a 750 nanômetros (conforme discutido no Capítulo 4). Embora outros sistemas cromáticos possam ser adotados, nesta seção assumimos que a coloração das fontes de luz será descrita no sistema RGB.

Seguindo os princípios físicos, assume-se que: (a) a luz se desloca em linha reta; (b) sua propagação acontece em todas as direções a partir da sua fonte; e (c) sua intensidade diminui em relação inversa ao quadrado da distância à fonte de luz.

É comum o uso de diferentes tipos de fontes emissoras de luz em uma cena virtual, dependendo do ambiente e dos efeitos de iluminação que se deseja simular. Podemos destacar os seguintes tipos de fontes emissoras de luz como os mais usados em Computação Gráfica: ambiente, direcional, pontual e holofote.

5.4.1.1. Luz ambiente

O tipo de luz mais simples em modelos de simulação de iluminação é dito luz ambiente. Neste modelo, a luz é assumida como uma constante em toda a cena e definida apenas por sua intensidade e cor.

Esta fonte de luz não tem exatamente uma representação física real, mas resolve um problema prático dos modelos de iluminação da Computação Gráfica. Em ambientes reais, há superfícies que não são iluminadas diretamente, mas também não são visualizadas como completamente escuras, uma vez que luzes provenientes da reflexão em outras superfícies incidem sobre elas e as iluminam.

Ao inserir na cena virtual a luz ambiente, introduz-se uma energia luminosa uniforme e global presente em qualquer posição da cena, simulando, de maneira simplificada, a energia luminosa vinda da reflexão da luz nas superfícies difusas do cenário. Desta maneira, mesmo que existam na cena superfícies ocultas para as fontes de luz existentes, ainda assim tais superfícies recebem a contribuição da luz ambiente. Sem a inclusão de uma luz ambiente, objetos que não são atingidos pelos raios de luz considerados no modelo de iluminação adotado seriam visualizados como completamente escuros.

Portanto, esse tipo de luz estabelece uma iluminação mínima sobre todos os objetos da cena. Seu uso é opcional, mas quando adotada, é feita como uma luz ambiente única. Além disso, é comumente definida como sendo de baixa intensidade para não saturar as cores da cena e eliminar o efeito de sombreado produzido pelos demais tipos de fontes de luz presentes na cena.

Na prática, a luz ambiente é usada para cenários de exterior quando se deseja que a iluminação do céu produza uma distribuição da luz refletida (céu nublado). Já em cenas de interior, como, por exemplo, de uma sala, ela simula a energia luminosa refletida pelas paredes, teto, chão e objetos da cena, sendo associada à cor média da reflexão dos elementos presentes na cena.

5.4.1.2. Luz direcional

Quando uma fonte de luz está muito distante da cena iluminada, os raios de luz que emanam desta fonte e atingem os objetos da cena tendem a estar paralelos entre si. Por isso, o tipo de fonte de luz direcional também é chamado de luz distante. Uma fonte de luz direcional é definida por sua intensidade, cor e por uma direção que define raios paralelos entre si, os quais iluminam a cena em uma direção única (Figura 5.25).

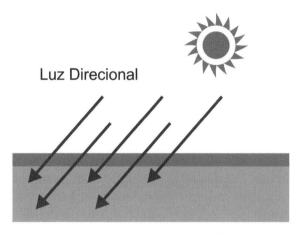

FIGURA 5.25. *Luz direcional: raios são assumidos como paralelos entre si.*

Fontes de luz direcionais não têm sua intensidade luminosa reduzida com a distância ao objeto. Isso porque é desprezível a variação de distâncias entre os objetos da cena e a fonte de luz, simulada como infinitamente longe, fazendo com que seja possível assumir que os objetos são expostos a raios de intensidades semelhantes.

O uso mais comum de fonte direcional é na simulação da iluminação solar. Para propósitos práticos, a luz solar pode ser assumida como projetando raios paralelos vindos de uma direção única. O ângulo formado entre esses raios e a superfície da terra varia dependendo da hora do dia, da latitude, da região e da estação do ano (Figura 5.26).

A luz solar pode ser animada com razoável precisão, seguindo as coordenadas geográficas do local, o movimento do Sol em torno da Terra e o ângulo que ele faz com a posição dada. Você deve considerar, se mais realismo for necessário, além da posição, a data (ou a estação do ano), o horário, e a orientação em relação aos pontos cardinais (Norte, Sul, Leste, Oeste). As sombras projetadas assim podem representar com precisão o passar das horas.

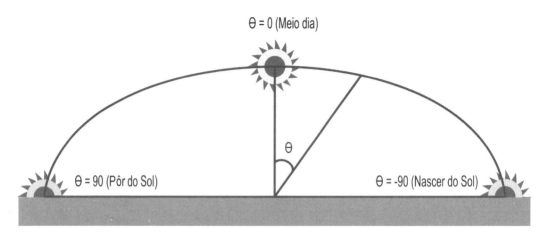

FIGURA 5.26. *Direção de incidência da luz solar no nascer, ao meio dia e ao pôr do sol, medidos em relação a hora de apogeu de sua incidência.*

A luz solar combina diversos comprimentos de onda, de modo que geralmente é definida como branca, mas pode ter algumas variações. Neste caso a cor pode representar adequadamente e de maneira simplificada o espectro de frequência da luz (iluminante). Em dia de céu claro, a cor da luz solar é um amarelo-pálido, com valores em RGB em torno de (250, 255, 175). Em dia nublado, a luz solar pode atingir uma coloração azulada, tendendo para cinza em dias tempestuosos. No amanhecer e no pôr do sol, a cor pode tender para laranja ou vermelha. Outra alteração ocorre pela presença de partículas no ar, que podem alterar a cor da luz solar para laranja ou marrom.

A Tabela 5.1 ilustra sugestões para a coloração de algumas fontes de luz comumente usadas (não necessariamente simuladas como direcionais).

TABELA 5.1 Exemplos de coloração para simulação de diferentes fontes de luz comumente usadas

Fonte de luz	Valores RGB
Luz de vela	255, 147, 41
Luz de 40W Tungstênio	255, 197, 143
Luz de 100W Tungstênio	255, 214, 170
Luz Halógena	255, 241, 224
Sol de Meio-dia (no alto)	255, 255, 251
Luz do Sol direta	255, 255, 255
Céu nublado	201, 226, 255
Céu azul claro	64, 156, 255

5.4.1.3. Luz pontual

Uma fonte de luz pontual é definida por sua intensidade, cor, uma posição p no espaço 3D, que define o ponto central de emissão da luz, além de termos que regulam seu decaimento (Figura 5.27). Tais fontes emanam luz em todas as direções a partir de sua posição. São comumente usadas para simular lâmpadas, faíscas, brilho de armas, explosões, entre outros exemplos.

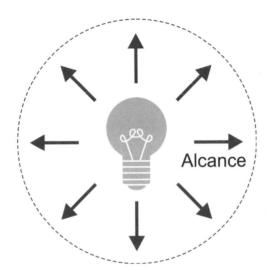

FIGURA 5.27. *Luz pontual: raios são emitidos em todas as direções.*

É comum associar um decaimento quadrático à intensidade de fontes pontuais, fazendo com que sua energia seja reduzida com a distância da posição definida como a origem da luz (Figura 5.28). O decaimento da intensidade luminosa no mundo real é regido pela regra conhecida por Lei do inverso do quadrado. Supondo uma luz pontual de intensidade *Io* e localizada em p = (x,y,z), o decaimento de sua intensidade medido em uma posição p' = (x', y', z') é calculado pela equação:

$$Id = \frac{1}{dist\ (p, p')^2} * I_0 = \frac{1}{(x-x')^2 + (y-y')^2 + (z-z')^2} * I_0$$

Em bibliotecas gráficas, é comum encontrar uma versão parametrizável da equação de decaimento da intensidade da luz. Nela, são incluídos os parâmetros ajustáveis **a**, **b** e **c**:

$$Id = \frac{1}{a + b*dist\ (p, p') + c*dist\ (p, p')^2} * I_0$$

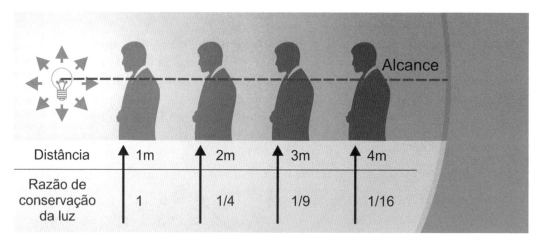

FIGURA 5.28. *Ilustração do decaimento radial da luz com o distanciamento de sua fonte.*

Apesar de menos fiel à lei física de decaimento da luz, nessa segunda versão é possível controlar melhor o efeito desejado. Ajustando os parâmetros **a**, **b** e **c** é possível simular, por exemplo, fontes de intensidade uniforme (tais como fontes distantes) quando b e c são usados com valor zero; efeitos de decaimento suave assumindo c como zero; ou ainda, decaimentos bruscos com valores altos do parâmetro c.

5.4.1.4. Holofote

Uma fonte de luz do tipo holofote (do inglês *spotlight*) projeta um cone de luz centralizado em uma determinada direção. Para definir uma fonte deste tipo, além dos termos que descrevem uma luz pontual (intensidade, cor, sua posição p e os termos que controlam o decaimento com a distância a p), aplicam-se, também, parâmetros que definem o cone propriamente dito. São eles: (1) a direção principal do cone d; (2) o ângulo de abertura θ (também chamado de ângulo de corte do holofote); (3) um termo de decaimento angular k, o qual define quão concentrada ou dispersa em relação ao centro do cone está a energia luminosa (Figura 5.29).

Desta maneira, é possível modelar diferentes efeitos de luz de holofote tanto variando o comportamento de seu decaimento por distanciamento a p (decaimento com a distância) como, também, regulando a abertura do cone ϕ, além do decaimento em relação ao seu eixo central d pela escolha de diferentes valores para k.

O decaimento angular do holofote pode ser modelado de diferentes maneiras, sendo a mais comum delas pela equação $(cos\ \phi)^k$, onde ϕ indica

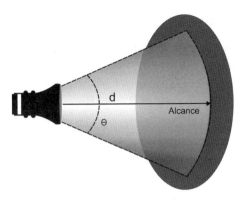

FIGURA 5.29. *Cone formado por uma fonte de luz de holofote definido por uma posição 3D p, a direção principal do cone d, seu ângulo de abertura θ, além dos termos de regulação do decaimento por distância e do decaimento angular.*

o ângulo de abertura em relação à direção principal da luz de holofote d. Nela, o termo k modela o quão brusco ou suave é o efeito de decaimento desejado (Figura 5.30).

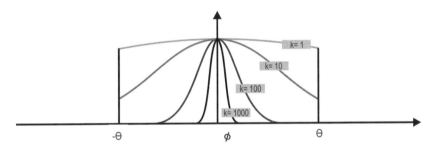

FIGURA 5.30. *Diferentes curvas de decaimento angular pela escolha do parâmetro k. A intensidade é levada a zero para angulações fora do intervalo definido pelo ângulo de corte θ.*

Observe que aumentando o valor de k é produzido um decaimento mais rápido e vice-versa. Note também que, em ângulos maiores que o ângulo de corte θ, a intensidade é levada a 0, simbolizando que tal fonte não emite radiação a partir desse ângulo.

O holofote tem muitas aplicações úteis para iluminação de cenas, tais como a simulação de lanternas, faróis, luzes usadas em composições de interiores, entre outras. Além disso, uma vez que sua área de influência pode ser controlada com precisão, ela pode ser usada para a criação de foco em um objeto ou personagem.

5.4.1.5. Outros tipos de fonte de luz

Ainda que menos utilizadas em visualizações 3D do que as anteriormente apresentadas, destacam-se, também, as fontes de luz do tipo linear e de área. Luzes de área emitem energia luminosa uniformemente ao longo de uma superfície, enquanto que fontes de luzes lineares emitem luz ao longo de uma linha (reta ou curva). Elas são responsáveis por criar efeitos suaves de sombreamento, tais como as penumbras (Figura 5.31).

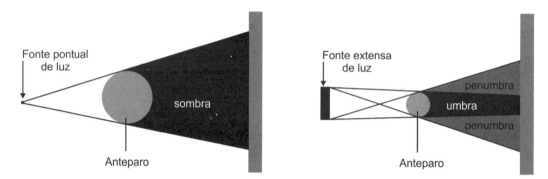

FIGURA 5.31. *Efeito de sombreamento suave produzido por fontes de luz com área.*

A simulação de fontes lineares ou de área pode ser realizada pela geração de raios amostrados ao longo, respectivamente, da linha ou superfície que a representam. Podem ainda serem aproximadas pelo uso de um conjunto de fontes pontuais dispostas ao longo da linha ou da área que se deseja simular. Tal simulação requer maior custo computacional do que as anteriormente apresentadas, tornando-as custosas em termos de processamento.

5.4.2. Interação da Luz com Diferentes Meios

Segundo o princípio de conservação de energia, a energia luminosa não se perde, mas se transforma por diferentes processos. De acordo com a forma como a luz se propaga e interage em um meio ambiente, esse pode ser considerado como transparente opaco ou translúcido.

Um meio é considerado transparente se permite a passagem da luz em trajetória definidas, de modo que seja possível observar objetos neles imersos ou por eles sobrepostos (Figura 5.32 A). Exemplos de meios transparentes são vidros finos, papel celofane, bem como o ar e a água em pouca profundidade.

Um meio é considerado translúcido se provoca uma alteração desordenada da luz, fazendo com que objetos imersos ou ocultos pelo meio sejam

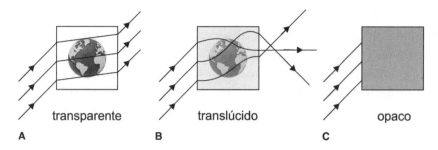

FIGURA 5.32. *Meios transparentes (A), translúcidos (B) e opacos (C).*

vistos sem nitidez (Figura 5.32 B). Exemplos de meios translúcidos são vidros trabalhados, plásticos foscos, papel vegetal, entre outros.

Meios opacos são aqueles que impedem completamente a passagem da luz, absorvendo ou refletindo alguma percentagem da luz incidente em sua superfície. Tais meios não permitem a visão através dos mesmos (Figura 5.32 C). Nesta categoria está a maior parte dos objetos que conhecemos, tais como giz, madeira, cimento, papelão, metais, espelhos etc.

Assim, quatro fenômenos acontecem na propagação da luz ao interagir com o meio e os objetos dele imersos: absorção, transmissão, refração e reflexão (Figura 5.33).

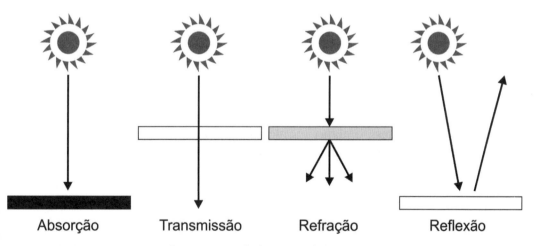

FIGURA 5.33. *Fenômenos da interação da luz com objetos.*

A absorção é o fenômeno em que as superfícies absorvem parte ou toda a energia da luz incidente, transformando a energia absorvida em calor.

A transmissão acontece quando a luz atravessa um meio ou um determinado objeto. O meio transparente perfeito é o vácuo, no qual a transmissão da luz não produz alteração de direção, intensidade ou cor. Há ainda meios em que a transmissão acontece alterando a organização da luz, sua intensidade ou cor, por exemplo, absorvendo parte da energia luminosa em determinadas frequências e transmitindo as demais.

Em visualizações, é comum assumir que o ar atmosférico se comporta como um meio transparente perfeito. Assim, para efeitos de cálculos de renderização, simula-se a propagação dos raios da luz pelo ar sem serem alterados até tocarem os objetos da cena.

A refração da luz ocorre quando os feixes de luz mudam de velocidade e de direção ao passar de um meio transparente para outro meio transparente. Este fenômeno produz uma percepção distorcida da distância e orientação dos objetos quando observados em diferentes meios transparentes (Figura 5.34).

FIGURA 5.34. *Refração da luz.*

Os raios de luz incidentes, refletidos e refratados podem ser considerados contidos em um mesmo plano. O cálculo da refração leva em consideração a *Lei da Refração*, a qual determina que um raio de luz sofra um desvio na sua trajetória quando transitar por meios com densidades diferentes. Além do desvio, existe uma atenuação na energia luminosa durante sua propagação, uma vez que nenhum material é perfeitamente transparente e que essa transparência é frequentemente diferente em materiais de densidades diferentes.

A Figura 5.35 ilustra a alteração no curso de um raio de luz que passa para um meio de densidade diferente. Os ângulos de incidência θ_i e de refração θ_r são medidos entre a normal à superfície e o raio correspondente e se relacionam por:

$$\frac{\operatorname{sen}(\theta_I)}{\operatorname{sen}(\theta_R)} = \frac{n_R}{n_I}$$

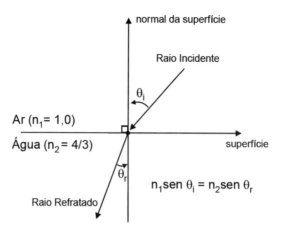

FIGURA 5.35. *Refração e alteração da velocidade e direção da luz.*

Nesta equação, n_I e n_R são constantes chamadas índices de refração, respectivamente dos meios incidente e de refração.

A Tabela 5.2 apresenta alguns valores de índices de refração (IR) para vários materiais transparentes comuns, em relação ao vácuo:

TABELA 5.2 Índices de refração para materiais conhecidos	
Material	**IR**
Ar (em temperatura e pressão padrão ou STP)	1,0003
Água	1,33
Álcool etílico	1,36
Vidro denso	1,66
Plástico	1,51
Vidro	1,52
Sal	1,53
Quartzo	1,46
Cristal	1,58
Diamante	2,42

A reflexão da luz é um fenômeno óptico que ocorre quando a luz incide sobre uma superfície e retorna ao seu meio de origem. Como já comentado no capítulo de cores, a luz refletida por um objeto, ao atingir os olhos de um observador ou uma câmera, estabelece a cor com que ele é percebido. Assim, a cor observada em objetos puramente opacos é resultado da luz refletida por sua superfície, que atinge o olho do observador (ou a câmera).

Supondo uma iluminação por luz branca, um objeto é visualizado como branco quando reflete todas as frequências visíveis da luz que nele incide. Já um objeto visto como violeta iluminado pela mesma luz branca absorve as demais faixas visíveis da luz incidente, refletindo apenas a luz violeta na faixa de frequência correspondente à sua aparência. Objetos iluminados por luz branca e vistos como pretos absorvem todo o espectro visível da fonte de luz, sem refleti-la, fenômeno ilustrado na Figura 5.36.

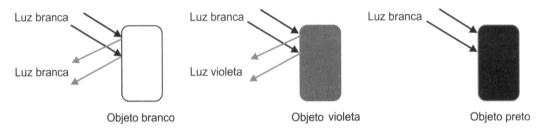

FIGURA 5.36. *A cor que percebemos em um objeto é a da luz por ele refletida.*

Além disso, as características do material que constitui a superfície de um objeto opaco podem fazer com que os raios de luz nela incidentes sejam refletidos de maneira regular ou difusa (Figura 5.37).

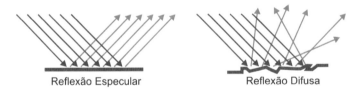

FIGURA 5.37. *Superfícies polidas causam reflexão regular, chamada reflexão especular, e superfícies rugosas produzem reflexão em diferentes direções, dita reflexão difusa.*

A reflexão regular ocorre em superfícies altamente polidas, ditas superfícies especulares, tais como os espelhos e metais. Nela, a luz refletida é concentrada em torno do ângulo de reflexão.

Espelhos são considerados objetos especulares ideais por refletir a luz incidente de maneira que o ângulo de reflexão θ_r (entre a normal da superfície do objeto e a luz refletida) é idêntico ao ângulo incidente θ_i (formado entre a direção da luz incidente e a normal da superfície do objeto) (Figura 5.38).

A reflexão difusa ocorre quando a luz incide sobre uma superfície irregular (rugosa), fazendo com que os raios de luz refletidos se propaguem em diferentes direções. Superfícies consideradas perfeitamente difusas, também chamadas de superfícies Lambertianas, são aquelas que, ao refletir a luz,

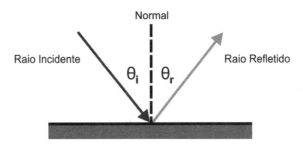

FIGURA 5.38. *Ângulo de reflexão especular ideal θ_r é idêntico ao ângulo de incidência da luz θ_i.*

espalham-na igualmente em todas as direções. Por esse motivo, a quantidade de luz refletida pela superfície e percebida pelo olho humano não depende da posição do observador.

Além disso, a lei de Lambert afirma que a intensidade de energia radiante I_r ou a intensidade luminosa refletida por uma superfície refletora difusa ideal é diretamente proporcional ao cosseno do ângulo θ entre a direção da luz incidente e a normal da superfície:

$$I_r = I_i * \cos(\theta) * k$$

onde I_i representa a intensidade da luz incidente e k é uma constante chamada de coeficiente de reflexão difusa. Observe que essa lei modela o fato intuitivo de que percebemos os objetos mais iluminados ao colocar uma fonte de luz incidente na direção de sua normal e mais escuros quando movemos a fonte, aumentando o ângulo de incidência (Figura 5.39).

Na prática, na maioria dos objetos, os efeitos de absorção, transmissão, reflexão e refração ocorrem de maneira combinada.

5.4.3. Modelo de Iluminação Local

Partindo dos conceitos da seção anterior relacionados à interação da luz com os objetos reais, foram criados modelos de simulação desses fenômenos para serem usados em visualizações de cenas 3D.

Esta seção descreve modelos chamados de locais por levarem em conta apenas a interação entre cada fonte de luz e determinado objeto da cena individualmente, sem considerar, por exemplo, reflexões entre objetos ou outros fenômenos, e, por isso, esses modelos são do tipo heurístico. Modelos locais são muito populares por viabilizarem aplicações em tempo real por usarem simplificações dos fenômenos ópticos envolvidos.

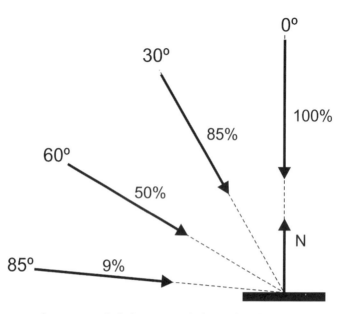

FIGURA 5.39. *Variando a intensidade luminosa da luz refletida, Ir, com o ângulo formado pela fonte de luz e uma superfície.*

O modelo local mais adotado em renderização é o Modelo de Iluminação de Phong. Este modelo descreve a forma como a superfície de um objeto reflete a luz usando uma combinação da reflexão puramente difusa de superfícies ásperas com a reflexão puramente especular observada em superfícies polidas. O modelo também inclui um termo que representa a reflexão ambiente, considerando a energia luminosa existente no ambiente da cena.

Cada fonte de luz da cena é descrita pelos parâmetros $I_d = \{R_d, G_d, B_d\}$, que representam a intensidade da luz que interage com os objetos de maneira difusa nos três canais de cor e, também, pelos parâmetros $I_s = \{R_s, G_s, B_s\}$, que descrevem a intensidade da luz que interage com os objetos de maneira especular. Nelas, R, G, B representam a intensidade da luz nas cores vermelho (do inglês *red*), verde (do inglês *green*) e azul (do inglês *blue*). A energia da luz ambiente não é associada a uma fonte específica, mas descrita como um único termo para toda a cena, como $I_a = \{R_a, G_a, B_a\}$. Com a separação da luz feita por Phong nos diferentes termos apresentados, apesar de não representar a física da luz, passamos a falar de luz ambiente, luz difusa e luz especular para mencionar os termos anteriores.

Já os objetos da cena têm seus materiais definidos pelos três parâmetros que definem as constantes k_a, k_d e k_s que regulam respectivamente seu comportamento quanto à reflexão da luz ambiente, difusa e especular, e que assumem valores que variam de 0 a 1 para cada canal de cor, além de um quarto termo α que define a constante de brilho especular do material.

Para um objeto qualquer da cena, a contribuição para a coloração observada do objeto pela luz ambiente é então calculada como:

$$A = k_a * I_a$$

Observe que k_a estabelece a taxa com que o material reflete o termo ambiente da luz presente em toda a cena.

Já a contribuição para a coloração observada do objeto pelo termo difuso de cada fonte de luz presente na cena é proporcional ao ângulo que a luz incidente faz com a normal à superfície do objeto (Lei do cosseno de Lambert) e é calculada como:

$$D = k_d (L \cdot N) I_d = k_d (\cos \theta) I_d$$

considerando L como o vetor da direção da luz incidente e N o vetor da direção da normal à superfície. Essa equação assume L e N como vetores unitários, de maneira que o seu produto interno (representado pelo operador ".") seja equivalente ao cosseno do ângulo θ formado entre esses dois vetores.

Observe que, na última equação, k_d estabelece a taxa com que o material reflete o termo difuso da luz incidente. Para completar o modelo, inclui-se a contribuição especular de cada fonte de luz presente na cena. Esta é proporcional ao ângulo formado entre a direção de reflexão perfeita da luz R e a direção do observador V (Figura 5.40), e pode ser calculada como:

$$S = k_s (R \cdot V)^\alpha I_s = k_s (\cos \phi)^\alpha I_d$$

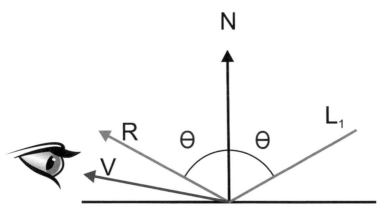

FIGURA 5.40. *Vetores usados no cálculo da reflexão especular.*

Essa equação também assume R e V como vetores unitários, de maneira que o seu produto interno seja equivalente ao cosseno do ângulo ϕ formado entre esses dois vetores.

De maneira semelhante às anteriores, ks estabelece a intensidade com que o material reflete o termo especular da luz incidente. O papel do parâmetro α é ajustar o brilho especular desejado para o material de maneira que quanto maior o valor de α menor é o brilho especular produzido.

Considerando as operações vetoriais de subtração e produto interno (Figura 5.41), o vetor da luz refletida pode ser calculado como:

$$R = 2*(L \cdot N)N - L$$

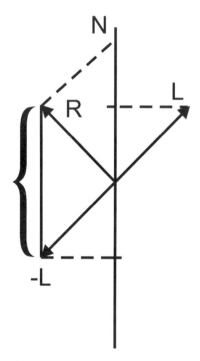

FIGURA 5.41. *Manipulação de vetores para encontrar R (vetor de reflexão) a partir de N (normal à superfície) e L (vetor da direção da Luz incidente).*

Desta forma, a equação completa do modelo de iluminação de Phong para um conjunto FL de fontes de luzes, conhecida como Equação de Iluminação de Phong, pode ser escrita como:

$$I_p = A + \sum\nolimits_{l \in FL} D_l + S_l =$$

$$= k_a I_a + \sum\nolimits_{l \in FL} k_d (L_l \cdot N) I_{d,l} + k_s (R_l \cdot V)^\alpha I_{s,l}$$

Na equação anterior, o somatório leva em conta diversas fontes de luz. Observe que nessa equação os termos que descrevem características específicas de uma fonte de luz aparecem com o índice l para identificar determinada fonte.

Ao incluir o decaimento da luz com a distância da fonte de luz, a equação pode ser reescrita como:

$$I_p = A + \sum_{l \in FL} \frac{1}{a + b * dist\,(p,l) + c * dist\,(p,l)^2} * (D_l + S_l)$$

Observe na equação anterior o termo da contribuição da luz ambiente não sofre alteração com o termo de decaimento de distância da fonte de luz, como era de se esperar, já que este é constante em toda a cena.

Além disso, na prática, a equação é usada para tratar cada um dos canais de cor separadamente, ou seja, a cor observada possui três canais tal que Ip = {R$_{Ip}$, G$_{Ip}$, B$_{Ip}$} e para encontrá-los utilizam-se os parâmetros das fontes de luz e dos materiais correspondentes a um canal de cor por vez. Desta maneira, a equação é aplicada três vezes, cada uma para obter a contribuição de um dos canais R, G ou B individualmente.

A Figura 5.42 ilustra a contribuição dos diferentes termos na visualização de um objeto iluminado por uma fonte de luz branca.

FIGURA 5.42. *Iluminação de um objeto pelo modelo de iluminação de Phong por uma fonte de luz branca: as figuras apresentam respectivamente o resultado das contribuições dos termos ambiente, difuso, especular e resultado final. (Imagem disponível no encarte colorido)*

Apesar de que a formulação anterior ser comumente apresentada como a equação do modelo de iluminação de Phong, há, ainda, algumas modificações para sua implementação. No termo de reflexão difusa devemos observar se o cosseno do ângulo formado entre a fonte de luz e a normal à superfície é positivo, caso contrário, a contribuição deve ser nula (e não negativa). Por isso, na pratica, é comum a implementação da contribuição reflexão difusa em cada fonte de luz *l* ser calculada como:

$$D_l = k_d \max((L_l \cdot N), 0) I_{d,l} = k_d \max((\cos\theta_l), 0) I_{d,l}$$

De maneira semelhante, na reflexão especular devemos impor que o cosseno do ângulo formado entre o vetor da direção do observador e o da luz refletida seja positivo. Além disso, a reflexão difusa deve estar presente para que a especular exista. Assim, a reflexão especular em uma fonte de luz l pode ser calculada como:

$$S_l = k_s \max(0,(R_l \cdot V))^\alpha I_{s,l} = k_s \max(0,(\cos\phi_l)^\alpha I_{s,l}$$

Outra adaptação comum recebe o nome de modelo de Phong modificado. Tal modelo faz uso do vetor H conhecido como ângulo da metade do caminho (do inglês *half way vector*), pois divide ao meio o ângulo formado entre a direção da fonte de luz L e a direção do observador V (Figura 5.43). H pode ser encontrado como:

$$H = \frac{L+V}{|L+V|}$$

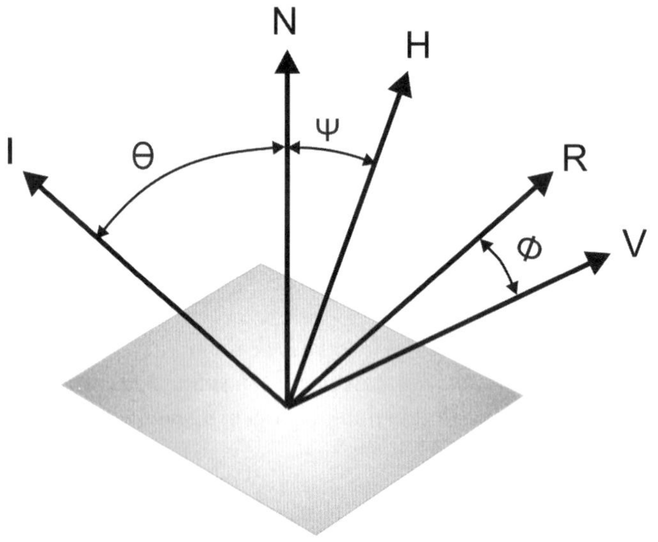

FIGURA 5.43. *Vetores e ângulos utilizados na reflexão difusa.*

Assumindo L e V como vetores normalizados, temos:

$$H = \frac{L+V}{2}, \quad \text{onde} \quad |L|=|V|=|H|=1$$

A Figura 5.43 mostra os ângulos usados, onde θ é o ângulo entre N (normal à superfície) e L (direção da luz), que é idêntico ao ângulo formado entre N e R (direção de reflexão ideal). φ é o ângulo formado entre a direção de reflexão ideal R e a direção do observador V. ψ é usado como aproximação proporcional de φ no modelo Phong modificado, e definido como o ângulo N e o vetor H (meio do caminho entre V e L).).

Observe que o vetor H não se origina das leis físicas que regem a reflexão especular, mas é utilizado por permitir reduzir a quantidade de operações no cálculo da reflexão especular no modelo modificado de Phong.

Isso porque o comportamento do produto interno (R · V) usado para encontrar o ângulo φ entre R e V, que modela o brilho especular, pode ser aproximado pelo ângulo *ψ*, conhecido como ângulo do meio do caminho, formado entre H e a normal à superfície N, calculado pelo produto interno (H · N).

Se a superfície a ser iluminada tiver a normal na mesma direção que H, o observador verá o máximo brilho especular, pois R e V estarão na mesma direção e, ao aumentar o ângulo de abertura entre H e N, o mesmo acontece entre os vetores R e V. Portanto, o modelo modificado de Phong se baseia na observação de que:

$$(R \cdot V) \alpha (N \cdot H)$$

Com isso, é possível eliminar a necessidade do cálculo do vetor de reflexão R. Deve-se, entretanto, ajustar o fator de brilho $\boldsymbol{\alpha}$ adotado, uma vez que *ψ* é menor que φ, e o uso do mesmo valor de $\boldsymbol{\alpha}$ produz um brilho especular de menor área.

Em especial, quando V, L, R e N estão situados no mesmo plano, podemos obter que $\phi = 2^{*}\boldsymbol{\psi}$.

Ainda, em casos em que a fonte de luz e o observador são considerados infinitamente distantes, L e V podem ser assumidos como constantes, e H também se torna constante, podendo ser pré-calculado e reaproveitado de maneira muito eficiente no cálculo da reflexão especular.

5.4.4. Sombreamento (*Shading*)

Uma vez definido o modelo de iluminação adotado, ele estabelece como será calculada a interação das fontes de luz da cena com os objetos presentes. Falta definir como será aplicado tal modelo de iluminação nos polígonos que compõem a malha de um objeto virtual. O método de sombreamento (do inglês *shading*) é o responsável por aplicar a iluminação sobre a malha ao definir como cada pixel resultante do processo de rasterização de um determinado polígono será iluminado. Assumiremos aqui objetos descritos por malhas de triângulos, por serem as mais populares, embora os métodos descritos também sejam aplicáveis às malhas formadas por quadriláteros ou outros polígonos.

A seguir, descrevemos os três métodos mais populares de sombreamento, os quais correspondem respectivamente ao cálculo da iluminação por polígono, por vértice e por pixel (Figuras 5.44 e 5.45). São eles o sombreamento constante, o sombreamento de Gouraud e o sombreamento de Phong.

FIGURA 5.44. *Métodos de sombreamento: cálculo de iluminação por polígono, por vértice, por amostra rasterizada.*

FIGURA 5.45. *Ilustração do uso dos métodos de sombreamento (de cima para baixo): sombreamento constante (faces da malha visíveis) versus sombreamento de Gouraud (meio) versus sombreamento Phong.*

5.4.4.1. Sombreamento constante

No sombreamento constante, a iluminação é calculada uma única vez por triângulo e a cor resultante é usada para colorir todos os pixels produzidos por sua rasterização. Quando as normais da malha são fornecidas uma para cada triângulo, é o método de sombreamento mais rápido, por utilizar do menor número de cálculos.

Em visualizações com objetivos fotorrealísticos, este sombreamento produz o efeito visual indesejado de deixar aparentes as faces dos polígonos da malha. Isso porque é especialmente suscetível à ilusão ótica que recebe o nome de bandas de Mach, na qual o sistema visual humano exagera o contraste existente em arestas formadas na fronteira entre regiões vizinhas de tons de cinza constantes ligeiramente distintos. Nessas fronteiras, nosso sistema visual aumenta a percepção de descontinuidade nas transições de intensidade da luz e ativa nossa percepção de arestas. Ao visualizar malhas representando superfícies suaves por um conjunto de polígonos planos, o efeito de bandas de Mach causa a quebra de realismo, uma vez que as fronteiras dos polígonos da malha passam a ficar visíveis (Figura 5.46).

FIGURA 5.46. *Efeito de bandas de Mach.*

Quando não se deseja visualizar as faces da malha, a aproximação fornecida pelo sombreamento constante somente é aceitável se for possível supor as três condições a seguir:

1. a fonte de luz localiza-se no infinito, fazendo com que o ângulo de incidência de cada um dos raios de luz que compõem o feixe de luz incidente possua o mesmo ângulo ao longo de toda a superfície plana (Figuras 5.47 e 5.48); o observador localiza-se no infinito, assim os raios de luz que compõem o feixe de luz especular refletida da superfície plana e que atingem o observador têm o mesmo ângulo (Figura 5.47);

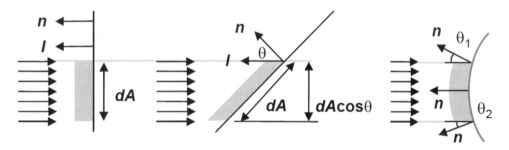

FIGURA 5.47. *Feixe de raios incidentes paralelos nos diversos pontos da superfície iluminada tem a mesma direção de reflexão apenas se essa superfície for perfeitamente plana.*

2. as superfícies são representações de objetos realmente formados por faces planas e não apenas aproximados por faces planas (Figura 5.48).

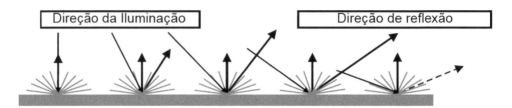

FIGURA 5.48. *Se a fonte de luz e o observador não estiverem no infinito, os raios de luz refletidos não têm todos a mesma direção, mesmo nas superfícies planas.*

5.4.4.2. Sombreamento de Gouraund

No método de sombreamento de Gouraud, a luz é calculada em cada um dos vértices dos triângulos e os três valores resultantes são linearmente interpolados para colorir os pixels do interior do triângulo. Por esse motivo, o sombreamento proposto por Gouraud é também conhecido *como sombreamento de interpolação de intensidades ou sombreamento de interpolação de cores.*

Uma quantidade de cálculos de iluminação comparável à do sombreamento constante é realizada, uma vez que só a iluminação nos vértices é calculada, pois estes podem ser compartilhados por mais de uma face. Entretanto, uma significativa melhoria na visualização produzida é notada, em comparação ao sombreamento constante. Uma das limitações do sombreamento de Gouraud é ser altamente dependente do nível de detalhes utilizados na representação da malha. Malhas pouco subdivididas podem fazer, por exemplo, com que o sombreamento de Gouraud não calcule corretamente pontos de brilho resultante de reflexões especulares (principalmente quando ocorrem distantes dos vértices onde foi calculado o componente de luz refletida), efeitos de luz holofote. Embora a técnica de Gouraud atenue o efeito de Mach, ela não o elimina completamente.

O sombreamento de Gouraud é o padrão adotado em implementações em hardware. Já em hardwares programáveis, o sombreamento de Gouraud equivale a dizer que a iluminação é calculada em *vertex shaders* e seu valor é interpolado pelo rasterizador durante a formação dos fragmentos do interior do triângulo. A Figura 5.49 ilustra como o sombreamento de Gouraud é afetado pelo grau de refinamento da malha.

Frequentemente, as normais de vértice não estão disponíveis; nesses casos, devemos aproximar a normal dos vértices calculando a média das normais das faces adjacentes. Cada normal é um vetor ni, representável pelas suas coordenadas como (nx,ny,nz). Essas normais podem ser normalizadas, isto é, modificadas, para cada uma delas ter comprimento unitário, se forem

FIGURA 5.49. *Iluminação do centro de um plano por uma luz de spot com renderização com sombreamento de Gouraud. Efeito da subdivisão sucessiva da malha do plano. Planos definidos com (da esquerda para direita) 2, 8, 32 e 128 e 512 triângulos.*

divididas pelos seus comprimentos. Assim, a normal sobre um determinado vértice pode ser obtida pela média das normais das faces no qual o vértice está presente, como:

$$nv = 1/k * \text{Sum } i = 1 \text{ até } k \; n\_i$$

onde k é o número total de faces que formam o vértice, nv será o valor da normal no vértice, e ni cada uma das normais das faces, que chegam ao vértice i, devendo ser usadas normalizadas. A Figura 5.50 ilustra o cálculo da componente da luz refletida em diversos pontos de cada face plana de um poliedro 3D e os elementos dessa fórmula (nesta figura, k = 4).

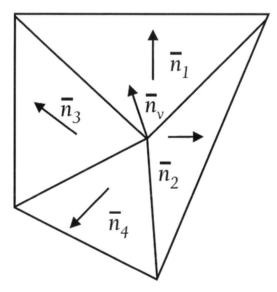

FIGURA 5.50. *Cálculo da componente de luz refletida em diversos pontos de um poliedro (Foley, 1993).*

5.4.4.3. Sombreamento de Phong

No método de sombreamento de Phong, as normais associadas a cada um dos vértices de um triângulo são interpoladas no interior do polígono, de maneira a produzir uma normal a cada posição rasterizada. As normais geradas são usadas para se aplicar o cálculo de iluminação a cada pixel. Por esse motivo, o método de sombreamento de Phong também é chamado de sombreamento por interpolação dos vetores normais. A Figura 5.51 ilustra o uso das normais em n0 e n1, para fazer a interpolação linear dos pontos interiores PA, PB e PC. Um cuidado deve ser tomado de produzir vetores normais unitários de maneira a não introduzir erros no cálculo de iluminação.

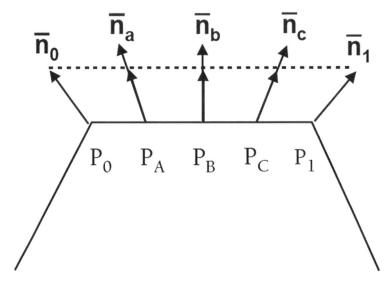

FIGURA 5.51. *Interpolação dos ângulos de incidência dos pontos do interior por meio da consideração das normais das extremidades em P0 e P1 em uma superfície plana (Foley, 1993).*

Há aqui um ponto que geralmente causa confusão, existir devido à existência de um modelo de iluminação de Phong e também de um modelo de sombreamento de Phong. Conforme apresentado nesta seção, modelo de sombreamento não é o mesmo que modelo de iluminação. Enquanto o modelo de iluminação de Phong define a decomposição da luz nos termos ambiente, especular e difusa, assim como a equação para o cálculo da interação da luz com os materiais dos objetos, o modelo de sombreamento de Phong, por sua vez, estabelece o processo de se interpolar as normais ao longo da superfície de um triângulo para então se aplicar um determinado modelo de iluminação a cada ponto rasterizado em seu anterior.

A iluminação por pixel é mais custosa do que a por vertex ou por triângulo, portanto, o sombreamento de Phong é o mais custoso computacionalmente dentre os três descritos. Entretanto, é o método de melhor resultado em relação ao efeito de bandas de Mach, bem como aquele com a melhor capacidade de representação de transições causadas por luzes pontuais intensas (tais como holofote) e o brilho produzido por reflexão especular, mesmo quando os vértices da malha se encontram afastados dos pontos rasterizados onde tal brilho ocorre.

Conceitualmente, o efeito visual produzido pelo sombreamento de Phong pode ser simulado em hardwares com implementação padrão de sombreamento de Gouraud pela subdivisão da superfície em triângulos pequenos, de maneira a ocuparem um pixel. Um aumento de custo na computação decorre diretamente do aumento da complexidade da malha, fazendo com que neste caso Gouraud deixe de ser mais barato que a abordagem de sombreamento de Phong. Essa abordagem não é mais usada, na prática, uma vez que o desenvolvimento de hardwares programáveis viabilizou a implementação em hardware do sombreamento de Phong. No hardware programável, o sombreamento de Phong equivale a dizer que a iluminação é calculada em *pixel shaders* e que as normais do triângulo são interpoladas pelo rasterizador na formação dos fragmentos do interior do triângulo.

5.4.5. Modelos de Iluminação Global

Cada uma das técnicas já abordadas para a geração de imagens realistas em computador possui o seu conjunto de vantagens e desvantagens. No entanto, entre as técnicas abordadas até aqui, os modelos de iluminação global oferecem melhores resultados na simulação de uma cena real. Podemos chamar de iluminação global as técnicas que consideram todos os feixes de luz emitidos, mesmo por fontes indiretas. O céu, por exemplo, reflete a luz do sol com uma cor azulada; esses raios de luz azulados também contribuirão para modificar o restante da cena. Essa consideração não pode ser feita nos modelos de iluminação anteriores, que, por considerarem todos os objetos da cena como possíveis emitentes de luz, precisam executar muito mais cálculos que as anteriores.

Com a melhora da velocidade de processamento das máquinas, diminui o tempo de cálculo das técnicas de iluminação global, que estão sendo cada dia mais usadas e, por isso, assunto de domínio obrigatório para os profissionais de CG. Essas técnicas não representam o fim das demais, ficando a cargo dos artistas julgarem qual o melhor método de iluminação para determinado tipo de trabalho. Atualmente, há uma diversidade enorme de softwares habilitados a trabalhar com iluminação global. Dentre eles, podemos citar o *Brazil, Mental Ray, Vray* ou *Final Render*. Nas seções seguintes descrevemos as principais ideias dessas técnicas e os métodos que as usam.

5.4.5.1. *Ray tracing*

A técnica de *ray tracing* é também usada simplesmente como um algoritmo de determinação da visibilidade dos elementos de cena. Nesse caso, é geralmente denominada de *ray casting*. É conhecida principalmente pelas possibilidades de inclusão na cena de sombras, reflexão, refração, texturas e não apenas o sombreamento das superfícies visíveis.

Os primeiros estudos sobre *ray tracing* são da década de 1960. O *ray tracing* foi desenvolvido em 1968 como um algoritmo para simulação de trajetórias de projéteis balísticos e partículas nucleares. A Apple foi a primeira a apresentá-lo como uma ferramenta para o cálculo de sombras em computação gráfica. Na época, os computadores eram lentos demais para possibilitar o uso dessa técnica, e as aproximações descritas anteriormente eram mais usadas.

À medida que os computadores foram ficando mais poderosos, notou-se que seria interessante voltar atrás e implementar os modelos de iluminação global. A partir daí o algoritmo de *ray tracing* foi estendido e implementado. Sua implementação inicial ocorreu em 1980, quando já era possível criar imagens com sombras, reflexões, transparência e refrações. Em 1984, o algoritmo de *ray tracing* sofreu modificações, possibilitando efeitos de penumbra, *motion blur*, *depth of field* (ver Hiper-realismo), entre outros.

Hoje em dia, *ray tracing* é uma das mais populares e poderosas técnicas de síntese de imagens de fácil implementação. *Ray tracing* possibilita a representação de cenas complexas com muitos objetos e muitos efeitos (como sombras e vários tipos de reflexões). O princípio do *ray tracing* é simular a geometria ótica envolvida no trajeto de alguns raios de luz que viajam pelo espaço da cena. Por motivos computacionais, o modelo utilizado é o contrário do que realmente acontece quando vemos uma cena. Isto é, normalmente um raio de luz originário no objeto chega aos nossos olhos. Nessa técnica, supõe-se que um raio originário de nossos olhos chegue até o objeto que se quer renderizar (Figura 5.52). Pelas leis da ótica, essa reversão não provoca alteração alguma na geometria envolvida. Devido a essa inversão ser tão comum, raramente se usa o adjetivo reverso para *ray tracing*. Se desejarmos, podemos classificar o *ray tracing* como reverso (usado na computação) ou direto (o algoritmo que segue o modelo físico real).

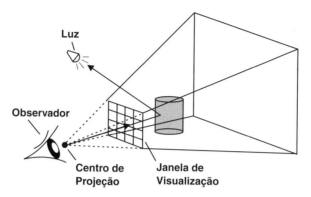

FIGURA 5.52. *Geometria do ray tracing: repare o ângulo de visão da cena pelo observador, a região de influência de cada pixel simbolizada pela grade regular, o ponto da cena real que corresponde a esse pixel e a fonte de luz que originou o raio.*

Na realidade, quando uma ou mais fontes de luz iluminam uma cena com um número infinito de raios de luz, apenas uma pequena parte desses raios é refletida dos objetos da cena e atinge o olho do observador. Como apenas esses raios nos interessam, podemos traçá-los de volta para o objeto e deste para cada fonte de luz. Inserindo uma tela em algum ponto entre o observador e a cena, traça-se um raio do olho do observador até cada pixel da tela e deste para qualquer objeto que a fonte de luz ilumine. O resultado final será que as cores e intensidades que serão associadas à tela produzirão uma imagem como uma fotografia.

O algoritmo de *ray tracing* considera os seguintes pontos:

- Os raios são disparados de forma sistemática, de modo que cada um deles corresponda a um pixel na tela.
- Após o disparo, o raio percorre o espaço, podendo atingir um objeto ou sair da cena.
- Se atingir algum objeto, o ponto de intersecção é calculado. As contribuições das fontes de luz para cada ponto, levando em conta a sombra de outros objetos, também são calculadas.
- Se o objeto for opaco, a soma dessas contribuições será a intensidade luminosa total naquele ponto.
- Caso contrário, as contribuições devidas aos reflexos e refrações serão também computadas. O pixel correspondente pode, então, ser exibido.
- Se não houver interseção, o pixel terá a cor de fundo.

O cálculo do *ray tracing* clássico é bastante simples e é constituído pelas seguintes tarefas efetuadas para cada pixel da tela:

1. Trace um "raio" a partir do observador até a cena a ser representada através de um pixel da tela;
2. Determine qual o primeiro objeto a interceptar esse raio;
3. Calcule a cor ambiente da superfície do objeto no ponto de interseção baseado nas características do objeto e na luz ambiente;
4. Se a superfície do objeto for reflexiva, calcule um novo raio a partir do ponto de interseção e na "direção de reflexão";
5. Se a superfície do objeto for transparente, calcule um novo raio a partir do ponto de interseção.
6. Considere a cor de todos os objetos interceptados pelo raio até sair da cena ou atingir uma fonte de luz, e use esse valor para determinar a cor do pixel e se há sombras.

O algoritmo de *ray tracing*, então, pode ser descrito como:

```
Considerando um centro de projeção, no plano de visão
Para (cada linha horizontal de varredura da imagem -
scan line)
  { Para (cada pixel da linha de varredura)
  { determinar o raio que vai do centro de projeção ao
  pixel
  Para (cada objeto da cena)
  { Se (objeto for interceptado pelo raio &&
  é a interseção mais próxima até agora)
  registrar a interseção e o objeto interceptado
  }
  atribuir ao pixel a cor do objeto da interseção mais
  próxima
  }
  }
```

O objetivo da técnica de *ray tracing* é simular a propagação da luz no ambiente, avaliando a sua interação com os objetos que o compõem e considerando a interação da luz com as suas superfícies. Com o objetivo de limitar a grande quantidade de feixes de luz necessária para compor uma cena com razoável grau de realismo, o *ray tracing* tira proveito da característica física dos controladores gráficos e da maneira como os pixels da tela, quando colocados lado a lado, são capazes de compor uma cena com elevado grau de realismo. Assim sendo, a técnica de *ray tracing* concentra o seu esforço computacional no estudo dos raios de luz que efetivamente alcançam o observador pela "malha" de pixels da tela.

O algoritmo de *ray tracing* não leva em consideração apenas a cor intrínseca de cada objeto, mas também os efeitos de reflexão e refração da luz provocados por esse objeto. A geração ou determinação de imagens refletidas é feita pelo somatório das componentes de cor obtidas por cada interação do raio com um objeto ou fonte de luz. Para cada pixel da tela, é traçado um raio de "luz" a partir do observador, e a sua interação com os objetos em cena é estudada com o objetivo de determinar sua componente RGB. A Figura 5.52 ilustra o trajeto considerado por essa técnica, onde o raio de luz incidente no observador, por meio da consideração de um pixel da tela como uma "janela", é traçado de volta à fonte percorrendo o caminho inverso, em termos de reflexões, até a fonte de luz que o originou.

O *ray tracing* deve considerar os raios refletidos toda vez que o coeficiente de reflexão de uma superfície for diferente de zero. O coeficiente de reflexão varia entre 0 e 1, determinando que quantidade de energia do raio de luz deve ser considerada como absorvida pelo objeto em questão, compondo uma soma ponderada das componentes de cor para o pixel na tela. Um espelho possui um coeficiente de reflexão próximo de 1, ou seja, nessa superfície todos os raios incidentes devem ser refletidos com o mesmo ângulo de incidência em relação à direção da reta normal à superfície. Além do coeficiente de reflexão, as superfícies também apresentam um coeficiente de refração que expressa a maneira pela qual a luz passa através de um meio para outro.

Basicamente, o que o algoritmo de *ray tracing* faz é calcular a interseção de uma semirreta com todos os objetos da cena. A esta semirreta damos o nome de raio. Como mencionamos anteriormente, só será necessário o cálculo dos raios que atingem o observador. Para isso, teremos de calcular os pontos de interseção do raio com os objetos da cena.

5.4.5.1.1 Cálculo de interseções e normais

A tarefa principal do *ray tracing* consiste no cálculo da interseção de um raio com o objeto. Para essa tarefa, utiliza-se normalmente a representação paramétrica de um vetor ou reta. Considere que $(x0, y0, z0)$ é o centro de projeção, ou o olho do observador, na Figura 5.52, e $(x1, y1, z1)$ é o centro de um pixel na "janela" da mesma figura. Cada ponto (x, y, z) ao longo de um raio, com origem no ponto $(x0, y0, z0)$ e direção do ponto $(x0, y0, z0)$

para o ponto (x1, y1, z1), é definido em função do parâmetro t (com valores no intervalo [0,1]) pelas equações paramétricas da reta:

x = x0 + t(x1 – x0);	x = x0 +t∆x;	∆x = x1 – x0
y = y0 + t(y1 – y0);	y = y0 +t∆y;	∆y = y1 – y0
z = z0 + t(z1 – z0);	z = z0 +t∆z;	∆z = z1 – z0

No caso, t varia de 0 a 1 entre o centro de projeção, ponto O, ou o olho do observador e um pixel na "janela" da tela, ponto 1. Valores negativos de t representam pontos atrás do centro de projeção, O, enquanto valores de t maiores que 1 correspondem a pontos depois da janela, isto é, mais distante do centro de projeção. Assim, precisamos achar uma representação para cada tipo de objeto que nos possibilite determinar t, isto é, o valor do parâmetro que define o ponto de interseção do objeto real com o raio.

Necessita-se, assim, de uma representação que permita determinar a interseção de um raio com os objetos da cena, em função de t, de forma eficiente. A forma das superfícies do objeto é que determinará a maneira como o cálculo das interseções pode ser otimizado. Uma das formas de superfície de objetos mais simples para esse propósito é a esfera (talvez por isso seja tão usada como exemplo de cenas renderizadas por essa técnica). A superfície da esfera é definida pela posição das coordenadas do seu centro (xc, yc, zc) e pelo comprimento de seu raio r, podendo ser representada pelo conjunto de pontos cujas coordenadas x, y e z satis-fazem a expressão:

$$(x - x_c)_2 + (y - y_c)_2 + (z - z_c)_2 = r_2;$$

ou:

$$x_2 - 2 x_c x + x_{c2} + y_2 - 2 y_c \ y + y_{c2} + z_2 - 2 z_c z + z_{c2} = r_2$$

Aplicando-se a equação paramétrica da reta (anterior) em substituição a x, y e z, temos:

$$\left(x_0 + t\left(x_1 - x_0\right)\right)_2 - 2 x_c(x_0 + t(x_1 - x_0)) + x_{c2} +$$
$$\left(y_0 + t\left(y_1 - y_0\right)\right)_2 - 2 y_c (y_0 + t(y_1 - y_0)) + y_{c2} +$$
$$\left(z_0 + t\left(z_1 - z_0\right)\right)_2 - 2 z_c (z_0 + t(z_1 - z_0)) + z_{c2} = r_2$$

Essa equação de segundo grau (como qualquer outra deste grau) pode ter um, dois ou nenhum valor numérico pertencente ao conjunto dos números reais que a solucione, o que é chamado de *raiz da equação*. Caso não possua raízes, então o raio não cruza a esfera; caso possua apenas uma raiz, então o raio tangencia a esfera no ponto definido pela raiz (t); caso possua duas raízes, então o raio cruza a esfera e a raiz de menor valor determina o ponto de "entrada" (se estiver originalmente fora) na esfera e a raiz de maior valor determina o ponto de saída.

Outro elemento muito necessário na renderização é a normal à superfície do objeto em certo ponto. Determinar essa normal é também muito simples para as superfícies esféricas. Para uma esfera de raio r e centro (xc, yc, zc), a normal em um ponto da esfera de coordenadas (x, y, z) é descrita pelo vetor:

$$1 / r \, (x - xc, \, y - yc, \, z - zc)$$

A interseção com polígonos, isto é, objetos com faces poligonais, também pode ser facilmente obtida, embora alguns cálculos adicionais sejam necessários. A equação genérica do plano que contém um polígono pode ser definida pela equação geral do plano, como:

$$Ax + By + Cz + D = 0;$$

Aplicando-se a equação paramétrica da reta (anterior) em substituição a x, y e z, temos:

$$A(x_0 + t(x_1 - x_0)) + B(y_0 + t(y_1 - y_0)) + C(z_0 + t(z_1 - z_0)) + D = 0;$$

De modo que, resolvendo a equação, tem-se:

$$t = (A \, x_0 + B \, y_0 + C \, z_0 + D) / (A \, (x_1 - x_0) + B(y_1 - y_0) + C(z_1 - z_0));$$

Essa é uma expressão do primeiro grau e matematicamente tem uma ou nenhuma solução. Se o denominador (parte de baixo) da divisão for igual a zero, então a equação não tem solução, e isso significa fisicamente que o raio de luz é paralelo ao plano.

Determinar a normal à superfície do objeto plano, para a renderização, é também simples, pois em qualquer ponto do plano ela será definida simplesmente pelo vetor (A,B,C). Resta saber se o ponto de interseção do raio com o plano, que contém o polígono, está contido no polígono. Isso pode ser facilmente obtido em duas dimensões, ou seja, utiliza-se a projeção ortogonal do polígono em um dos planos de projeção, como mostra a Figura 5.53. Por razões de precisão, recomenda-se a utilização do plano no qual a projeção ortogonal do polígono seja maior.

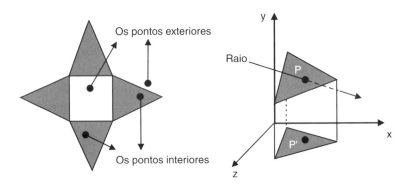

FIGURA 5.53. *Técnicas de determinação da posição de um ponto em relação a um polígono qualquer e ponto de interseção de um raio com um plano.*

Considerando que polígonos podem ser não convexos, precisa-se de uma regra para especificar quais regiões são interiores, e quais são exteriores. Para determinar se um ponto está contido ou não em um polígono, traça-se um raio a partir do ponto em uma direção qualquer, mas que não passe por nenhum dos vértices. Se esse raio cruza a borda do polígono um número ímpar de vezes, então está no interior do polígono. Essa técnica pode usar a *scan line*, discutida na Seção 5.2.2. A Figura 5.53 ilustra as técnicas de determinação da posição de um ponto com relação a um polígono qualquer; tais técnicas são fundamentais para um algoritmo de *ray tracing* eficiente.

Além de ser um algoritmo bastante simples e elegante para geração de imagens fotorrealísticas, o algoritmo de *ray tracing* é utilizado em várias outras aplicações, entre elas:

- Cálculo de volume, massa, centroide, centro de massa, área de superfície, momentos e produtos de inércia de sólidos em aplicações CAD;
- Auxílio no projeto das indústrias óticas e de lentes;
- Cálculo dos fatores de forma em algoritmos de radiosidade e transferência de calor;
- Conversões entre formas de armazenamento de sólidos;
- Análise de antenas, sonares e radares;

- Modelagem molecular, sismologia, processamento de imagens e sinais;
- Base para *"benchmark"* de computadores.

Todo processo de síntese de imagens resume-se em determinar a cor de cada pixel de uma imagem. O algoritmo de *ray tracing* geralmente faz essa determinação pelo modelo de iluminação proposto por Whitted (1980), que engloba todos os efeitos da luz em uma única expressão, fazendo um somatório de efeitos quando mais de uma fonte de luz é considerada. Esse modelo é representado pela equação:

$$I = I_a \, r_a + f_{atj} \, I_d \, (r_d \, (u_{ej} \bullet u_n) + r_s(u_n \bullet u_{hj}) \, n) + I_t \, r_t + I_r \, r_r$$

Onde:

I = intensidade do ponto de interseção no plano de imagem nos canais (RGB);

I_a = intensidade da iluminação ambiente global;

r_a = coeficiente de reflexão da iluminação ambiente do material;

f_{atj} = coeficiente de atenuação da j-ésima fonte de luz;

I_d = intensidade da fonte de luz direcional presente;

r_d = coeficiente de reflexão difusa do material;

u_{ej} = vetor na direção da j-ésima fonte de luz;

u_n = vetor unitário normal à superfície do objeto;

J = número das fontes de luz que iluminam o ponto consideradas no somatório;

r_s = coeficiente de reflexão especular do material;

u_{hj} = vetor unitário na direção de máxima intensidade de reflexão, H da j-ésima fonte de luz;

n = expoente que representa o polimento da superfície;

r_t = coeficiente de transmissão do material;

I_t = intensidade do raio transmitido por refração;

r_r = coeficiente de reflexão do material;

I_r = intensidade do raio refletido;

A cor de cada pixel é determinada individualmente por meio do cálculo da luz (I) que chega até o ponto de observação. Essa luz, segundo o modelo de Whitted, tem duas componentes: local e global.

A componente local é constituída pela parcela de iluminação que, partindo das fontes de luz da cena, atinge diretamente uma superfície visível ao observador. É composta por duas parcelas, difusa e especular, representadas, respectivamente, pelo segundo e terceiro termos da equação anterior.

A componente global é representada pelos demais termos da equação e é o grande diferencial do *ray tracing*. Essa componente é responsável pelos efeitos de reflexão e refração exibidos na imagem. O cálculo da componente global é obtido pela luz que chega ao ponto de interseção do raio pelas direções de reflexão (Ir) e refração (It).

O cálculo do parâmetro Ir é feito através do lançamento de um raio na direção de reflexão dada pela equação:

$$-r = i - 2(n \bullet i)i$$

Essa equação está baseada nas propriedades de que os raios incidentes e refletidos (por um espelho plano), formam, com a normal da superfície do objeto, ângulos de incidência e reflexão iguais. Ela considera ainda que os vetores normais, n, e de incidência, i, tenham comprimento unitário.

Fisicamente, existem infinitos raios de luz partindo de cada fonte de luz em uma cena. Simular todos eles seria uma tarefa impossível para um PC. Por outro lado, apenas os raios que são refletidos por objetos contribuem para a formação da imagem vista pelo observador. Logo, somente estes deverão ser simulados.

Determinados todos os pontos de interseção do raio com os objetos da cena, podemos estabelecer qual o objeto mais próximo que será usado no cálculo da normal à superfície deste, para uso na equação de iluminação (descrita anteriormente). Essa equação contém somatórias que consideram apenas as fontes que iluminam o ponto de interseção e não provocam sombras. Precisamos, então, determinar quais fontes iluminam o ponto interceptado. Essa determinação é feita lançando-se novos raios (raios de sombra) que partam do ponto de interseção em direção às fontes de luz. A interseção de qualquer objeto por um raio de sombra indica que a fonte de luz provoca sombra no ponto considerado.

Nesta etapa, o algoritmo já pode calcular a componente local da luz que determina a cor de um dado pixel.

Podemos observar que o algoritmo de *ray tracing* é bastante simples, pois seu núcleo é constituído por uma rotina recursiva de lançamento de raios, que forma a chamada "árvore de raios".

5.4.5.1.2 Ray tracing *parametrizado*

A técnica de *ray tracing* parametrizado foi introduzida formalmente em 1989 por Séquim e Smyryl. A ideia desse algoritmo é armazenar as árvores de raios de cada pixel e fazer uma reavaliação da equação correspondente à cor de cada pixel para cada mudança nos parâmetros ópticos, obtendo-se uma nova imagem ajustada.

5.4.5.1.3 *Monte Carlo* forward ray tracing

O algoritmo de *ray tracing* Monte Carlo, ao contrário de todos os outros algoritmos de *ray tracing*, é baseado no método direto (*forward*). Isso significa que os raios partem da fonte de luz.

Em poucas palavras, o método pode ser descrito da seguinte maneira: inicialmente, escolhemos randomicamente uma fonte de luz, usando maior probabilidade para as fontes de maior intensidade. No caso de fontes tubulares, como lâmpadas fluorescentes (onde a luz parte de todo o seu extenso cilindro), um ponto em sua superfície é escolhido randomicamente. Uma direção de raio é então escolhida randomicamente de acordo como a distribuição espacial da intensidade da fonte de luz.

O raio é então seguido até a interseção com algum elemento da cena (ou até ele deixar o espaço da cena). Quando ocorre a interseção, devemos verificar o tipo de evento provocado, ou seja, se foi uma luz especular, uma reflexão difusa, uma refração, se a luz foi absorvida etc. A probabilidade de cada evento pode ser relacionada pelos coeficientes de reflexão, transmissão ou absorção da superfície. Se a absorção total for escolhida, o raio não precisa mais ser seguido. Para os outros casos, uma nova direção é escolhida. Essa escolha é feita deterministicamente, no caso da luz refletida especular, ou estocasticamente, no caso de dispersão difusa.

Nesse algoritmo, a energia do raio não muda durante o processo de rastreamento do raio (*ray tracing*). Cada evento que poderia mudar as propriedades da energia, como uma absorção parcial, passa a ser tratado na forma probabilística. Durante o processo, se um raio intercepta um triângulo (no caso de os objetos serem formados por conjuntos de triângulos) ou a malha da superfície, os elementos do mapeamento de iluminação (*light map*) são modificados para somar a energia trazida pelo raio.

O algoritmo de Monte Carlo trata as interseções dos raios com os pontos da malha da superfície, necessitando somente das propriedades da superfície para aquele ponto. A radiosidade trata a interseção dos raios considerando cada elemento da malha como um todo. Como resultado, a radiosidade fica limitada no cálculo das variações das propriedades da superfície dentro dos elementos da malha. Na prática, observamos que os algoritmos determinísticos podem produzir erros na textura quando usados na reflexão de superfícies curvas especulares.

5.4.5.2. Trabalhando com *ray tracing*

Com o *ray tracing*, é possível fazer duas reproduções com excelentes resultados: reflexos e refrações. Quando se estiver recriando a aparência de metal ou vidro a partir de um material padrão, quase nenhuma outra técnica supera o *ray tracing*.

Os reflexos gerados pelo *ray tracing* são mais precisos que os criados usando o mapa de reflexão. O *ray tracing* permite também gerar reflexos em superfícies nas quais os mapeamentos falham. Também é possível gerar diversos reflexos na superfície de um objeto. Toda essa capacidade tem um preço alto e poderá demorar mais do que se imaginaria.

5.4.5.2.1 Reflexos

Quando se usar o *ray tracing* para capturar as qualidades reflexivas de uma superfície, geralmente será mais importante considerar os reflexos da superfície do que sua rugosidade. Isso acontece ao criar materiais metálicos.

5.4.5.3. Refrações

A segunda capacidade real do *ray tracing* é a habilidade de copiar a aparência de materiais transparentes. Quando a luz passa por uma superfície transparente, ela geralmente é distorcida. Essa distorção é conhecida como refração e a sua quantidade é proporcional ao índice de refração (IR). O IR resulta da variação da velocidade relativa da luz quando ela muda de meio. Em geral, quanto mais denso for o objeto, mais alto será o IR.

5.4.5.4. Metais com *ray tracing*

Uma das razões básicas para querer usar o *ray tracing* é produzir melhor reflexos em metal e em outros materiais reflexivos. A maioria dos materiais reflexivos tem algum grau de rugosidade. Pequenas imperfeições ou sujeira na superfície de um objeto mancharão o reflexo. Marcas de dedos oleosos no vidro ou no alumínio polido de uma roda de automóvel são bons exemplos desse efeito. Manchando levemente o reflexo em um material com *ray tracing* é possível acrescentar muito realismo à superfície.

5.4.5.5. *Ray tracing* em real-time rendering

Apesar da grande redução no tempo de processamento proporcionada pelas técnicas de aceleração de *ray tracing*, processamento paralelo ainda é necessário para atingir taxas próximas às necessárias ao *real-time render*. Na verdade, não existe nenhum computador, pelo menos no mercado, capaz de trabalhar com os algoritmos em RT2 (*Real Time Ray Tracing*). Essa limitação será uma questão de tempo, afinal, o algoritmo de *ray tracing* é inerentemente paralelo, o que torna essa aplicação especialmente interessante para implementação em máquinas com mais de um processador. Alguns algoritmos interessantes surgiram no início da década de 1990, como o *ray tracing* incremental, o algoritmo de Monte Carlo e as estruturas hierárquicas para manipulação interativa.

Por enquanto, quase todas as engrenagens 3D utilizam os *light maps* (mapa de luz), uma solução em que, após o desenvolvimento da fase e posicionamento de luzes fixas da cena, um programa é executado uma única vez para calcular o percurso de luz a partir de um ponto fixo e armazenar a informação no mapa de luz.

5.4.5.6. *Caustic*

Caustic é uma adição aos métodos de iluminação, que aumenta o realismo de uma imagem para perto do fotorrealismo ou hiper-realismo, tendo diversas aplicações em iluminação de animações, jogos eletrônicos ou imagens estáticas. Outras aplicações de *caustic* referem-se à engenharia onde são utilizadas na análise de superfícies e testes de resistência de materiais.

Basicamente, podemos entender esse método observando a Figura 5.54. Quando um feixe de luz atinge uma superfície plana, ele é refletido com o

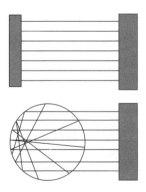

FIGURA 5.54. *Quando a superfície não é plana, os feixes são refletidos para diferentes ângulos, podendo convergir para um mesmo ponto.*

mesmo ângulo. Quando a superfície não é plana, os feixes são refletidos em diferentes ângulos, podendo convergir para um mesmo ponto. Essa concentração de raios em um determinado ponto cria um efeito luminoso chamado *caustic* (Figura 5.55). Mas e se a superfície for transparente?

FIGURA 5.55. *Concentração de raios em um determinado ponto criando o efeito luminoso chamado Caustic. (Imagem disponível no encarte colorido)*

Podemos então dividir o *caustic* em duas formas: o *catacaustic* e o *diacaustic*. O *catacaustic* é o efeito provocado pela *reflexão* dos raios de luz na superfície. O *diacaustic* é o efeito provocado pela *refração* dos raios de luz, ou seja, quando o raio atravessa a superfície. Esses fenômenos são muito comuns na natureza e podem ser observados quando expomos copos de vidro ou água à luz do sol. Esse mesmo fenômeno pode ser observado em piscinas ou riachos.

Os primeiros estudos da superfície cáustica iniciaram-se por volta de 1678, pela observação de que, quando os raios da luz do Sol entravam em um copo de água, ocorria um fenômeno de iluminação intenso dentro do copo e uma sombra luminosa na superfície da mesa. Essa região de concentração dos raios dentro do copo recebeu o nome de superfície cáustica, e a sombra, de *shadow spot*.

Em 1986, Arvo propôs o primeiro algoritmo para a simulação desse fenômeno. Ele propôs uma implementação com *ray tracing* de duas passadas, onde a informação da primeira se comunica com a segunda. Na primeira passada, os raios de luz atingem os objetos da cena depositando uma quantidade de energia em seus *light maps* (*texture map*) que estão associados somente aos objetos pelos índices de reflexão/refração, alterando assim suas propriedades. Na segunda passada, os raios que atingem os objetos utilizarão o valor depositado para gerar a iluminação indireta.

Diversos sistemas para *rendering* 3D suportam o *caustic*, todos com resultados obtidos por análises das propriedades dos materiais com fácil aplicação e entendimento. Existem ainda algumas técnicas de simulação de *caustic* muito utilizadas por jogos 3D para *real-time rendering* ou por interessados em agilizar o processo de *render* em cenas complexas.

O fenômeno natural da superfície cáustica é percebido instintivamente por nossa mente, merecendo uma atenção especial por aqueles interessados no desenvolvimento de imagens hiper-realistas.

5.4.5.7. Radiosidade

A técnica de radiosidade tem diversas aplicações para iluminação de animações, jogos eletrônicos ou imagens estáticas. Radiosidade é um *rendering* 3D que aumenta o realismo de uma imagem. As imagens que resultam dessa renderização são caracterizadas por sombras suaves e graduais. Métodos convencionais de iluminação baseiam-se na reflexão do raio de luz nos objetos até o olho do observador. A radiosidade considera a reflexão de luz se transmitindo de um objeto para o outro até o olho do observador. A proposta básica da radiosidade não considera reflexões especulares, mas existem muitos trabalhos para possibilitar a combinação entre radiosidade e reflexão especular.

Em muitas cenas, principalmente aquelas de interiores, existem zonas que não são diretamente iluminadas pelas fontes de luz. A iluminação de tais zonas é produto da luz refletida, uma ou mais vezes, por superfícies refletoras não especulares. Para tratar esses casos, os métodos de *ray tracing* empregam um termo de iluminação ambiente constante cujo cálculo nem sempre é suficientemente preciso. O emprego dessa técnica faz com que as superfícies indiretamente iluminadas aparentem uma iluminação uniforme em vez de uma variação de sombreamento gradual e suave, o que conduz a diferenças abruptas de iluminação entre zonas diretamente iluminadas e zonas que lhes são contíguas e não são diretamente iluminadas. O método da radiosidade tem por objetivo o cálculo da iluminação e do sombreamento em cenas em que predominam superfícies refletoras difusas, é derivado do cálculo das trocas de radiação térmica entre superfícies empregada em Transmissão de Calor adaptado à Computação Gráfica. Na Figura 5.56, podemos observar uma variação de sombreamento gradual de uma luz oriunda da parte superior descoberta (claraboia) e que ilumina o interior da parte coberta.

FIGURA 5.56. *Exemplo de Radiosidade e sua variação de sombreamento gradual. (Imagem disponível no encarte colorido)*

Proposto em 1984 por Goral, Torrance, Greenberg e Battaile, no artigo *Modelling the Interaction of Light Between Diffuse Surfaces*, o algoritmo de radiosidade tem origem nos métodos fundamentais de transferência de calor utilizados na engenharia térmica. A radiosidade é definida como sendo a energia por unidade de tempo e área em cada ponto dos objetos da cena, onde a energia luminosa incidente em uma superfície é refletida com igual intensidade em todas as direções.

O método da radiosidade é baseado em um modelo de balanço de energia. Na sua origem, o cálculo da radiosidade empregado em Transmissão de Calor não é mais do que a aplicação da lei da conservação da energia a cada uma das superfícies de um recinto ou cena, e pressupõe a existência de equilíbrio térmico. Em cada superfície de um modelo, a quantidade de energia emitida é a soma entre a energia que a superfície emite internamente mais a quantidade de energia refletida. A quantidade de energia refletida pode ser caracterizada pelo produto entre a quantidade de energia incidente na superfície e a constante de reflexão da superfície. Assim, tem-se:

$$B_j = \rho_j H_j + E_j$$

onde B_j é a radiosidade da superfície j, ρ_j sua reflectividade, H_j a energia incidente nesta superfície e E_j a energia emitida pela superfície j.

A radiosidade de uma superfície é a energia dissipada. Isso é usado para determinar a intensidade luminosa da superfície. A quantidade de energia emitida por uma superfície deve ser especificada como um parâmetro do modelo, como acontece nos métodos tradicionais, onde a localização e a intensidade das fontes de luz devem ser especificadas. A refletividade da superfície também deve ser especificada no modelo, como nos métodos de iluminação tradicional. A única incógnita da equação é a quantidade de luz incidente na superfície. Esta pode ser encontrada somando-se todas as outras superfícies à quantidade de energia refletida que contribui com a iluminação dessa superfície:

$$H_j = \sum_{i=1}^{n} B_j F_{ij}$$

onde H_j é a energia incidente na superfície j, B_j a radiosidade de cada superfície i da cena e F_{ij} uma constante. A constante dessa equação é definida como a fração de energia que sai da superfície i e chega na superfície j, e é, portanto, um número entre 0 e 1. Essa constante pode ser calculada por métodos analíticos, ou por meio de semelhança geométrica.

A equação da radiosidade fica:

$$B_j = E_j + \rho_j \sum_{i=1}^{n} B_j F_{ij}$$

A consideração de todas as superfícies da cena forma uma sequência de N equações lineares com N incógnitas, o que leva a uma solução matricial:

$$\begin{bmatrix} 1-\rho_1 F_{11} & -\rho_1 F_{12} & \cdots & -\rho_1 F_{1n} \\ -\rho_2 F_{21} & 1-\rho_2 F_{22} & \cdots & -\rho_2 F_{2n} \\ \vdots & \vdots & \ddots & \vdots \\ -\rho_n F_{n1} & -\rho_n F_{n2} & \cdots & 1-\rho_n F_{nn} \end{bmatrix} \begin{bmatrix} B_1 \\ B_2 \\ \vdots \\ B_n \end{bmatrix} = \begin{bmatrix} E_1 \\ E_2 \\ \vdots \\ E_n \end{bmatrix}$$

Essa matriz tem duas propriedades interessantes: é diagonalmente dominante e, portanto, converge quando usada em um método iterativo como de Gauss Seidel (Goral et al., 1984). Métodos alternativos para o cálculo dessa matriz foram propostos (Cohen et al., 1988). Alguns permitem uma convergência para a solução correta mais rápida que o algoritmo iterativo de Gauss Seidel.

A renderização com o emprego da radiosidade utiliza diversos procedimentos. Primeiramente, é gerado um modelo discretizado das superfícies da cena a ser renderizada. Depois, essas superfícies têm suas constantes avaliadas. A seguir, o sistema de equações é montado e resolvido. Sendo finalmente a cena renderizada.

É importante notar que na renderização de uma cena com radiosidade, após a mudança dos parâmetros, não é necessário reiniciar os cálculos desde o primeiro passo. Na verdade, apenas se a geometria do modelo for mudada é que será necessário realizar todos os cálculos novamente. Se os parâmetros da iluminação ou da reflexão forem mudados, o sistema pode reiniciar a partir da montagem e solução do sistema de equações. Se os parâmetros de visualização forem mudados, o sistema pode rapidamente rerrenderizar a cena (último passo).

É importante observar que existe um alto custo neste processamento e que nem sempre se terá a melhor solução. Podemos amenizar esse custo aplicando alguns métodos de simulação da radiosidade pela utilização de diferentes tipos de luzes.

Um exemplo de simulação automática ocorre no software RenderMan da Pixar. Ao usarmos uma lâmpada, o sistema ajusta a suavização e projeção das sombras.

Contudo, diversos programas para *rendering* 3D já possuem a opção para *rendering* com radiosidade ajustada como padrão. O Lightflow é um exemplo, possuindo um método eficiente e rápido de cálculo da radiosidade. Na verdade, quase todos os programas têm disponível diferentes métodos de radiosidade, porém, por mais rápido que esses métodos possam ser, não serão rápidos o suficiente para uso em ambiente *real-time rendering*. No entanto, ao aplicar a radiosidade em ambiente *real-time*, devemos reduzir um pouco o seu realismo para obter uma melhor performance do algoritmo. Essa técnica foi aplicada em alguns jogos, mas foi substituída por uma solução ainda melhor. O método utilizado pelas melhores engrenagens 3D baseia-se em *light maps* (ou *radiosity mapping*), uma solução onde, após o desenvolvimento da fase e posicionamento de luzes fixas do jogo, é executado uma única vez o cálculo da radiosidade total de um objeto a partir de um ponto fixo e depois para todos os outros pontos do objeto. O resultado será uma variação da iluminação depositada nos mapeamentos. Esse método é realmente muito eficiente, mas possui algumas limitações quando trabalhando com luzes móveis, objetos distantes ou grandes mapeamentos.

Outra possibilidade é a implementação do algoritmo no hardware das aceleradoras gráficas.

5.5. TEXTURAS

A aparência de objetos reais possui detalhes que precisam ser simulados para sua renderização realística. Em geral, quanto mais natural é o objeto que queremos visualizar, mais comum é a existência de detalhes em sua superfície.

Esses detalhes podem estar relacionados a alterações na própria geometria do objeto, sendo responsáveis pelo que sentimos ao tatear sua superfície. Para tornar a aparência de objetos gráficos deste primeiro caso mais realística, uma opção é modelar os detalhes diretamente na malha que os representa (Figura 5.57). No entanto, esta solução tende a tornar a malha mais custosa computacionalmente por aumentar seu número de triângulos, além de ser impraticável quanto mais finos forem os detalhes que se deseja impor à superfície.

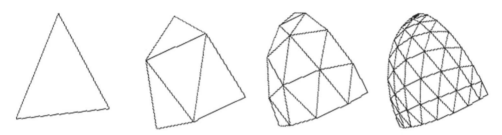

FIGURA 5.57. *Refinamentos de uma malha para melhor representar uma superfície curva.*

A simulação de detalhes em superfícies naturais (como casca de frutas e plantas), de ranhuras (comuns a materiais como a madeira), da rugosidade (presente na pele e no couro de animais), e o polimento (de superfícies metálicas), entre outros efeitos visuais, exigem uma estratégia diferente para serem reproduzidos pela Computação Gráfica de maneira realística.

Há objetos reais cuja aparência está relacionada a variações na coloração de suas superfícies de maneira desassociada a sua geometria. É fácil perceber objetos em nossa volta nesta categoria, tal como um livro que possui a geometria aproximada de um paralelepípedo, mas pode conter qualquer imagem em sua capa e laterais. O mesmo acontece com rótulos, fotografias, adesivos, embalagens, e variações de pigmentação (e brilho) em superfícies naturais, como pintas e manchas, entre outros exemplos.

Também nesta segunda categoria há objetos que apresentam uma padronagem regular em sua superfície tal como podemos observar no pelo de animais e em estampas de tecidos, sem que necessariamente as cores observadas estejam diretamente relacionadas à sua geometria (Figura 5.58).

O processo de texturização usado em Computação Gráfica permite alterar a coloração e outras propriedades de uma superfície em cada posição dela amostrada durante o processo de renderização. Dessa forma, viabiliza-se o tratamento das questões levantadas inerentes à visualização realística de objetos virtuais.

FIGURA 5.58. *Objetos como a capa um livro ou o rótulo de produtos podem ter superfícies de múltipla coloração não necessariamente relacionada a sua geometria.*

As alterações a serem aplicadas nas amostras da superfície do objeto virtual são descritas por uma ou mais imagens ou mapas chamados de texturas. Texturas são compostas por padrões, que podem ser desde simples listas ou quadriculados a mais complexos como de materiais naturais ou representando a estampa e coloração de objetos em geral. Além de imagens, tal modificação pode ainda ser produzida por uma função ou algoritmo de computador (as chamadas texturas procedurais) ou outros tipos de dados.

Cada elemento de uma matriz de textura é chamado texel, fazendo como que um mapa de textura 2D representado no espaço da textura seja tipicamente uma matriz de *texes* assim como imagens são formadas por matrizes de pixels. O espaço de textura é o referencial no qual a textura é visualizada em sua forma não distorcida e independente do objeto sobre a qual será aplicada. Desta forma, em texturas matriciais os eixos correspondem às linhas e colunas da matriz.

Assumindo como coordenadas de textura, as usadas para localizar uma posição (ou amostra) em um mapa de textura, é possível definir mapas de texturas com diferentes dimensionalidades, como por exemplo 1D, 2D, 3D ou nD.

As texturas 1D são aquelas nas quais seus elementos são acessados por uma única coordenada. Podem ser usadas na produção dos chamados mapas de cores que permitem converter uma determinada escala numérica (por exemplo, uma escala de temperaturas) em uma representação usando cores e para diversos outros efeitos (Figura 5.59).

As texturas 2D tem seus elementos acessados por duas coordenadas (s,t). Este é o tipo mais comum de textura e pode conter imagens preexistentes, como fotografias ou gravuras, escaneadas ou até mesmo produzidas por um processo de renderização, no qual a imagem produzida é salva para ser reutilizada como textura.

FIGURA 5.59. *Textura 1D e sua aplicação em uma esfera. (Imagem disponível no encarte colorido)*

As texturas 3D são volumétricas (contendo blocos de dados), portanto seus elementos são acessados por três coordenadas (s,t,r). Suas aplicações vão desde a representação do comportamento tridimensional de um material a simulação de ruído, assim como o carregamento de dados amostrados como volumétricos (como tomografias computadorizadas, volumes de ressonância magnética, dados sísmicos, entre outros), além de serem também usadas na simulação realística de efeitos volumétricos (tal como fogo, fumaça, neblina, entre outros) e por algumas técnicas de cálculo de iluminação global em tempo real (Figura 5.60).

FIGURA 5.60. *Exemplos de texturas 2D: lã, madeira, grama e pedras.*

As texturas de mais dimensões, ou n-D, permitem diferentes efeitos, como, por exemplo, usar uma coordenada extra associada ao tempo e assim fazer com que a textura associada a um objeto não precise ter seu conteúdo necessariamente estático ao longo de diferentes quadros renderizados. Neste caso, é possível, por exemplo, usar um vídeo ou texturas procedurais animadas calculadas durante a renderização, ou pré-calculadas (Figura 5.61). Seu conteúdo passa a ser atualizado dinamicamente sobre a superfície do objeto virtual a cada frame renderizado. Em 4D são acessadas por (s,t,r,q), e em n dimensões n coordenadas.

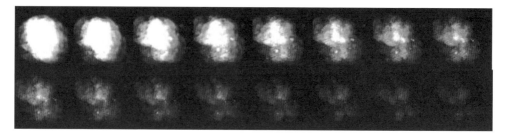

FIGURA 5.61. *Efeito de explosão pré-armazenado em textura. O tempo é usado durante o mapeamento de textura para definir que instante da explosão retratar. (Imagem disponível no encarte colorido)*

Na aplicação clássica de texturização, inicialmente proposta por Catmull (1974), o objetivo é alterar a coloração da superfície dos objetos de maneira fina. Nele, uma vez decidido que amostra de textura deve ser associada a um determinado ponto da superfície, o valor consultado na textura é usado para a coloração de tal ponto, por exemplo, substituindo o valor do material associado ao ponto ou combinado com o originalmente associado ao polígono da malha no qual o ponto está contido. Por alterar a coloração associada à componente difusa do material da superfície, esse uso de textura é denominado mapeamento difuso.

O mapeamento entre pontos da superfície e uma função ou imagem abre muitas outras possibilidades, como a alteração da reflexão especular (efeito conhecido como '*environment maps* e apresentado na Seção 5.5.2), a perturbação do vetor normal (efeito conhecido como '*bump mapping*' e apresentado na Seção 5.5.3), a alteração da especularidade e da reflexão difusa, a simulação de sombras e de deslocamento da geometria, efeitos de transparência, entre outros.

A estratégia de combinar o uso de malhas com a aplicação de texturas na criação de diferentes efeitos é responsável por simplificar o processo de modelagem de objetos virtuais, assim como a própria malha de representação do objeto virtual e também o esforço computacional requerido. Esta estratégia é uma das maiores responsáveis pela renderização de objetos virtuais realísticos, criando a ilusão de geometrias complexas, ao mesmo tempo em que permite simplificar a malha que a representa.

5.5.1. Mapeamento de Texturas

O processo de aplicação de uma textura sobre uma malha pode ser pensado como uma sequência de passos, os quais são descritos nesta seção. Dado um objeto sobre o qual se deseja aplicar uma textura, inicialmente é preciso definir como as posições do objeto serão referenciadas durante o processo de texturização e, para isso, escolher um espaço de coordenadas apropriado.

O Sistemas de Coordenadas do Mundo e o Sistemas de Coordenadas do Objeto (apresentados no Capítulo 2) podem ser tomados como referência, produzindo resultados diferentes.

Se considerado o Sistemas de Coordenadas do Mundo como referencial de descrição do objeto para a texturização, obtém-se um resultado que é dependente da posição e orientação do objeto no mundo. Esta dependência faz com que o mapeamento de textura seja alterado ao mover ou rotacionar objeto virtual pela cena, ainda que se comporte como um corpo rígido, uma vez que as coordenadas do objeto nesse sistema também são alteradas.

Partindo do conceito geral de que ao aplicar uma textura, que representa uma determinada propriedade a ser imposta a superfície de um objeto, na maioria das vezes deseja-se que essa propriedade permaneça fixa na superfície do objeto de maneira independente ao posicionamento do objeto em relação ao mundo. Por exemplo, ao aplicar uma textura para alteração de cor da superfície, é comum esperar que a posição do objeto que recebeu uma determinada cor permaneça associada com essa cor, mesmo que o objeto se mova pela cena.

Nessa intenção, o referencial mais adotado para o objeto na texturização é o Sistemas de Coordenadas do Objeto, por fazer com que a origem e os eixos de referência estejam atrelados de maneira fixa ao próprio objeto. Portanto, faz com que o mapeamento de textura não seja alterado ainda que o objeto se movimente pela cena.

Esta seção assume (x,y,z) na descrição das posições do objeto no referencial adotado, mas os mapeamentos apresentados também podem ser formulados sobre as coordenadas (x,y,z,w) para descrever as posições da superfície do objeto trabalhando com coordenadas homogêneas.

Após a definição do referencial de descrição do objeto, em um segundo passo do processo de texturização faz-se necessário produzir um mapeamento entre as posições de tal objeto e a textura que ele receberá. Esse segundo passo pode ser diferenciado entre técnicas que trabalham com texturas bidimensionais e tridimensionais.

As técnicas que trabalham com texturas 3D "esculpem" a superfície do objeto no bloco de textura. Elas têm a tarefa de mapear posições da superfície do objeto virtual de coordenadas (x,y,z) em uma amostras do volume contendo a textura descritas pelas coordenadas (s,t,r) no espaço de textura. Para isso, a coordenada do objeto pode ser usada para consultar diretamente a coordenada de textura, como se a superfície do objeto 3D fosse esculpida diretamente em uma substância sólida, usando: $s = x$, $t = y$, $r = z$.

Não nos aprofundaremos em texturas volumétricas neste texto, mas também é possível aplicar uma transformação T tal que $(s,t,r) = T(x,y,z)$ de maneira a, por exemplo, escalar e rotacionar o objeto em relação ao bloco de textura.

RENDERIZAÇÃO • 261

5.5.1.1. Mapeamento de Texturas 2D

Técnicas de mapeamento de texturas 2D consideram o problema de aplicar uma textura composta por uma imagem sobre a superfície de um objeto 3D. Desta maneira, simulam um "embrulho" da superfície do objeto pelo plano da imagem. Para isso, é preciso decidir como colar a imagem sobre o objeto. Ou seja, para cada posição (x,y,z) da superfície do objeto que se deseja texturizar, decidir qual a posição (s,t) correspondente no mapa de textura.

O mapeamento de textura 2D pode ser produzido pela associação explícita entre vértices da malha e posições no mapa de textura, as quais passam a ser interpoladas no interior dos triângulos. Tal associação explícita é normalmente produzida cuidadosamente por um modelador usando ferramentas de edição 3D.

De maneira alternativa, o mapeamento de textura 2D pode ser realizado pela aplicação de um mapeamento matemático. Para isso, é conveniente utilizar um sistema de coordenadas intermediário, chamado sistema de coordenadas paramétrico, de coordenadas (u,v). A representação paramétrica é usada para modelar a forma assumida por uma superfície de "embrulho" intermediária. Assim, o mapeamento é realizado em dois passos: o primeiro considera o mapeamento entre posições do objeto 3D e posições da superfície paramétrica, seguido do segundo passo, que realiza o desdobramento da superfície paramétrica sobre o plano da textura. Existem diferentes abordagens para realizar cada um dos dois passos envolvidos, as quais podem ser combinadas entre si de maneira a produzir efeitos visuais distintos.

O primeiro passo, que corresponde ao mapeamento entre o objeto e a superfície intermediária, pode ser feito de diferentes maneiras. Considerando *p* como o ponto sendo texturizado, as coordenadas (x,y,z) podem ser tomadas (Figura 5.62): a) usando a normal da superfície intermediária usada no mapeamento; b) com a normal da superfície do objeto; c) por meio de um vetor partindo do centro do objeto; d) pelo vetor de reflexão sobre *p* (que é dependente de *p*, de sua normal, e também da direção do observador).

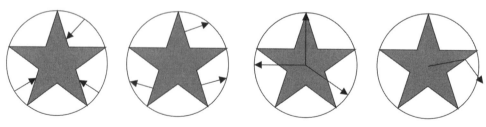

FIGURA 5.62. *Consideração do valor (x,y,z) para mapeamento entre objeto e superfície intermediária no espaço paramétrico.*

Uma vez definido como o ponto sendo texturizado será referenciado no primeiro passo, essa decisão pode ser combinada com diferentes superfícies paramétricas de embrulho. A Figura 5.63 ilustra superfícies paramétricas de diferentes formas: plano, caixa, cilindro e esfera.

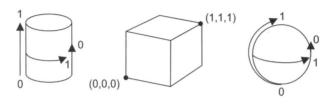

FIGURA 5.63. *Superfícies paramétricas de diferentes formas: plano, caixa, cilindro e esfera.*

É comum fazer com que as coordenadas no espaço paramétrico estejam no intervalo [0,1]. Essa normalização é conveniente por permitir uma abstração das reais dimensões da textura. Assim, a imagem usada como textura pode ser alterada de acordo com o contexto, por exemplo, carregando uma versão em mais baixa resolução ao executar a aplicação gráfica em um dispositivo com menos recurso, ou carregar em memória as texturas dinamicamente, escolhendo versões de resolução maior ou menor de acordo com a porção da tela ocupada pelo objeto a ser renderizado.

A partir das coordenadas paramétricas (u,v), as coordenadas do espaço de textura podem ser obtidas aplicando-se um fator de escala β de maneira a mapear s e t nas posições da matriz contendo a imagem. Por simplificação, assumem-se aqui texturas quadradas.

No mapeamento planar, as coordenadas (x,y,z) são projetadas sobre o plano paramétrico UV, e, em um segundo passo, as coordenadas sobre esse plano são traduzidas em coordenadas de textura (s,t) (Figura 5.64). A projeção planar mais simples produz coordenadas paramétricas (u,v)

FIGURA 5.64. *Exemplos de mapeamento planar simples nos quais o plano paramétrico é definido pelas normais alinhadas respectivamente (da esquerda para a direita) com o eixo x, com o eixo y e com o eixo z.*

descartando-se x, y ou z e aplicando um fator de escala tal que (u,v) passem a pertencer ao intervalo [0,1]. Por exemplo, descartando-se z as coordenadas paramétricas planares podem ser obtidas por u = x e v = y.

Outras possibilidades de mapeamento planar podem ser obtidas com base em diferentes projeções, tal como definindo outras direções para a projeção que não estão alinhados com os eixos coordenados, ou ainda com o uso de projeções perspectivas (Figura 5.65).

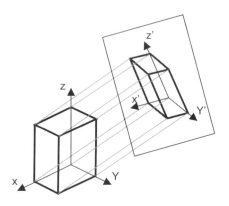

FIGURA 5.65. *Projeção planar com direção de projeção.*

O uso de uma caixa como forma de embrulhar o objeto pela textura pode ser feito simulando um mapeamento planar no qual, ao invés de se usar um único mapa de textura, os lados da caixa são modelados usando-se seis mapas de texturas (Figura 5.66). Cada par de lados opostos da caixa pode ser acessado eliminando-se uma das coordenadas x, y ou z (Figura 5.66), escolhida como aquela de maior valor absoluto. O sinal da coordenada eliminada define qual dos dois lados opostos do quadrado será acessado, por exemplo, sendo z a de maior valor absoluto, seu sinal indica se será usado o lado da frente ou de trás da caixa. Além disso, o valor absoluto da coordenada eliminada é usado para escalar as duas coordenadas restantes, que passam a pertencer ao intervalo [-1,1] e são novamente escaladas (usando 2*c + 1, onde c é substituído pela coordenada correspondente) para produzir coordenadas (u,v) no interior do respectivo lado e com valores no intervalo [0,1]. Além disso, em alguns lados da caixa é preciso trocar o sinal das coordenadas (x,y,z) transformadas em (u,v) para percorrer as texturas de maneira coerente.

Quando a superfície paramétrica adotada é uma esfera, existem diferentes representações paramétricas que resultam em mapeamentos de texturas com deformações distintas (Figura 5.67).

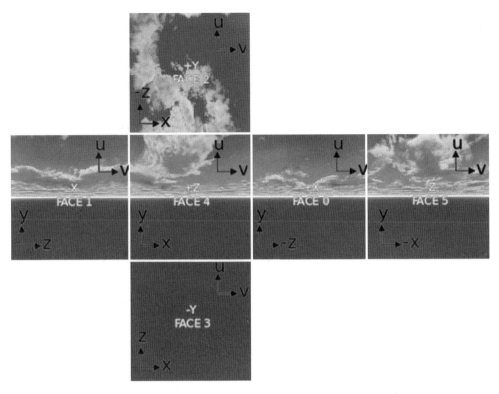

FIGURA 5.66. *Seis mapas de textura para produção do mapeamento de caixa.*

FIGURA 5.67. *Aplicação do mapeamento de caixa sobre uma esfera e sobre um bule. Cores demarcam lados mapeados em cada região da superfície.*

No mapeamento esférico, as coordenadas (x, y, z) de um ponto são convertidas em coordenadas esféricas de maneira que a posição do mapa de textura é obtida fazendo-se com que a latitude seja convertida em sua coordenada horizontal s e a longitude seja convertida em sua coordenada vertical t. A latitude e longitude são escaladas para pertencer ao intervalo [0,1] (Figura 5.68).

FIGURA 5.68. *Bule de chá com textura usando mapeamento esférico visto de cima e por baixo.*

A transformação entre as coordenadas cartesianas e esféricas (Figura 5.69) pode ser dada por:

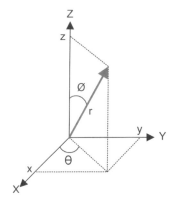

FIGURA 5.69. *Coordenadas esféricas.*

$$r = \sqrt{x^2 + y^2 + z^2}$$

$$\theta = \tan^{-1} \frac{y}{x}$$

$$\emptyset = \tan^{-1} \frac{\sqrt{x^2 + y^2}}{z}$$

E seu retorno como:

$$x = r \cos \theta \, sen\emptyset$$

$$y = r \, sen \, \theta \, sen\emptyset$$

$$z = r \cos \emptyset$$

Por uma questão didática, as figuras desta seção exemplificam a aplicação de texturas para alteração de cor da superfície, mas os mapeamentos apresentados também valem nos demais usos de textura.

5.5.2. Mapeamento do Ambiente

Materiais reflexivos, como metais polidos e espelhos, não são bem simulados no modelo de iluminação local. Isso porque, para iluminar um determinado objeto, o modelo local ignora a contribuição indireta da luz, ou seja, a contribuição da luz que interage com os demais objetos da cena antes de atingir a superfície, e apenas considera os raios diretos da fonte de luz para o objeto. Quando vemos uma imagem em um espelho, é a luz refletida pelos objetos observados até a superfície do espelho que visualizamos. Portanto, tal efeito, entre diversos outros, não é reproduzido pela aplicação direta do modelo local de iluminação.

A técnica conhecida como mapeamento de reflexão, assim como pelo nome "mapeamento do ambiente" (do inglês, *environment mapping*), busca atenuar tal falta dos modelos locais. Inicialmente proposta por Blinn e Newell em 1976, ela fornece uma maneira computacionalmente barata de aproximar reflexões, sem necessariamente realizar o traçado dos raios refletidos pela cena, tal como em modelos globais de iluminação como o de *ray tracing*.

O chamado mapa do ambiente é uma imagem contendo a visualização de todo o ambiente ao redor de um ponto, normalmente o centro da cena. Essa imagem é usada como uma textura projetada em uma superfície paramétrica que envolve o objeto sendo iluminado. A influência dos raios de luz indiretos que atingem a superfície sendo renderizada passa a ser estimada usando consultas ao mapa do ambiente envolvendo o objeto.

O cálculo da componente especular pelo uso do mapa do ambiente utiliza os mesmos vetores da componente especular no modelo de iluminação local. Nele, o vetor e (formado entre a posição do observador e o ponto sobre a superfície), é refletido em relação à n (normal à superfície do objeto), produzindo o vetor refletido r. Nos modelos baseados em traçado de raios, o vetor refletido seria usado para encontrar a superfície mais próxima e esse processo de reflexão seria repetido recursivamente até as fontes de luz da cena. Já no modelo local, com o uso de mapa do ambiente, o vetor r é usado na consulta a textura contendo tal mapa. O valor obtido na consulta pode ser combinado com o material do objeto, simulando a reflexão do ambiente pelo objeto.

De maneira semelhante, é possível simular a contribuição da luz indireta no termo da reflexão difusa de uma superfície. Para isso, o acesso ao mapa do ambiente é feito usando-se o vetor **n** da direção normal à superfície a cada ponto, uma vez que o termo difuso independe do observador (Figura 5.70).

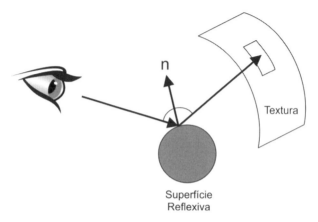

FIGURA 5.70. *Contribuição do mapa do ambiente no cálculo da componente especular da iluminação.*

Duas formas paramétricas são as mais usadas pelas técnicas de mapeamento de ambiente para a superfície envolvente: a esfera e a caixa. Entre essas duas formas, o uso da caixa é o mais popular. Para gerar as seis imagens que a compõem a caixa podem ser feitas seis renderizações utilizando uma câmera virtual, tipicamente posicionada no centro do ambiente virtual e com ângulo de abertura de 90°. Uma vez produzidas, as imagens são carregadas como textura. Cada uma das seis imagens é obtida orientando-se a câmera em relação a cada um dos lados da caixa. De maneira geral, esse processo pode ser realizado em tempo real, o que torna factível atualizar o mapa do ambiente dinamicamente caso a aparência da cena sofra alterações ao longo do tempo. Usando essa ideia, a simulação de um objeto virtual imerso em um ambiente real pode ser feita repetindo o processo de captura descrito usando uma câmera real e assim construir um mapa do ambiente real a partir de fotografias.

Embora mais barata que técnicas baseadas em traçado de raios, o mapeamento de ambiente é apenas uma aproximação do efeito de reflexão. Ao projetar o ambiente em uma superfície, sua formulação assume que toda a luz incidente à superfície do objeto sendo renderizado vem de uma distância infinita. Quando há objetos vizinhos próximos sendo refletidos pela superfície reflexiva, o uso de mapa do ambiente produz erros no posicionamento dos objetos sendo refletidos.

Em especial, uma vez que a geração das texturas é tomada no centro da cena, não produz o efeito visual conhecido como *paralax*, segundo o qual objetos vizinhos, quando observados de pontos de vista diferentes (por exemplo, pelos olhos direito e esquerdo), têm suas posições aparentes alteradas. Esse efeito é responsável pela sensação de diferentes profundidades, o que não ocorre pelos objetos da cena terem sido previamente projetados no mapa do ambiente (Figura 5.71) e sua ausência pode ser observada, por exemplo, ao se deslocar um objeto reflexivo pela cena.

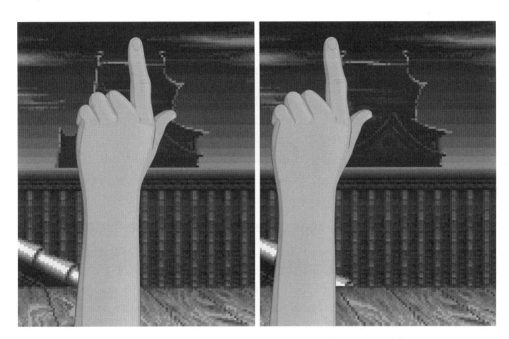

FIGURA 5.71. *Efeito paralax não representado em mapas de textura: diferença na posição aparente de objetos próximos quando observados por diferentes pontos de vista.*

Outro problema com o uso de mapas de ambiente é não simular objetos que refletem a si mesmos. Tal reflexão pode ocorrer em objetos não convexos (Figura 5.72), mas, quando o mapa do ambiente é consultado, no momento de texturização, é ele mesmo quem aparece refletido.

Já para a simulação de cenas com reflexões recursivas entre objetos (por exemplo, contendo um espelho que reflete a cena contendo outro espelho), esse efeito pode ser produzido construindo o mapa do ambiente em múltiplas passadas. Na primeira passada, o mapa do ambiente é construído apenas com a iluminação direta. Esse primeiro mapa passa a ser usado na renderização dos objetos reflexivos na segunda passada, a partir da qual um segundo mapa do ambiente é produzido. O processo é repetido, atualizando-se a cada

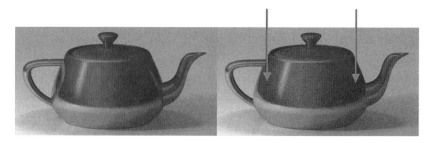

FIGURA 5.72. *Reflexão do mapa do ambiente no interior de objetos não convexos.*

passada o mapa do ambiente até a convergência, quando não houver mais modificação percebida em seu conteúdo.

Dependendo da complexidade da cena, tal abordagem pode ser considerada cara em aplicações com demanda por tempo real. Um truque para ter seu tempo amortizado ao longo da renderização de quadros consecutivos é espalhar o processo recursivo ao longo do tempo, ou seja, fazer com que o mapa do ambiente de um determinado quadro seja inicializado com o mapa do quadro anterior.

5.5.3. Mapeamento de Rugosidade e Mapeamento de Deslocamento

Conforme discutido na Seção 5.5, há materiais cuja aspereza, rugosidade, ranhuras, ou outros detalhes finos de sua geometria natural exigiriam uma representação bastante pesada computacionalmente se incorporados diretamente pela malha de polígonos que o representa em um sistema gráfico 3D. A técnica denominada mapeamento de rugosidade (do inglês *bump mapping*), inicialmente proposta por Blinn (1978), tira proveito do uso de texturas para simular tais detalhes finos sem aumentar o número de polígonos utilizados na malha que representa o objeto (Figura 5.73).

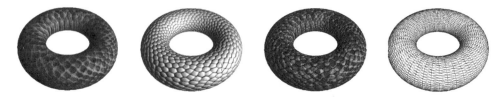

FIGURA 5.73. *Renderização utilizando (da esquerda para a direita): textura de pele de cobra; mapeamento de rugosidade puro; textura de pele de cobra e mapeamento de rugosidade; e ilustração da malha inalterada após a aplicação do mapeamento de rugosidade.*

Da esquerda para direita, vê-se um modelo com aplicação de textura, um modelo com aplicação do mapeamento de rugosidade. Na visualização da malha após a aplicação do mapeamento de rugosidade, a geometria da malha não é alterada, mas o uso das normais no cálculo de iluminação produz a sensação de como se tivesse sido; modelo final com a composição de textura de cores e mapeamento de rugosidade.

Quando observamos um material áspero, por exemplo, as irregularidades que produzem sua aparência se refletem diretamente no comportamento dos vetores normais sobre sua superfície. Os vetores normais, por sua vez, estão diretamente ligados à forma como percebemos a iluminação do objeto.

O mapeamento de rugosidade utiliza um mapa de texturas como forma de gerar uma perturbação fina do vetor normal, ou seja, uma alteração na magnitude e/ou direção da normal a cada ponto amostrado na superfície sendo renderizada. A normal perturbada localmente passa a ser usada no cálculo de iluminação, fazendo com que sejam observadas variações de sombreamento e brilho supostamente produzidas por uma característica local, criando a falsa ilusão de que algumas partes da superfície estariam elevadas ou rebaixadas.

No conteúdo da textura consultada pelo mapeamento de rugosidade (Figura 5.74), segundo a proposta de Blinn (1978), tal textura, denominada mapa de altura, representa a quantidade em que um determinado ponto na superfície deve estar levantando ou rebaixado, tipicamente descrita por uma imagem em tons de cinza. Quanto mais claro o ponto no mapa de altura, maior é a elevação de sua normal, e quanto mais escuro, maior seu rebaixamento.

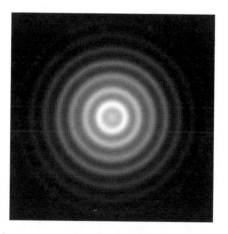

FIGURA 5.74. *Mapa de alturas no qual cada tom de cinza representa elevação (tons mais claros) ou rebaixamento (tons mais escuros).*

Já em implementações modernas de mapas de rugosidade é comum utilizar a textura chamada mapa de normais, tipicamente representado como uma imagem RGB. Nela, os canais RGB de cada pixel guardam respectivamente os valores dos eixos x, y e z de descrição do vetor de normal. Para isso, é feito um mapeamento entre os valores de cada canal (normalmente de 0 a 255) para o intervalo [-1,1], de maneira que possam, juntos, representar um vetor normalizado. Há duas referências comuns para os vetores normais contidos no mapa: o espaço de coordenadas do objeto e o espaço de coordenadas tangente. A aparência comum de mapas de normais descritos no espaço de coordenadas do objeto é de imagens multicoloridas, já que nesse espaço de coordenadas as diferentes orientações das normais ao redor de um polígono produzem variações cobrindo os três canais RGB. Já a descrição no espaço de coordenadas tangente produz imagens tipicamente azuladas (Figura 5.75), uma vez que a normal passa a ser representada em relação ao plano tangente a superfície, e neste caso a coordenada B é associada à direção com maior predominância que é a de para fora (e para dentro) do plano da superfície, enquanto R e G estão associadas as dimensões sobre o plano.

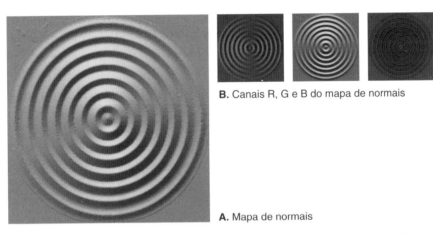

B. Canais R, G e B do mapa de normais

A. Mapa de normais

FIGURA 5.75. *(A) Mapa de Normais, onde cada pixel armazena a normal descrita no espaço de coordenadas tangente ao plano utilizando os três canais de cores; (B) canais de cores do mapa de normais, onde o canal vermelho (primeira imagem) representa a direção horizontal (esquerda-direita), o canal verde (segunda imagem) representa a direção vertical (para cima-para baixo) e o canal azul (terceira imagem) representa a direção profundidade (para fora ou para dentro da superfície). (Imagem disponível no encarte colorido)*

A maneira mais comum de produzir mapas de normais é partir de uma versão de alta resolução do modelo (ou seja, com uma malha descrita com mais polígonos de maneira a representar nuances da geometria) e projetar a informação do modelo de alta resolução como textura do modelo de mais baixa resolução.

Assim, o uso de mapeamento de rugosidade para renderização de um determinado ponto sobre uma superfície pode ser descrito como:

1. Inicialmente é feita uma consulta a textura contendo o mapa de rugosidade correspondente à posição da superfície que se deseja renderizar.
2. O novo valor do vetor normal é calculado no espaço de coordenadas coerente à iluminação, seja a partir da combinação da normal associada a geometria do polígono com o valor da perturbação consultado da textura (no caso de uso de mapas de alturas), ou seja, a partir do próprio valor obtido na consulta à textura (no caso de texturas ditas mapas de normais).
3. O cálculo de iluminação é realizado, usando o novo valor do vetor normal obtido no passo 2.

O problema com o uso de mapeamento de rugosidade é que, na prática, ele só perturba as normais e não a superfície propriamente dita. Essa limitação é percebida principalmente nas bordas ou perfis e nas sombras que permanecem inalteradas e ficam acentuadas dependendo do ângulo de visualização da superfície (Figura 5.76 A). Quando a intenção é de fato aplicar a perturbação na superfície, devem ser aplicadas as técnicas ditas mapeamento de deslocamento (do inglês, *displacement mapping*) (Figura 5.76 B).

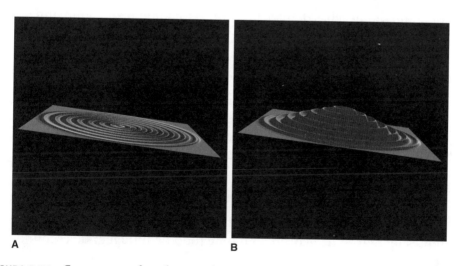

FIGURA 5.76. *Comparação da aplicação das técnicas de mapas de rugosidade (esquerda) versus mapeamento de deslocamento (direita), ambas aplicadas à mesma malha e descrevendo um plano.*

Ao se aplicar mapeamento de deslocamento sobre os vértices de malhas de baixa resolução, estas devem ser inicialmente subdivididas em polígonos menores de maneira a produzir detalhes finos contidos no mapeamento. Tais técnicas, entretanto, são mais pesadas e consomem mais recursos computacionais, devendo-se ponderar entre os recursos disponíveis e o requerimento de tempo disponível para renderização, para decidir entre a aplicação de mapas de rugosidade ou de deslocamento (Figura 5.77).

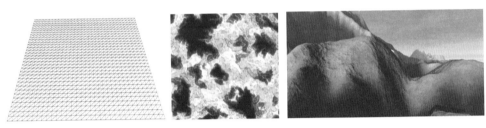

FIGURA 5.77. *Terreno criado aplicando-se o mapeamento de deslocamento sobre os vértices de um plano de maneira a criar um mapa de alturas. As ilustrações apresentam a malha de triângulos sobre um plano, o mapa de deslocamento usado para produzir as elevações, e o resultado da visualização do terreno. Sua aparência final foi obtida aplicando-se também uma coloração à malha e também um mapa de rugosidade para produzir ruídos locais que representam detalhes finos.*

5.5.4. Amostragem de Textura

Nas diferentes aplicações do uso de texturas, quando pixels sobre um objeto sendo renderizado são mapeados em posições sobre um mapa de textura, não necessariamente as coordenadas geradas são valores inteiros. Observando o mapeamento de pixels consecutivos, percebe-se que eles também não definem necessariamente texels consecutivos sobre o mapa de textura. Tendo como exemplo um mapeamento usando uma textura 2D, isso implica em dizer que eles não correspondem necessariamente a índices inteiros de linhas e colunas e de posições vizinhas na matriz que representa a textura (Figura 5.78). Por esses motivos, na prática, uma amostra de textura é gerada a partir do processamento dos texels vizinhos a posição mapeada, por meio de sua combinação ponderada. A interpolação ponderada de texels vizinhos em um novo valor é denominada filtragem de texturas, e pode ser feita de diferentes maneiras, de acordo com o método de filtragem de escolhido.

Uma causa típica para a necessidade de filtragem acontece em casos em que a área ocupada na tela pela superfície sendo renderizada possui maior resolução do que a resolução da textura a ser nela mapeada. Ou seja, casos nos quais se deseja cobrir uma quantidade maior de pixels da tela do

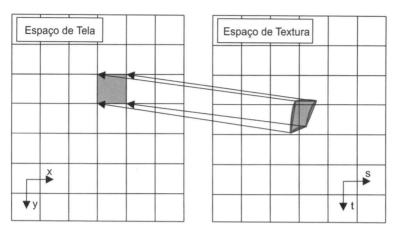

FIGURA 5.78. *Filtragem de textura: coordenadas mapeadas não necessariamente correspondem a texels.*

que a quantidade existente de texels correspondentes para preenchê-los (Figura 5.79). Neste cenário, a filtragem de textura tem o objetivo de preencher os buracos entre as posições de texels existentes, de maneira a aumentar a textura, e por isso são ditos filtros de magnificação de textura.

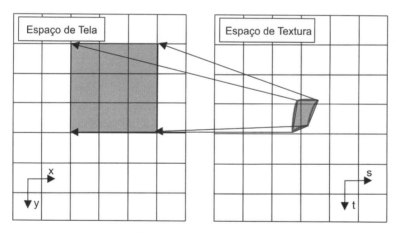

FIGURA 5.79. *Magnificação de textura acontece quando é feito um mapeamento de poucos texels para cobrir uma área de muitos pixels.*

Em casos opostos, ilustrados pela Figura 5.80, a área ocupada na tela pela superfície sendo renderizada pode conter significativamente menos pixels do que a quantidade de texels a serem nela mapeados. Nesta situação, é comum que dois pixels adjacentes na superfície de um objeto renderizado sejam mapeados em posições não consecutivas na matriz de

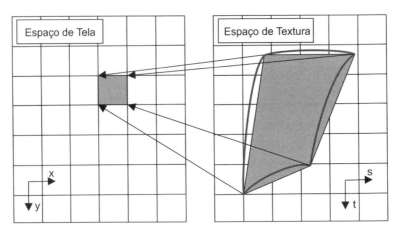

FIGURA 5.80. *Minificação de textura acontece quando é feito um mapeamento de muitos texels para cobrir uma área de poucos pixels.*

textura. Assim, os chamados filtros de minificação (ou diminuição) de textura produzem amostras de textura de representação do conteúdo de múltiplos texels.

Tanto na magnificação quanto na minificação de textura, uma opção de amostragem é usar o texel que está mais próximo à coordenada gerada. Essa opção é chamada amostragem pontual, ou do vizinho mais próximo, ou ainda, interpolação de ordem zero. Apesar de barata computacionalmente, tal abordagem é muito suscetível a gerar artefatos visuais indesejados. Se usada para magnificação de textura, quanto maior a escala, maior a tendência a produzir uma padronagem indesejada de serrilhamento já que expande os texels como blocos e não há uma transição suave entre texels consecutivos (Figura 5.81).

FIGURA 5.81. *Efeito indesejável do uso de vizinho mais próximo para magnificação: serrilhamento.*

Outra abordagem para a filtragem na magnificação é chamada de interpolação bilinear. Para encontrar o valor da amostra de textura, partimos dos quatro texels mais próximos à coordenada desejada e, como seu nome indica, aplica-se interpolações lineares em duas direções para combinar os valores assumidos por esses texels, ponderando por sua distância à coordenada da amostra. Desta maneira, a textura é ampliada preenchendo o espaço entre texels vizinhos de maneira suave. Formalmente, uma interpolação linear para obter um valor de uma função em um determinado ponto **p** situado entre os pontos **a** e **b** é obtida como:

$$\frac{f(p)-f(a)}{d(p,a)} = \frac{f(b)-f(a)}{d(b,a)}$$

$$f(p) = f(a) + d(p,a)\frac{f(b)-f(a)}{d(b,a)}$$

onde *f(a)* e *f(b)* são os valores assumidos pela função nos pontos *a* e *b* e d(a,b) = d(b,a) representa a distância entre os pontos *a* e *b* e d(a,p) = d(p,a) é distância entre *a* e **p**. Ao expandir uma textura para preencher o valor no interior do quadrilátero formado pelos texels **a**, **b**, **c** e **d** (Figura 5.82), inicialmente são feitas duas interpolações lineares em uma das dimensões do quadrilátero e os dois valores obtidos são interpolados entre si.

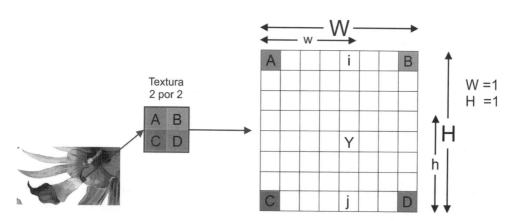

FIGURA 5.82. *Quadrilátero formado pelos texels A, B, C e D ao se expandir a textura.*

Mais formalmente, assumindo-se como 1 a distância entre texels vizinhos na mesma linha ou na mesma coluna, seja **p** o ponto que queremos obter. Realizando-se inicialmente a interpolação entre os texels superiores de mesma linha para obter o valor de f(p$_1$), obtém-se:

$$\frac{f(p_1)-f(a)}{w}=\frac{f(b)-f(a)}{W}$$

$$f(p_1)=f(a)+w\frac{f(b)-f(a)}{W}, \text{ logo}$$

Repetindo esse processo com os texels inferiores de mesma linha, obtemos f(p$_2$) como:

$$j=f(p_2)=f(c)+w\,(f(d)-f(c))$$

Partindo-se dos dois valores obtidos, e supondo a altura do texel H = 1, uma nova interpolação é feita, agora na direção vertical, para combinar f(p$_1$) e f(p$_2$) em relação à altura da posição desejada h:

$$\frac{f(p)-f(p_1)}{h}=\frac{f(p_2)-f(p_1)}{H}$$

$$f(p)-f(p_1)+h(f(p_2)-f(p_1))$$

$$Y=f(p)=i+h(j-i)$$

Assim, a equação da interpolação bilinear é dada por:

$$Y=f(p)=f(a)+w(f(b)-f(a))+h(f(c)$$
$$+\,w(f(d)-(f(c))-(f(a)+w\,(f(b)-(a))))$$

$$Y=f(p)=f(a)\,(1-w)\,(1-h)+f(b)\,w(1-h)+f(c)\,(1-w)\,h+f(d)\,wh$$

No caso dos filtros na minificação, a adoção da amostragem por vizinho mais próximo simplesmente descarta os texels não consultados, podendo gerar uma informação visual que não corresponde àquela que está contida na textura e que se deseja representar.

De maneira geral, filtros de minificação podem provocar erros no padrão visualizado, chamados *aliasing* (Figura 5.83). Em sinais digitais, o *aliasing* ocorre durante processos de subamostragem do sinal, ou seja, quando se deseja reduzir a quantidade de amostra para sua representação. Mas nem

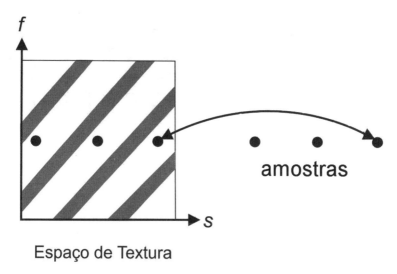

FIGURA 5.83. *Textura e texels amostrados durante a minificação usando vizinhos mais próximos. O resultado é um padrão apenas de texels brancos.*

todo processo de subamostragem causa erros visuais. Por exemplo, uma textura de cor lisa não apresenta variação no sinal por ela representado, por isso é dita de frequência zero, e não provoca erros mesmo que apenas uma amostra seja usada para representá-la.

O teorema da amostragem (também conhecido como teorema de Nyquist) estabelece que um sinal amostrado contém toda a informação do sinal original quando a taxa de amostragem é de pelo menos duas vezes a maior frequência nele contida. Assim, para garantir que o novo sinal obtido contenha toda a informação do sinal original deve-se respeitar o limite da taxa de amostragem, garantindo assim a não formação de *aliasing*.

No contexto de mapeamento de textura, a taxa de amostragem está relacionada à distância entre duas coordenadas de textura sendo geradas pelo mapeamento de pixels consecutivos. Já a frequência do sinal, descreve a variação existente no conteúdo da imagem usada como textura, como medida do número de oscilações por número de texels. Para entender melhor esses conceitos, considere o uso de texturas de listras. Em uma imagem contendo um padrão uniforme de listras em duas cores, temos um ciclo de oscilação que se repete a cada duas listras. Quanto menor a distância medida em número de texels entre listras consecutivas, maior a frequência da textura (Figura 5.84). Assim, para representar esse conteúdo sem *aliasing*, devem ser tomadas amostras mais próximas. Ou, de maneira semelhante, mais amostras precisam ser tomadas para representar a textura sem *aliasing*. A formalização do teorema da amostragem é discutida no Volume 2 desta

FIGURA 5.84. *Padrões de textura com frequência em ordem crescente.*

obra, além de como a transformada de Fourier fornece a distribuição das frequências contidas em uma imagem.

Os chamados filtros de *antialiasing* fazem um tratamento de eliminação de altas frequências para produzir uma nova textura, dita suavizada. Com isso, o novo sinal passa a poder ser representado sem erros com menos amostras do que sua versão original.

Para reduzir os efeitos de *aliasing* na minificação de textura e, ao mesmo tempo, manter baixos os cálculos de processamento de textura durante a renderização, uma técnica comumente adotada é chamada *mipmapping*. Um *mipmap* é uma pirâmide de textura pré-calculada, formada por resoluções progressivamente menores da textura que se deseja aplicar sobre a cena (Figura 5.85).

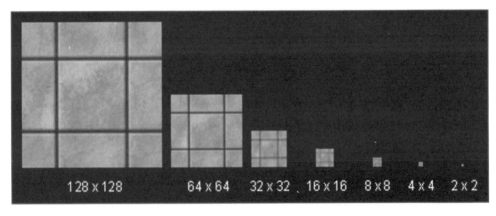

FIGURA 5.85. *Exemplo de mipmap.*

A base da pirâmide contém a versão da textura com a maior resolução. Ela é acessada ao se mapear objetos que ocupam grandes regiões da tela, tipicamente aqueles em primeiro plano da cena. Se a textura se apresenta com mais detalhes nela, isso equivale a dizer que o sinal que ela contém é descrito contendo as frequências mais altas.

Subindo em direção ao topo da pirâmide, cada camada seguinte possui uma nova versão da textura com metade da altura e largura da camada anterior. A forma mais simples de se produzir os novos texels é pela média dos valores dos quatro texels a ele correspondentes na camada imediatamente abaixo. Há outras formas de produzir esses texels, fundamentadas nas questões de processamento de imagens discutidas no Volume 2 deste livro.

As texturas de resolução mais baixa são acessadas quanto menor a região na tela ocupada pelo objeto sendo renderizado, por exemplo, para objetos distantes. Somadas, as novas versões da textura produzem um gasto adicional de memória limitado a ⅓ do gasto original obtido como a soma de ¼ da área original para a segunda camada, mais ¼*¼ para a terceira camada, e assim reduzindo-se em ¼ sucessivamente a área ocupada por cada camada seguinte até obter o topo da pirâmide ocupando apenas 1 pixel.

A definição de que camada do *mipmap* deve ser acessada para reproduzir adequadamente a textura é dada pela razão entre o pixel e quantos texels deve representar. Ou seja, a camada a ser acessada na pirâmide é obtida pela razão entre a área ocupada por um pixel e seu mapeamento no espaço de textura. A escala entre texels em pixels pode não ocorrer de maneira uniforme nos dois eixos do sistema de coordenada do espaço de textura. No sentido de reduzir *aliasing*, escolhe-se o lado *l* de maior compressão, ou seja, o maior lado do paralelepípedo formado no espaço de textura (Figura 5.86).

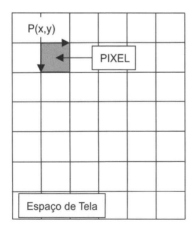 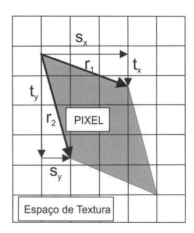

FIGURA 5.86. *Relação entre área do pixel e área ocupada no espaço de textura.*

A área no espaço de textura é aproximada por l*l. A base da pirâmide é acessada quanto a relação de compressão dos texels em pixels é de um para um e a cada camada a razão é multiplicada por 4. Tomando-se o maior lado e considerando 0 como o nível da pirâmide, a altura h da camada da amostra mapeada pode ser obtida por:

$$h = \log_4(l*l) = \log_2(l)$$

Na prática, a razão obtida resulta em uma altura h, que pode ser intermediária a dois níveis da pirâmide. A partir dessa posição, pode ser feita a amostragem por vizinho mais próximo, por mapeamento bilinear ou ainda trilinear. No uso do vizinho mais próximo com o *mipmap*, o texel mais próximo da camada mais próxima é tomado como a amostra de textura. No uso de interpolação bilinear, a camada mais próxima é escolhida, e sobre ela a interpolação é realizada usando os quatro texels vizinhos. Nessas duas abordagens é perceptível uma mudança brusca nos padrões ao mudar de uma camada para outra. Para reduzir esse efeito indesejado, é feita, na interpolação trilinear, uma interpolação que considera a altura no tronco da pirâmide, de maneira a produzir um resultado mais suave. Nela, duas amostras de textura são produzidas interpolando-se no interior das duas camadas mais próximas e em seguida essas duas amostras são interpoladas entre si. Mais formalmente, seja *abcd* o quadrilátero formado pelos texels mais próximos na camada abaixo da posição mapeada e *efgh* o quadrilátero formado pelos texels mais próximos na camada acima da posição mapeada (Figura 5.87). O valor obtido pela interpolação bilinear na camada abaixo (de maior resolução) é expresso como:

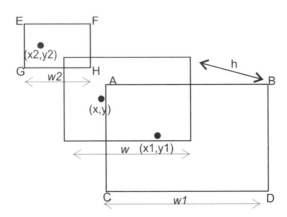

FIGURA 5.87. *Interpolação trilinear entre dois níveis de uma pirâmide de mipmap.*

$$Y_1 = f(p) = f(A)(1-w1)(1-h1) + f(B)\,w1\,(1-h1)$$
$$+ f(C)(1-w1)\,h1 + f(D)\,w1h1$$

Já o valor obtido pela interpolação bilinear na camada acima (de menor resolução) é expresso como:

$$Y_2 = f(p) = f(E)(1-w2)(1-h2) + f(F)\,w2\,(1-h2)$$
$$+ f(G)(1-w2)\,h2 + f(H)\,w2h2$$

O valor final da amostra de textura é obtido, então, pela interpolação linear entre os dois valores obtidos, ponderados linearmente pela altura da amostra como:

$$Y = Y_1 + h_3(Y_2 - Y_1)$$

Onde, assumindo como 1 a altura entre duas camadas consecutivas, a altura relativa da amostra é dada pela relação entre a largura da camada intermediária e a largura das duas camadas que a cercam:

$$h_3 = \frac{W_1 - W}{W_1 - W_2}$$

Por fim, além dos problemas de escala descritos, o mapeamento de textura pode gerar coordenadas que não correspondem a texels ao indicar posições fora da matriz de textura. É o caso de coordenadas de textura com valores negativos ou maiores que sua altura e/ou largura. Assumindo um acesso normalizado no intervalo [0.0,1.0] para uma textura de dimensões quaisquer, as opções comuns de tratamento são (Figura 5.88):

- Repetição: a parte inteira e o sinal são ignorados, produzindo um padrão da aplicação repetida da textura;
- Repetição com espelhamento: a parte inteira e o sinal são descartados, produzindo um padrão da aplicação repetida da textura, e este é espelhado quando a parte inteira é ímpar;
- Espalhamento das cores da borda: as coordenadas são jogadas para o valor mais próximo no intervalo [0,1], de maneira a criar um espalhamento de cada um dos lados da borda da textura
- Fixo para constante: coordenadas inexistentes são associadas a uma cor pré-definida, como preto, por exemplo.

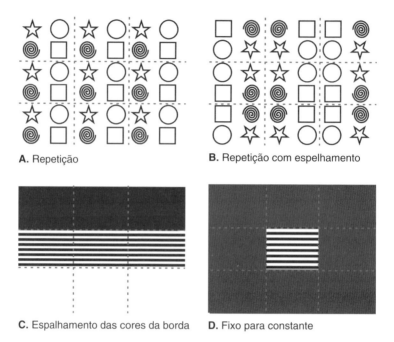

FIGURA 5.88. *Padrões de tratamento de acesso a coordenadas para fora da matriz de textura.*

CONCLUSÕES

Este capítulo apresentou a sequência de passos comumente adotados para transformação de um conjunto de dados que definem uma cena até sua visualização na forma de uma imagem pelo processo de renderização. A essa sequência de passos se dá o nome de *pipeline* de renderização.

Também foram apresentadas técnicas de iluminação e aplicação de textura que contribuem para o aumento de realismo das imagens produzidas, bem como para a diversificação dos efeitos visuais possíveis de serem produzidos.

CAPÍTULO 6

Animação

6.1 Histórico

6.2 Aplicações da animação

    6.2.1 Diversão

    6.2.2 Comunicação, instrução e treinamento

    6.2.3 Visualização

6.3 Animação por computador

6.4 Formas de animação

    6.4.1 Animação quadro a quadro

    6.4.2 Animação por rotoscopia

    6.4.3 Animação por interpolação

    6.4.4 Animação automática, por intermédio de programas de computador

    6.4.5 Animação representacional

    6.4.6 Animação *track based*

6.5 Captura de movimento

    6.5.1 Aplicações

    6.5.2 Sistemas de captura de movimento

6.6 Animação de personagens 3D

    6.6.1 Cinemática

    6.6.2 Ossos (*Bones*)

    6.6.3 Articulações (*Joints*)

    6.6.4 Esqueleto

    6.6.5 Músculo flexor

    6.6.6 Animação facial

6.7 Animação de superfícies deformáveis

6.8 Produção de animação

6.9 Princípios da animação

Animação: do latim *animare*, dar vida, movimento, coragem, entusiasmo, alma.

A transcrição de dicionário apresentada não só define como também descreve os passos para produção de animação em computação gráfica. Primeiro tentamos desenhar ou esculpir, depois executar os movimentos e, por último, retratar o espírito da criatura ou cena a ser animada.

6.1. HISTÓRICO

Em 2012, o arqueólogo Marc Azéma[1], da Universidade de Toulouse-Le Mirail, na França, em conjunto com o artista francês Florent Rivére, apresentou sequências de animações baseadas na reprodução de imagens pré-históricas, desenhadas de forma sobreposta, nas paredes de cavernas francesas. Acredita-se que tochas eram usadas para dar a sensação de movimento aos desenhos. Estas descobertas e outras comprovam que a fascinação pela representação visual do movimento é muito antiga.

Muitos outros exemplos de técnicas e aparatos para criar a ilusão do movimento foram desenvolvidos com o passar do tempo; entretanto, a apresentação formal de uma explicação para o fenômeno é normalmente atribuída a Peter Mark Roget, em seu artigo de 1824, *Explanation of an optical deception in the appearance of the spokes of a wheel when seen through vertical apertures*[2]. Peter Mark Roget, usou um dispositivo denominado taumatrópio (do Grego *thauma*, que significa prodígio ou magia, e *tropion*, que significa giro), para explicar o fenômeno da ilusão do movimento.

O taumatrópio consiste em um disco contendo um desenho em cada um dos lados. Quando cada lado é exibido em rápida sucessão, por intermédio de uma corda ou vareta presa em extremidades opostas do disco, as imagens de cada lado do disco se fundem. Este fenômeno foi intitulado de persistência de visão (ou retiniana) e foi apresentado, sob a forma de um artigo, por Peter Mark Roger. O artigo, intitulado *The Persistence of Vision with Regard to Moving Objects*, foi refutado no início do século XX por não explicar satisfatoriamente alguns processos da visão e formação de imagens no nosso cérebro.

O taumatrópio foi apenas um de vários inventos mecânicos criados no século XIX que produziam a ilusão do movimento. Dispositivos como o zootrópio permitiam a observação de animações por intermédio de fendas em um cilindro. Posteriormente, o praxinoscópio, uma invenção do francês

---

[1] http://news.discovery.com/history/archaeology/prehistoric-movies-120608.htm
[2] http://rstl.royalsocietypublishing.org/content/115/131.full.pdf+html

Charles-Émile Reynauld, de funcionamento similar ao do zootrópio, permitiu a projeção de desenhos em movimento em grandes espaços, como teatros. Para muitos, o zootrópio é o precursor do cinema,[3] uma vez que sua proposta era a de exibir imagens em movimento para o público.

Dos inventos do século XIX, o que persiste até hoje é o flipbook. Um flipbook é um livro, normalmente pequeno, onde cada folha contém um desenho que corresponde a um conjunto de pequenas variações do desenho anterior. Estas variações, ou mudanças, objetivam representar o movimento de um ou mais elementos desenhados anteriormente. Ao folhear rapidamente o livro, o observador tem a sensação de observar um desenho em movimento, uma vez que o cérebro busca fundir os desenhos em um elemento único, contínuo, em movimento.

A animação como espetáculo de massa está presente nos primórdios do que viria a ser o cinema. Um dos primeiros dispositivos utilizados para projeção do qual existem relatos é a "lanterna mágica", criada por Christiaan Huygens, no século XV. Sua forma construtiva permitia a projeção de imagens através de um dispositivo formado por lentes. É desta época o livro *Ars Magna Lucis et Umbrae: liber decimus*, do monge alemão Atanasio Kircher, no qual este ilustra um dispositivo capaz de projetar imagens à distância, tal qual a "lanterna mágica".

Apesar de suas origens desconhecidas, as "lanternas mágicas" se espalharam pelo continente europeu e foram muito usadas por mágicos e prestidigitadores em seus shows. As projeções eram utilizadas para simular o aparecimento de fantasmas e espíritos nos seus shows, ou seja, as "lanternas mágicas" podem ser consideradas como instrumentos primitivos de criação de efeitos especiais. (Figura 6.1)

Posteriormente, comercializada como brinquedo infantil, a lanterna mágica viu sua popularidade aumentar entre crianças e adultos. Além disso, suas aplicações se expandiram e passaram a incluir, além de histórias infantis, representações ilustradas do alfabeto, muito provavelmente com aplicações didáticas.

Algumas descobertas técnicas e científicas no século XIX foram os alicerces da animação como entretenimento de massa: a descoberta da fotografia, a invenção do filme flexível e a criação do projetor de cinema.

Todas essas invenções representaram a época e o ambiente onde nasceram. Enquanto espécie, os seres humanos são circundados por imagens que refletem suas ações, por vídeos que contam suas histórias, por notícias que relatam suas descobertas, por filmes que mostram ambientes impressionantes.

---

[3]https://en.wikipedia.org/wiki/Praxinoscope#/media/File:Theatreoptique.jpg

FIGURA 6.1. *Ilustração mostrando o Phantasmagorie, espetáculo onde as lanternas mágicas eram utilizadas para a criação de efeitos. Fonte: http://www.magiclantern.org.uk/history/history06.php*

Imagens são postadas diariamente nas redes sociais e histórias compartilhadas em *posts*. Desde a sua invenção, a câmera assumiu um papel muito importante, ao registrar as histórias vividas pela espécie humana.

Os primeiros registros são de ambientes construídos por seres humanos e posteriormente a fotografia será utilizada para alterar a forma pela quais as histórias são contadas. Anteriormente, o registro de histórias só poderia se feito pelas imagens criadas por artistas habilidosos, treinados por anos nas escolas de arte. A partir do século XIX, as fotografias começam a ocupar o papel que antes era restrito a estes artistas.

A descoberta do filme flexível permitiu a diminuição do tamanho e a portabilidade das câmaras obscuras. A produção em escala industrial destes dispositivos permitiu que as histórias e fatos da humanidade pudessem, enfim, ser registrados.

O pulo para o cinema e, consequentemente, para a animação, deu-se com a invenção do *kinetoscope* e do *kinetograph* por Thomas Alva Edison e W. K. L. Dickson, considerado o real inventor, apesar de Edison deter a patente. O *kinetoscope* fazia o papel da captura das imagens, enquanto o *kinetograph* permitia a exibição individual. Após assistir uma apresentação, em Paris, do *kinetoscope* de Edison, Antoine Lumière estimulou seus filhos, Louis e Auguste Lumière, a desenvolver uma solução mais barata, que fosse capaz de projetar as imagens em uma tela. Em 1894, os irmãos Lumière criaram seu próprio dispositivo, o *cinématographe*. O *cinématographe*, além de reproduzir as imagens em movimento, também possibilitava a gravação imagens, ou seja, o dispositivo gravava e exibia filmes, o que o tornou mais atraente que a solução de Edison.[4]

É neste universo que começam a surgir as primeiras aplicações da animação. Ela começa de maneira experimental com Thomas Edison convidando James Stuart Blackton para experimentar seu cinematógrafo desenhando sobre um quadro negro.

O que começou como um experimento tornou-se posteriormente um produto, exibido antes da apresentação dos filmes no cinema. A Warner foi uma das produtoras que apresentava animações antes da apresentação de suas produções.

Além disso, as técnicas de animação facilitaram a criação de ambientes e seres fantásticos, como o King Kong, no início do século XX, e a série Star Wars, na década de 1970.

Na época, muitos inventores trabalhavam em dispositivos que exploravam a ilusão do movimento, mas o invento que realmente revolucionou a indústria do entretenimento foi o *cinématographe*, ou cinematógrafo, dos irmãos Lumiére. O cinematógrafo usava uma película fotográfica de 35mm, tracionada por um dispositivo que permitia tirar fotos em sequência. Este engenhoso dispositivo permitiu observar a ilusão de movimento propiciada pela captura, em sequência, de imagens (fotografias) do mundo real, o que abriu uma nova era do mercado de entretenimento, que, por sua vez, impulsionou o mercado do desenho feito para animação, o desenho animado.

Para a criação de um desenho animado, na época, era necessário fotografar cada desenho, de forma individual, na película sequencial que seria usada pelo cinematógrafo. Este processo era trabalhoso, pois cada detalhe do desenho precisava ser recriado, na imagem seguinte, a ser fotografada, ou seja, cada novo quadro da película precisava ser recriado do zero, um processo demorado e trabalhoso.

Apesar do trabalho, a popularização do cinema também levou à popularização da animação, que teve como um dos seus grandes nomes, Walter Elias Disney. Ele fundou a Disney Entertainment, que foi e é responsável por diversos avanços tecnológicos tanto para a indústria do cinema quanto para a indústria da animação.

Atualmente, a produção de animação atinge patamares muito além do entretenimento, objetivo principal do cinema. A animação está presente na educação, treinamento, publicidade, entre outras áreas. O mercado da

---

[4]http://www.history.com/news/the-lumiere-brothers-pioneers-of-cinema

produção de animação cresceu a ponto de sempre estarem em cartaz, nas grandes salas de cinema, dois a três filmes de animação. Esta realidade sepultou a imagem de que animação agrada apenas crianças. O mercado de animação, mundialmente falando, é imenso, atingindo todas as faixas etárias e gostos. Considerando a produção cinematográfica, nunca se produziu tantos longas-metragens de animação como nos dias atuais.

6.2. APLICAÇÕES DA ANIMAÇÃO

6.2.1. Diversão

Diversão ou entretenimento é a razão pela qual muitos dispositivos foram inventados no passado e continuam sendo, nos dias de hoje, a razão pela qual animação é pensada, produzida e criada. A animação proporciona mais formas de entretenimento às diversas produzidas pelo homem, como a literatura, a música e as artes.

Considerando a diversão como aplicação, além da televisão e do cinema, a animação está presente em jogos de computador, móveis ou não, brinquedos com telas gráficas e em praticamente todo e qualquer dispositivo que produza imagens.

Quando pensamos em animação, costumamos pensar em desenhos animados do estilo *cartoon*, entretanto, a animação está presente em filmes e propagandas, na forma de efeitos visuais.

6.2.2. Comunicação, Instrução e Treinamento

Na hierarquia dos estímulos externos que capturam a atenção humana, o movimento tem destaque, uma vez que atenção ao movimento poderia significar, ao homem pré-histórico, ser atacado ou não por um predador. Sabendo disso, a animação é o veículo perfeito para chamar a atenção. Placas luminosas animadas têm mais chances de serem percebidas do que placas estáticas. A animação também pode comunicar melhor um fato. Por exemplo, uma animação indicando uma pista bloqueada à frente é mais clara para o motorista do que uma imagem estática ou um texto, que pode não ser compreendido por quem não domina a língua.

Uma aplicação da comunicação visual é a comunicação para instrução ou treinamento. Uma animação pode, facilmente, representar uma ideia ou conceito que seria muito difícil de representar de outra forma. Um bom exemplo é um vídeo representando um acidente aéreo. Recriar um acidente aéreo no mundo real é uma tarefa cara e perigosa. Usando animação é possível recriar, visualmente, cada detalhe de um acidente, o que seria impossível de outra forma. Um vídeo como o descrito anteriormente pode, de forma impactante, instruir sobre medidas de segurança ou auxiliar no treinamento de equipes que precisam atuar em situações de catástrofe.

6.2.3. Visualização

A animação vai muito além da representação do mundo real. Animações podem ser usadas em elementos abstratos, como gráficos de representação de dados, onde o movimento amplia, em muito, a compreensão dos dados considerando, por exemplo, o passar do tempo. Observar uma animação de um gráfico que muda, com o passar do tempo, oferece uma percepção maior da relação dos dados e das mudanças presentes com o passar do tempo.

Existem muitos outros exemplos de aplicação da animação. Na verdade, a animação está presente em praticamente todas as aplicações da computação gráfica. De modo geral, estamos acostumados a associar a animação com filmes ou propagandas, mas ela está em todos os segmentos. Na engenharia, por exemplo, é utilizada para diferentes tipos de verificações e visualizações. Na medicina, permite visualizar e entender os movimentos e órgãos do corpo humano. No ensino, auxilia na criação de multimídias didáticos.

6.3. ANIMAÇÃO POR COMPUTADOR

Hoje em dia, toda a animação criada profissionalmente usa computadores. Por exemplo, a animação de objetos articulados, do tipo *stop-motion,* usa computadores para capturar e editar as imagens capturadas pelas câmeras usadas para *stop-motion.*

O computador pode tanto ser visto como uma ferramenta de auxílio (animação auxiliada por computador) ao processo de criação do produto final animação, ou ser usado como parte integrante do processo (animação criada em computador). Existem diversos programas de computador criados especificamente para auxiliar ou criar a animação propriamente dita. Estes programas podem ser classificados em duas grandes categorias:

- Animação 2D
- Animação 3D

A animação 2D tem origem no processo tradicional de animação, onde desenhos em duas dimensões são usados para contar histórias. A animação 2D pode transmitir a sensação de profundidade, mas seu desenho não pode ser rotacionado em um espaço 3D.

Na animação 3D, ao invés de elementos desenhados, objetos de 3 dimensões são criados em um espaço tridimensional. Por existirem em um espaço tridimensional, estes objetos podem ser observados por diversos ângulos, como no mundo real.

A animação 3D não é usada apenas para desenhos animados; na verdade, é usada com mais frequência em filmes, onde personagens e objetos tridimensionais coexistem, na tela, com atores reais.

Para permitir que o objeto tridimensional possa ser visualizado por qualquer ângulo, o mesmo tem que ser criado com todos os detalhes, o que não é necessário em um desenho em duas dimensões. Este processo de modelar objeto 3D considerando todos os possíveis ângulos de observação, aliado à necessidade, do cinema, de realismo visual, torna o processo de criação de imagens 3D para filmes com atores reais um dos processos mais complexos e demorados da produção cinematográfica atual.

6.4. FORMAS DE ANIMAÇÃO

Considerando a animação como a arte de dar movimento ou vida a formas inanimadas, existem várias formas de animar. Da animação tradicional, que consiste em desenhar sequencias de imagens, com pequenas alterações entre um desenho e outro, à animação gerada pela captura de movimento de pessoas, por intermédio de interfaces de monitoramento de posicionamento e movimento no espaço.

Podemos classificar as formas de animar nas seguintes categorias:

6.4.1. Animação Quadro a Quadro

É o método tradicional, onde cada elemento a ganhar vida é individualmente animado. Ou seja, para a exibição de um segundo de animação, a uma taxa de exibição de 24 quadros por segundo, é necessário realizar 24 desenhos.

Considerando a animação tradicional, antes do desenho por computador, avanços como as folhas transparentes de acetato permitiram que, na criação da animação, os cenários, estáticos ou semiestáticos, fossem separados da animação tradicional dos personagens, estes sim individualmente animados para cada quadro.

Este é o tipo de animação que mais consome trabalho manual do animador, pois o mesmo precisa criar cada quadro individualmente.

A animação quadro a quadro pode ser dividida, considerando o próprio procedimento de animação, em animação quadro a quadro usando as técnicas *straight ahead* (diretamente em frente) e *pose-to-pose* (pose a pose).

6.4.1.1. *Straight Ahead*

No processo de animação *straight ahead*, o animador desenha, em sequência, do início ao fim, todo o movimento esperado, ou seja, o animador inicia seu processo de desenho no primeiro quadro e continua desenhando, cada quadro seguinte, até chegar ao último quadro necessário para representar o movimento.

Este processo de animação é mais solto e não demanda grande esforço de planejamento, entretanto, é mais difícil de controlar, principalmente quando se deseja manter um determinado ritmo na sequência de ações que representa a animação.

6.4.1.2. Pose-to-Pose

No processo de animação *pose-to-pose*, um animador, normalmente mais experiente, anima as poses principais da sequência de animação, as poses chave, e um animador menos experiente cria as animações intermediárias entre as poses. Este processo é muito comum na animação 2D, mas pode ser usada como apoio também na animação 3D.

As imagens intermediárias, produzidas entre uma pose principal e outra pose principal, são denominadas animações *in-between*, ou entre poses principais.

A animação pose a pose permite um controle muito maior no processo de animação, uma vez que é mais fácil planejar a duração de cada sequência de animações, a partir do número de desenhos que precisa ser criado entre uma pose e outra da animação.

6.4.2. Animação por Rotoscopia

A rotoscopia é uma técnica de animação onde é usada uma filmagem como referência para a animação. Esta técnica foi criada por Max Fleischer, que patenteou um invento chamado rotoscópio. Este aparato permitia que um animador desenhasse sobre uma tela, contendo uma projeção de um filme. O desenho criado acompanhava as formas da filmagem, simplificando em muito o processo de animação. A animação fica mais realística e o processo é muito mais rápido. Esta técnica foi empregada em várias produções clássicas da Disney, como *Branca de Neve e os Sete Anões*.

Apesar de proporcionar uma eficiência maior na produção da animação, a rotoscopia não é a melhor técnica para animação de personagens, já que o personagem animado por meio desta técnica possui seus movimentos limitados pelos movimentos copiados do corpo humano e não apresenta os princípios de animação.

Hoje em dia, o termo rotoscopia tem uma aplicação mais ampla, sendo também usado no processo de composição para o cinema, principalmente para a criação de máscaras de recorte, nos quais os personagens são recortados de um fundo.

A estética da animação por rotoscopia não atende animações onde os personagens são muito estilizados ou simplificados, ou animações nas quais as expressões dos personagens são demasiadamente exageradas.

6.4.3. Animação por Interpolação

A animação por interpolação consiste na alteração automática, seguindo uma unidade de tempo, de um elemento, de forma que este elemento se aproxime das características de outro elemento, também conhecido. O termo interpolação diz respeito, especificamente, a esta variação de características ou valores, de forma que um estado inicial se aproxime gradualmente de um estado final. Por exemplo, na matemática, a interpolação entre os números inteiros 1 e 10, considerando um intervalo de tempo de 10 unidades, corresponderia à sequência 1, 2, 3, 4, 5, 6, 7, 8, 9, 10.

Na animação, o conceito de interpolação pode ser usado de diversas formas. A formas mais comuns são a interpolação de valores e interpolação de características. Na interpolação de valores, um ou mais valores correspondentes a características do elemento a ser animado são interpoladas considerando uma unidade de tempo. Por exemplo, se eu tenho uma esfera na posição 0 do meu espaço de duas dimensões e quero que daqui a 5 quadros esta esfera esteja na posição 10, no quadro 0 eu posiciono a esfera na posição 0, no quadro 1, na posição 2, no quadro 2, na posição 4, no quadro 3, na posição 6, no quadro 4, na posição 8 e no quadro 5, na posição 10. Esta é uma interpolação linear. Uma interpolação pode seguir outras formas, como polinomial e trigonométrica.

Na interpolação de características, um conjunto de características do elemento a ser usado é manipulado, quadro a quadro, para chegar na situação destino. Por exemplo, é possível animar um rosto com um sorriso assumindo uma expressão triste, interpolando as características dos pixels da imagem, a cada quadro. Pixels podem ser criados e modificados para causar a sensação de mudança gradual entre uma imagem e outra. Este processo de animação é conhecido como *warping*. Quando a mudança é especificamente de uma imagem para outra, o processo é denominado de *morphing*.

Em softwares de animação, a definição da propriedade de um elemento a ser interpolado, considerando uma determinada posição no tempo, é denominado de *keyframe*. O termo *keyframe* pega emprestado o conceito de quadro chave da animação *pose-to-pose* para definir o valor de um parâmetro específico a ser interpolado, dada uma unidade de tempo. Para esta interpolação, é necessário ter um *keyframe* inicial, um *keyframe* final, e uma unidade de variação de tempo. O mecanismo de interpolação criará os valores de *keyframes* intermediários entre os principais, considerando a unidade de tempo.

6.4.4. Animação Automática, por Intermédio de Programas de Computador

Em muitas situações, a animação pode ser simplificada ou eliminada, a partir do uso de programas de computador criados especificamente para o processo. Estes programas de computador geram animações de forma automática, a partir de uma sequência de instruções definidas por um programador ou artista. Os programas de computador para animação podem ser categorizados da seguinte forma:

6.4.4.1. Animação por Programas do Tipo Script

Muitas ferramentas de animação permitem a criação de rotinas automatizadas para realizar certas tarefas no processo de animação. Esta automatização é possível graças ao suporte, por parte destes programas de animação, de linguagem script. Entre as linguagens mais comuns do tipo script, temos a ActionScript, JavaScript, Lua (linguagem desenvolvida por pesquisadores brasileiros) e Python.

Estas rotinas (ou tarefas) podem estar diretamente relacionadas ao processo de animação, como controlar o movimento de um objeto, ou serem apenas tarefas que ajudam o animador, como um script que importa, automaticamente, um conjunto de imagens para o ambiente de trabalho do animador, ou um script que automatiza a inserção do trecho animado em uma sequência completa, onde o trecho animado pode ser visto junto com as demais animações de cena. Estas tarefas normalmente são realizadas por intermédio de scripts.

As linguagens de programação do tipo script tendem a ser mais simples que as linguagens de programação convencionais, o que permite que profissionais não especializados em programação possam criar seus scripts.

6.4.4.2. Animação por Intermédio de Simuladores

Já viu como pode ser perfeita a animação do mar, fumaça e fogo em filmes? Esta animação é realizada por intermédio de programas de simulação.

Estes programas usam a física para simular fluídos (mar, vento, líquidos etc.), interação entre objetos (colisões, aderência, repulsão etc.) e até o comportamento de multidões, como o voo de pássaros ou o ataque de tropas de soldados.

Hoje em dia, além das simulações de efeitos como os citados anteriormente, temos simulações do comportamento de roupas no corpo de personagens tridimensionais, simulação de pelos e cabelos e até a simulação do comportamento de músculos.

Simuladores são fundamentais para a criação de efeitos realísticos para o cinema e também são muito usados em jogos eletrônicos.

Em função da sua complexidade, é comum a existência de programas específicos para simulação como o RealFlow e o Bifrost.

Estas ferramentas de simulação, devido a característica de programação, são normalmente chamadas de ferramentas de animação procedural.

6.4.4.3. Animação por Captura de Movimento

Considerando o conceito amplo de captura de movimento, onde o computador é capaz de identificar, por intermédio de algum processo, o movimento, temos uma enorme gama de aplicações. Um programa de computador pode analisar informações vindas de interfaces físicas, como dispositivos acoplados ao corpo de um ator, ou sequências de imagens, para identificar o movimento.

Apesar de a análise de imagens com o objetivo de identificar o movimento de objetos ou da câmera ser uma forma de captura de movimento, costuma-se chamar esta de animação baseada em *tracking* (ou rastreamento), enquanto a análise de informação de dispositivos é chamada de captura de movimento.

A captura de movimento por intermédio de dispositivos é tratada na Seção 6.5 e a captura por intermédio de *tracking* é tratada na Seção 6.4.6.

6.4.5. Animação Representacional

Esta técnica permite que um objeto mude sua forma, movimente-se e ande durante a animação. Existem três subcategorias. A primeira é a animação de objetos articulados, isto é, objetos complexos compostos de segmentos rígidos conectados. A segunda é a animação de objetos suaves usada para deformar e animar a deformação de objetos, por exemplo, pele acima de um corpo, músculos faciais, tecidos e formas elásticas. A terceira é o *morphing*, que é a transformação de uma forma em outra bastante diferente.

6.4.6. Animação *Track Based*

A animação baseada em *trackers* ou marcadores consiste na identificação, automática ou não, de elementos pontuais em uma cena, que mudam de posição com o passar do tempo. A partir da identificação da alteração de um ou mais elementos pontuais, é possível inferir informações sobre este elemento na cena, ou sobre toda a cena.

A animação baseada em *trackers* ou marcadores, também chamada de animação por rastreamento de informações em sequências de imagens, é classificada em cinco tipos.

6.4.6.1. *Tracking* de Um Ponto

Neste tipo de rastreamento, um elemento em uma sequência de imagens é usado para a geração de quadros-chave. Estes quadros-chave possuem apenas a informação do deslocamento, em duas dimensões, do elemento observado, o elemento rastreado ou ponto. Estas informações do deslocamento nos eixos X e Y do plano permitem fazer com que um outro elemento visual acompanhe o movimento, em duas dimensões, do elemento rastreado.

Um exemplo do uso do *tracking* de um ponto é colocar um objeto "flutuando", próximo a um ator, que se desloca, horizontalmente, em uma cena.

6.4.6.2. *Tracking* de Dois Pontos

No *tracking* de dois pontos, dois elementos visuais relacionados são rastreados. Por exemplo, as duas extremidades de um bastão, ou a quina de uma parede. Ao rastrear dois pontos, além das coordenadas X e Y desses pontos, é possível identificar a rotação destes dois pontos em relação ao eixo que os liga, e também é possível estimar se os mesmos se aproximam ou afastam da cena.

O *tracking* de dois pontos é mais usado para identificar rotações no eixo 2D; para rotações tridimencionais, nem sempre é obtido um bom resultado.

6.4.6.3. *Tracking* de Quatro Pontos

É comum a necessidade de rastrear áreas retangulares, por exemplo, uma placa de um carro ou a lateral de um caminhão, para substituir aquela informação visual por uma imagem, por exemplo. O *tracking* de quatro pontos é ideal para este tipo de truque visual, pois identifica quatro pontos correspondentes aos cantos do elemento a ser rastreado, permitindo a aplicação de uma imagem de duas dimensões.

O *tracking* de quatro pontos funciona mesmo para cenas onde a câmera muda de posição, permitindo um posicionamento tridimensional.

6.4.6.4. *Tracking* Planar

No *tracking* planar, uma ou mais superfícies planas são marcadas na cena, por intermédio de um conjunto de pontos interconectados. O *tracking* planar permite identificar a posição deste plano irregular no espaço tridimensional, possibilitando não só rastrear a posição do plano como reconhecer o deslocamento da câmera, oferecendo uma forma de identificar o espaço tridimensional da cena filmada, o que é essencial para, por exemplo, posicionar objetos tridimensionais dentro de uma cena, com a câmera em movimento, o que é impossível de se fazer usando o *tracking* de um ou dois pontos.

6.4.6.5. *Tracking* 3D

No *tracking* 3D, a análise de pontos e ou retas em uma cena, que são marcados de forma automática ou não, permite identificar a geometria da cena e o movimento da câmera. Até as características da lente usada na filmagem podem ser identificadas, permitindo o perfeito posicionamento na cena de objetos tridimensionais.

Esta técnica de captura de movimento de câmera é usada massivamente em filmes com muitos efeitos visuais.

6.5. CAPTURA DE MOVIMENTO

O processo de captura de movimento consiste em reconhecer o movimento de um corpo (humano ou não) e a sua conversão em um conjunto de dados de computador. Na animação, este conjunto de dados permite recriar o movimento real em uma animação por computador.

Atualmente, existem diversos tipos de sistemas de capturas de movimentos: os sistemas óticos, os sistemas mecânicos, os sistemas magnéticos e os sistemas baseados em vídeos.

6.5.1. Aplicações

A captura de movimentos possui diversas aplicações, mas, de longe, a mais popular é a usada para animação em filmes e jogos eletrônicos. Nesta aplicação, atores atuam em cenas que, posteriormente, serão transformadas em animações por computador, onde avatares digitais realizarão movimentos similares ou idênticos aos do ator.

Para a indústria do entretenimento, a grande vantagem da captura de movimento é a redução do custo e tempo envolvido no processo de animação. Uma vez que um ator faz os movimentos, não é necessário que uma equipe de animadores precise realizar o mesmo trabalho.

A captura de movimento é perfeita para o movimento realístico humano e também é a técnica usada para animar animais como cães e cavalos, entretanto, para criaturas fantásticas, como dragões ou animais de difícil treinamento, o processo é inviável.

Além da indústria do entretenimento, a captura de movimento é intensamente usada em pesquisas sobre o movimento, buscando identificar como o corpo humano reage a situações ou como cada parte do corpo atua durante a realização de uma determinada tarefa.

Historicamente, as áreas que mais utilizam pesquisas na captura de movimentos são a médica, a militar e a área de esportes. Na área médica, vemos a utilização na criação de ferramentas de diagnósticos, na área militar, no reconhecimento de padrões e dispositivos de segurança, e na área de esportes, para o estudo de movimentos de atletas e no aprimoramento das técnicas realizadas por estes.

Em computação, a área de *Computer Vision* realiza pesquisas utilizando os sistemas descritos anteriormente para aprimorar algoritmos de reconhecimento de poses e aplicá-los nas diversas áreas do conhecimento.

O setor de design se beneficia destas mesmas ferramentas para a realização de pesquisas na área de ergonomia e, como descrito anteriormente, para a animação corporal e facial de personagens.

Dispositivos que capturam o movimento estão presentes no nosso dia a dia. Celulares com sensores de movimento permitem atender chamadas sem pressionar nenhum botão e medir a quantidades de passos diários.

A captura de movimento também faz parte dos jogos eletrônicos atuais. Tanto controles manuais quanto sistemas óticos permitem que o jogo perceba o movimento do jogador e responda de acordo, permitindo que este tenha uma experiência "imersiva".

6.5.2. Sistemas de Captura de Movimento

As primeiras pesquisas acadêmicas com capturas de movimentos começam na década de 1970, e a partir daí elas se ampliam para diversas áreas do conhecimento.

Destacamos as pesquisas realizadas na área da psicologia e da percepção por Johansson, em 1971, por meio de um sistema de pontos que mostram que movimentos complexos podem ser formados por construções mecânicas simples e que o movimento humano pode ser reconhecido através de um número limitado de marcadores aplicados ao corpo humano.

Sem a utilização de computadores, e apenas pela análise de vídeos, Johansson abriu caminho para o estudo do reconhecimento de movimentos, que se tornou alvo de pesquisas na década de 1970 em diante. (Figura 6.2)

FIGURA 6.2. *Ser humano fazendo flexão. Fonte: JOHANSSON, G. 2-Dimensional Motion Perception. Vídeo. 1971.*

Os sistemas de captura de movimento evoluíram muito nas últimas décadas, com algoritmos capazes de reconhecer os marcadores no corpo do indivíduo convertendo-o em esqueletos que podem ser utilizados em diversos campos de atuação. O mais conhecido é a da captura de movimentos para a computação gráfica, devido à popularização dos ***making-of*** de filmes e animações exibidos nas redes sociais.

Atualmente, existem basicamente cinco tipos: ótico, mecânico, magnético, acústico e aqueles baseados em vídeo.

6.5.2.1. Ótico

É o sistema de captura de movimentos mais conhecido atualmente. Esses sistemas podem oferecer ao ator mais liberdade de movimentos, uma vez que não precisam de cabos ligados ao corpo.

Neste tipo de sistema, os atores utilizam pequenos dispositivos refletivos que são fixados ao corpo do ator e cujas posições são estimadas por meio do reconhecimento destes por câmeras instalados em um ambiente. Estes dispositivos, chamados de marcadores, podem ser ativos ou passivos. Os primeiros são aqueles que emitem sinais luminosos que são reconhecidos pelas câmeras e os segundos são aqueles que refletem os sinais luminosos emitidos por *leds* instalados junto às câmeras.

Os marcadores podem ser fixados nas articulações ou nos membros, mas não nas juntas. O sistema demanda pelo menos três câmeras de vídeo, cada uma equipada com uma fonte de luz, geralmente infravermelha, dirigida para iluminar a área de visão da câmera. Os discos refletem a luz na direção da câmera e um computador capta e sincroniza a imagem. Os dados das posições x, y, z de cada marcador são aplicados a um sistema de cinemática inversa para animar um esqueleto 3D.

As principais desvantagens desses sistemas são a facilidade com que o corpo do ator obstrui a reflexão dos marcadores (a oclusão) e o custo do equipamento. O problema da oclusão é resolvido com a utilização de várias câmeras pelo ambiente. A imagem dessas câmeras é enviada a um sistema central, que reconstrói as áreas onde um ou mais marcadores ficaram ocultos.

6.5.2.2. Mecânico

É um dos tipos mais antigos de captura de movimento e ainda hoje é o segundo mais usado. Seu método de funcionamento é baseado na captura de dados de sensores eletrônicos posicionados nas juntas do corpo do indivíduo.

Alguns destes sensores podem ser simples potenciômetros, que variam sua resistência de acordo com a rotação dos membros do indivíduo.

Em geral, são constituídos por um exoesqueleto que possui alavancas que transformam os movimentos rotacionais em dados de computador em tempo real.

Dentre as vantagens estão a precisão dos sistemas, que, por serem anexados ao corpo do indivíduo, apresentam poucos ruídos. Além disso, o custo destes sistemas também é bem mais reduzido que os custos dos sistemas ópticos. A principal desvantagem dos sistemas mecânicos é a baixa mobilidade por parte do indivíduo que utiliza o equipamento, como pode-se verificar na Figura 6.3.

FIGURA 6.3. *Sistema mecânico de captura de movimentos. Fonte: Canal Snappers Mocap (https://www.youtube.com/channel/UCxVIgBfINXmlbaVmpt_LXXg)*

6.5.2.3. Magnético

O terceiro tipo mais utilizado captura o movimento por meio de um conjunto de sensores formados por magnetômetros e acelerômetros, que são colocados em várias partes do corpo.

Esse tipo de sistema exige uma calibração inicial, que determina a posição dos marcadores e o tamanho do esqueleto que será capturado. A captura é realizada pelo reconhecimento das posições dos marcadores e da conversão destas em rotações que podem ser aplicadas a diversos tipos de personagens.

Estes sistemas têm a vantagem de não se sobreporem aos marcadores, e de serem mais baratos que os óticos e mais práticos que os mecânicos. Entretanto, apresentam a desvantagem de utilizar vários cabos fixados ao corpo do ator, atrapalhando sua atuação, além de serem afetados por qualquer objeto de metal na área de captura. (Figura 6.4)

FIGURA 6.4. *Sistema Neuron MoCap.*

6.6. ANIMAÇÃO DE PERSONAGENS 3D

O processo de animação de personagens 3D é similar ao de animação tradicional 2D. Nesta conjuntura, os animadores posicionam seus personagens em poses (as poses-chave) e realizam todas as etapas de animação: criação dos breakdowns, dos inbetweens e do refinamento da animação. Nos grandes estúdios, esse processo pode durar até uma semana para um trecho de animação que dura de 4 a 11 segundos.

Existem casos de trechos mais longos e mais complexos, nos quais o animador usa mais tempo para animar uma cena. Um exemplo disso é a animação da dança do personagem Scratch, em *A Era do Gelo 3* (Blue Sky Studios).

A animação é um processo construído em etapas planejadas. Uma sequência dessas etapas pode ser:

Ideias → Criação do Roteiro → Storyboards → Layout → Animação → Iluminação → Render Final.

Sequências de etapas não descritas, mas importantes para a Animação 3D, são a criação dos personagens e a criação dos cenários:

Criação de Cenários → Modelagem → Texturização → Iluminação
Criação de Personagens → Modelagem/Escultura → Texturização

Durante a fase de animação, os animadores desmembram o processo de animação em diversas subetapas. Inicialmente, eles recebem o layout de um setor com o mesmo nome. O layout nada mais é do que a composição de cena com a colocação do personagem no cenário por meio de um enquadramento feito por uma câmera.

A partir desse layout, o animador cria uma série de estudos para compreender e executar os movimentos do personagem. Estes estudos incluem desenhos, gravações de referências e busca de vídeos e outras animações que possam auxiliar o animador a compreender os movimentos realizados pelo personagem.

Após essa etapa inicial de planejamento, o animador cria a blocagem da cena. Na blocagem o animador coloca o personagem nas poses-chave. Ele ainda não se movimenta de maneira fluida, mas, ao passar pelas poses-chave, o animador consegue determinar o *timing* da animação e também experimentar novas poses para seu personagem, caso necessário.

Em seguida o animador cria poses intermediárias — os *breakdowns* —, que são as formas pelas quais o personagem passa de uma pose-chave a outra. Estes *breakdowns* são elaborados pelo animador para que o personagem realize seus movimentos de acordo com o planejado pela animação.

A seguir o animador pode complementar o fluxo de sua animação colocando mais *breakdowns* (secundários) ou simplesmente fazendo os *inbetweens*, que são as poses intermediárias entre os *breakdowns*.

Ao final, são feitas as suavizações das curvas de animação em editores de curva, como o Curve Editor no 3ds Max ou o Graph Editor no Maya. (Figura 6.5)

Nota-se que o processo de animação 3D é segmentado, assim como o processo de animação 2D, de onde se origina. Em termos gerais, esse processo é similar para ambas as animações.

Ao realizar este processo, o animador preocupa-se em aplicar os princípios de animação às poses e movimentos do personagem. Seu objetivo é tornar a ação sempre mais adequada à personalidade do personagem.

Tecnicamente, para representar criaturas animadas, é conveniente armazenar as relações entre cada porção móvel diferente dos elementos geométricos que compõem o personagem.

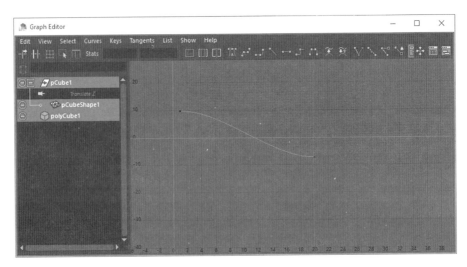

FIGURA 6.5. *Graph Editor, no Maya, representando uma curva de animação.*

Tomando como exemplo o ser humano, as partes responsáveis pela deformação e movimento do personagem 3D recebem o nome de seus correspondentes na estrutura real do corpo humano.

Os ossos (*bones*) são elementos individuais de estruturação definidos a partir do comprimento e vetor de direção, estabelecendo a ligação entre duas articulações.

O esqueleto é o conjunto formado por todos os ossos e articulações componentes da estrutura de deformação. Na parte óssea, temos os músculos flexores, que além de limitar o movimento do esqueleto, deformam a malha.

Independentemente do programa de síntese de movimento empregado, um software de animação tridimensional gerencia as relações entre as diversas camadas que compõem um personagem, sendo o mediador da interação entre o animador e o personagem virtual criado, possibilitando o controle e o refinamento dos movimentos, dos gestos e das ações realizadas pelos personagens e objetos animados, como visto anteriormente.

O personagem 3D funciona como uma marionete e, para o seu controle de movimento, identificamos três camadas primárias aplicadas durante a sua construção:

- Uma primeira camada é composta pela estrutura formada pelos ossos, responsável por receber a entrada de dados sobre rotação e translação da estrutura do personagem;

- Uma segunda camada define a distorção do modelo geométrico, que apresenta os controles de deformações quando o personagem, por exemplo, senta ou fala, por meio de estruturas chamadas *constraints*. É nesta camada que estão os controles que moverão a estrutura óssea dos personagens.
- Uma terceira camada descreve a superfície e a aparência da geometria que compõem o personagem ou objeto (*skin* ou malha). Ao contrário das demais, esta será vista como a forma final do personagem.

Um corpo humano pode ser modelado com um conjunto de 19 articulações conectadas por membros (Figura 6.6) e dispostas numa estrutura hierárquica (Figura 6.7). Se o grau de liberdade dessas articulações for conhecido ou especificado, a posição final do membro pode ser facilmente computada usando técnicas cinemáticas.

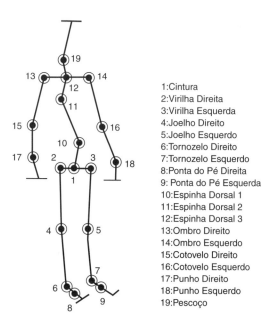

FIGURA 6.6. *Conjunto das articulações humanas.*

6.6.1. Cinemática

A cinemática é usada para diferentes fins. Na robótica, elas são utilizadas para calcular a trajetória de um braço mecânico baseado na posição de um objeto; nos jogos, para dar realidade aos movimentos e para guiar, por exemplo, o braço de um jogador a um objeto; e, por fim, nos trajes de captura de

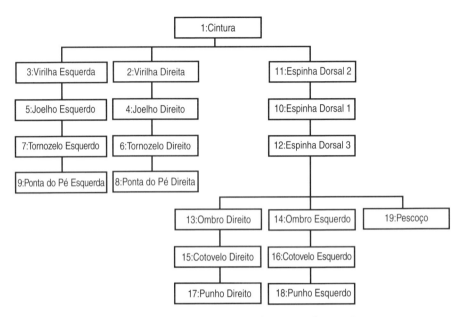

FIGURA 6.7. *Estrutura hierárquica do conjunto das articulações humanas.*

movimento, para minimizar o uso de dispositivos de posição e orientação fixados à roupa.

6.6.1.1. Cinemática direta

A estrutura da Cinemática Direta (*Forward Kinematics* – FK) é a mais básica. Neste tipo de estrutura, cujos ossos são conectados como os galhos de uma árvore (cada qual ligado ao tronco anterior), as transformações dos ossos das extremidades herdam as transformações dos ossos cuja hierarquia lhes é superior. Essas transformações são a rotação, a translação e a escala destes objetos.

O FK usa a metodologia de hierarquia *top-down*, onde a posição das articulações pais interfere nas articulações filhas. De acordo com a complexidade da estrutura esquelética do personagem, é necessário criar nomenclaturas específicas para cada uma das partes, de maneira a não confundir o profissional que trabalha criando esqueletos para o personagem.

O conhecimento da cinemática direta é uma boa introdução para o entendimento da estrutura básica de árvore de uma animação. Porém, esta pode tornar-se demasiada complexa, já que todos os ossos "filhos" ficam dependentes de qualquer animação que se fizer no osso "pai".

A principal vantagem do uso da Cinemática Direta em personagens é a facilidade com que movimentos em arcos são realizados por meio delas. Um bom exemplo de movimento realizado com ajuda da Cinemática Direta é o movimento pendular dos braços dos personagens.

6.6.1.2. Cinemática inversa

A Cinemática Inversa (*Inverse Kinematics* – IK) utiliza a metodologia de hierarquia inversa, na qual as posições das articulações filhas controlam as articulações pais. A função que a descreve calculará a posição e orientação das articulações e membros pais a partir da posição final da articulação filha da hierarquia, ou seja, com a IK, um osso do pé, na sua posição final, definirá como os outros ossos do joelho e do quadril deverão girar e se posicionar, tornando a animação de um andar bem mais convincente.

Inicialmente, a configuração de uma estrutura de IK era bastante complexa, entretanto, com a criação de novas ferramentas e scripts para os softwares de 3D, este processo tornou-se mais simples.

Comparando-se as duas técnicas, podemos perceber que a IK possibilita a criação de movimentos nos quais a cadeia final da estrutura de ossos controla as demais partes do esqueleto. Em animações onde o personagem precisa ter um membro fixo, esta técnica é bastante útil. Um exemplo disto é o pé, que precisa ficar afixado ao chão durante o caminhar do personagem.

Porém, a IK também possui desvantagens. Ela faz com que o movimento das juntas seja definido por uma função, o que pode resultar em movimentos indesejados. Em muitos casos, a solução ideal poderá ser a utilização de ambas as técnicas para o mesmo personagem.

6.6.2. Ossos (*Bones*)

A estrutura de ossos criada para ser a base de deformação do personagem articulado é utilizada para o estabelecimento de vínculo geométrico entre os diferentes elementos possíveis de serem animados. Essa estrutura, composta por segmentos conectados por articulações de forma hierárquica, é a base para todas as deformações que serão aplicadas para a alteração do aspecto visual das superfícies.

Fisiologicamente, não podemos fixar um eixo ou centro de rotação para uma articulação, pois são executados simultaneamente movimentos de rotação e deslocamento nas áreas de contato dos ossos. Para a animação para o entretenimento, podemos ignorar as pequenas translações ocorridas e criar um modelo de articulação ideal, que faça uso apenas de coordenadas angulares para registrar o movimento dos parâmetros de rotação.

Os ossos podem também ser elásticos, ou seja, variar de tamanho durante a animação, permitindo simular movimentos de criaturas que, na verdade, não possuem um esqueleto (como minhocas) ou criaturas típicas de desenho animado.

6.6.3. Articulações (*Joints*)

São muito importantes para possibilitar posturas e gestos. As articulações mais utilizadas na criação de personagens animados são as juntas de revolução e esférica, descritas a seguir.

6.6.3.1. Grau de liberdade

As possibilidades de movimento do mecanismo de articulação no espaço tridimensional correspondem ao número de parâmetros cinemáticos independentes permitidos, e são chamadas de grau de liberdade (*Degree of Freedom* – DOF). Quanto maior o DOF, maior a liberdade de movimentação da estrutura e configurações possíveis para o estabelecimento de poses.

O grau de liberdade está diretamente relacionado aos ângulos de rotação em torno dos eixos x, y e z (Capítulo 2). Podemos limitar o grau de liberdade para um ou dois eixos. O pulso humano é um bom exemplo de grau de liberdade em três eixos: se observarmos os movimentos de nosso pulso, podemos rotacioná-lo de cima para baixo (e vice-versa) e de um lado para o outro, e em torno de seu próprio eixo. Nosso joelho é um bom exemplo de grau de liberdade em um eixo, ou seja, dobra-se apenas em um sentido.

Podemos também limitar o movimento pelo ângulo máximo possível entre as articulações. Se movimentarmos nosso joelho para trás, veremos que ele percorre um ângulo máximo de 180°.

Observando qualquer criatura viva, vemos que quando a articulação se rotaciona próxima ao limite máximo há uma redução da velocidade. Isso recebe o nome de amortecimento. Esse fenômeno é ao mesmo tempo a representação do limite da musculatura e da capacidade de rotação, em um determinado eixo, de uma junta.

Neste caso, podemos controlar os atributos de amortecimento de duas formas: alcance e resistência (Figura 6.8).

O alcance refere-se aos limites máximos e mínimos das articulações e pode ser controlado pelo ângulo máximo de rotação.

A resistência está relacionada à capacidade elástica dos músculos e pode ser controlada por um atributo que determina o alcance.

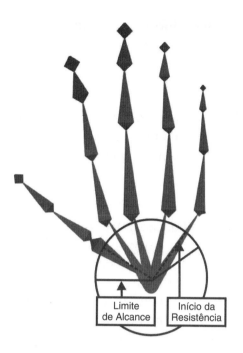

FIGURA 6.8. *Atributos de amortecimento da articulação da mão.*

6.6.3.2. Junta de revolução

É o tipo de junção mais utilizado e o termo "revolução" se deve ao fato de que o extremo de um osso é rotacionado no extremo do outro osso componente da cadeia cinemática. Por obter rotações apenas em um simples eixo, a junta de revolução tem apenas um grau de liberdade.

Existem três formas de juntas de revolução:

R1: Dobradiça (*hinge*), é a forma mais comum e simples de articulação, onde um osso (A) gira em um eixo perpendicular a outro osso (B), como as articulações encontradas no cotovelo e no joelho. O ponto localizado no extremo final do osso A realiza um movimento circular com centro de rotação no extremo final do osso B.

R2: O eixo de rotação é paralelo aos dois ossos (A e B). O ponto extremo de B não pode mudar sua posição no espaço, mas pode girar longitudinalmente em relação ao osso A. Podemos criar um modelo simplificado para o movimento do punho (ao girar a palma da mão para cima e para baixo) com esse tipo de junta.

R3: É uma variação de R2; o eixo de rotação permanece como na forma anterior, mas o osso B muda de posição e é colocado perpendicularmente em relação ao osso A. Dessa forma, o extremo final de B rotaciona ao redor do ponto final do osso A (como o movimento do punho ao abanar a mão).

6.6.3.3. Junta esférica

Este tipo de articulação implementa o conceito de junção *ball-and-socket*, onde uma esfera está livre para executar qualquer movimento de rotação enquanto estiver anexada a um encaixe.

6.6.4. Esqueleto

O conjunto formado pela ligação entre os ossos e articulações é denominado esqueleto. O esqueleto é organizado também segundo um modelo hierárquico, onde as transformações ocorridas no topo da hierarquia são herdadas pelos segmentos inferiores. O nível mais alto de uma estrutura hierárquica é chamado origem ou raiz (*root*); cada origem de uma composição pode ter um ou mais filhos (*child*). Nesse arranjo, o "pai" (*parent*) de um osso é o segmento imediatamente acima na cadeia cinemática, que controlará o movimento de todos os ossos abaixo. Dessa forma, ocorre o acúmulo das transformações geométricas entre os sistemas de coordenadas das articulações, ou seja, ao movimentar o osso do braço, toda a estrutura inferior — antebraço, punho, mão e dedos — acompanhará esse movimento.

Simulando uma estrutura biomecânica real, o esqueleto tem a função de receber as informações de translação e rotação simples, para que sejam posteriormente aplicadas na geometria original. Outros parâmetros armazenados pelo esqueleto são:

- A estrutura hierárquica de toda a ramificação dos ossos: descrição do estado de cada osso em relação aos segmentos estabelecidos pela vinculação hierárquica por meio da definição dos manipuladores.
- Os parâmetros das articulações: matrizes de transformação com os parâmetros cinemáticos relativos ao comprimento, posição, orientação, distância relativa, ângulo formado entre os segmentos adjacentes e rotação longitudinal (*twist*).
- Os limites de rotação e atributos físicos: restrições arbitrárias concedidas às articulações para restringir o movimento nos eixos de rotação. Podem ser atribuídos valores de resistência oferecida pela articulação ao movimento e aos limites para o ângulo de rotação possível para uma junta.

- Um esqueleto para animação não precisa ser a cópia exata do esqueleto real do personagem, pois se trata de uma ferramenta especial de animação.

Geralmente, iniciamos a construção do esqueleto a partir das pernas, dando as propriedades dos ossos à malha do personagem. Quando pensamos em um esqueleto real, focamos primeiro nos ossos e depois nas articulações, que permitirão o movimento. Na animação por computador, precisamos primeiro nos concentrar nas articulações e depois no relacionamento hierárquico indicado pelos ossos (Figura 6.9).

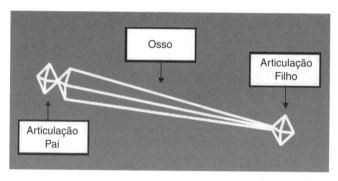

FIGURA 6.9. *Relacionamento hierárquico do osso.*

Observe que o osso tem um formato cônico com lados de polígonos triangulares cujas extremidades são usadas para definir as hierarquias. Logo, a junta na parte grossa estará hierarquicamente superior à junta na parte fina, ou seja, será o pai da mais fina. Quando o pai se move, o filho também se move, o inverso não é verdadeiro. Qualquer série simples de articulações conectadas por ossos é chamada de cadeia de articulação. A articulação mais alta na hierarquia da cadeia de articulação é chamada de articulação pai.

Um membro consiste em uma ou mais cadeias de articulação que se ramificam em uma estrutura de árvore (Figura 6.10).

A articulação mais alta na hierarquia desse esqueleto é chamada de articulação raiz; quando a articulação raiz se move ou gira, tudo deve mover ou girar com ela.

Existem dois caminhos básicos para posicionar uma cadeia de articulação: as (já comentadas) cinemática direta e cinemática inversa.

Com a cinemática direta, temos de especificar as rotações de cada articulação individualmente, a partir da articulação pai e em todas as articulações

FIGURA 6.10. *Árvore de estrutura de uma cadeia de articulação.*

hierarquicamente abaixo. Essa abordagem é excelente para criar movimentos detalhados de arco.

Com a cinemática inversa, tudo o que você precisa fazer é dizer à articulação mais baixa, na hierarquia da cadeia de articulação, onde será sua nova posição, e todas as articulações acima girarão automaticamente. A cinemática inversa oferece um caminho muito intuitivo para posicionar uma cadeia de articulação porque habilita uma meta dirigida de posicionamento.

6.6.4.1. Controladores IK

Para posicionar uma cadeia de articulação com a cinemática inversa, é necessário adicionar uma ferramenta especial para o esqueleto, que chamaremos de controladores IK.

Um controlador começa na articulação pai e pode terminar em qualquer articulação abaixo dela. Por exemplo, para cada braço, pode-se criar um controlador que controle a cadeia de articulação que começa na articulação do ombro e finaliza na articulação do punho (Figura 6.11).

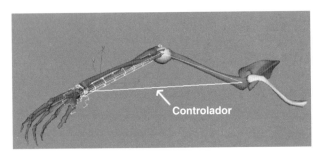

FIGURA 6.11. *Controlador IK iniciando na articulação do ombro e finalizando na articulação do punho.*

Os controladores não só facilitam o processo de posicionamento como também desenvolvem um papel importante na solução dos movimentos entre os quadros-chave.

A arquitetura de um controlador é composta por uma série de elementos e definições, como mostra a Figura 6.12.

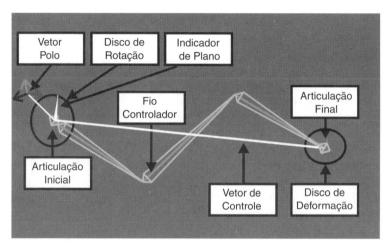

FIGURA 6.12. *Elementos da arquitetura de um controlador IK.*

Articulação Inicial (*Start Joint*): É onde começa o controlador IK. Deve ser a primeira articulação na hierarquia da cadeia de articulação, por exemplo, a articulação raiz.

Articulação Final (*End Joint*): É onde termina o controlador IK. Deve ser a última articulação na hierarquia da cadeia de articulações.

Fio Controlador (*Handle Wire*): É uma linha que percorre todos os ossos indo da articulação inicial até a final.

End Effector: É o fim do controlador IK e está localizado na articulação final.

Objetivo (*Goal*): Indica onde o controlador deve estar. Você pode movê-lo para qualquer ponto da cena. O controlador usará essa posição para determinar o movimento.

Disco de Rotação (*Rotation Disc*): Está localizado na articulação inicial e indica como a cadeia de articulações pode rotacionar.

Disco de Deformação (*Twist Disc*): Está localizado na articulação final e é usado como ferramenta para trançar a cadeia de articulações.

Indicador de Plano (*Plane Indicator*): Indica a orientação do plano da cadeia de articulações, que é o grau de deformação na cadeia de articulação em relação ao plano de referência. Pode ser imaginado como a reflexão do plano da cadeia de articulação no disco de rotação.

Plano de Referência (*Reference Plane*): Quando há a rotação e a deformação da cadeia de articulações, o plano deve rotacionar em relação a algum outro plano, para que o grau de deformação possa ser medido. Para isso, o plano da cadeia de articulação roda em relação ao plano de referência. O plano de referência é definido pelos vetores de controle e polo:

- **Vetor de Controle** (*Handle Vector*): É a linha que vai da articulação inicial até o *End Effector*. É usado para indicar em qual articulação o controlador IK deve iniciar e acabar.
- **Vetor Polo** (*Pole Vector*): O vetor polo inicia na articulação inicial e pode terminar em qualquer articulação. O propósito do vetor polo é definir o plano de referência.

Uma das formas mais fáceis de controlar uma animação de personagem é usando um sistema de animação IK. Esses sistemas permitem a inserção automática de modelos de controladores IK pré-fabricados com formas variáveis, por exemplo, bípede, quadrúpede, com ou sem rabo etc. Esses modelos podem ser facilmente deformados para adaptarem-se à escala do personagem (Figura 6.13).

FIGURA 6.13. *Um salto para trás usando o sistema de animação IK.*

As diferenças entre o sistema de animação IK e as estruturas ósseas são descritas na tabela que segue:

Estrutura Óssea	Sistemas de Animação IK
O animador cria a sua estrutura de ossos	O sistema cria uma estrutura
Controle de transformações ilimitadas	O sistema limita o movimento e as rotações
Acesso a todas as funções do sistema de modelagem	Interface limitada pelo sistema de modelagem
Difícil de aplicar arquivos de movimentos (*motion capture*)	Fácil de aplicar arquivos de movimentos
Permite animar qualquer tipo de objeto	Permite somente animar objetos com aspecto humano ou animal
Animação manual	Animação automática com funções avançadas para multidões.

Como se pode ver, a estrutura óssea é mais versátil do que os sistemas de animação IK. Em compensação, o sistema IK disponibiliza em seus arquivos uma variedade enorme de ciclos de animação captados por equipamentos de *motion capture* com controles dos limites de movimento predefinidos.

6.6.4.2. Ciclo de animação

O ciclo de animação é uma poderosa técnica baseada na observação do movimento contínuo no processo de caminhar, correr ou qualquer tipo de movimento que se repita.

Desenvolver um ciclo de animação não linear envolve duas poses-chave onde a primeira e a última pose do ciclo são iguais. No caso da caminhada, por exemplo, as poses-chave intermediárias do ciclo são quando um dos dois pés está plantado no chão (no caso de uma corrida, quando os dois estão no ar) e quando um pé está acima do outro.

6.6.5. Músculo Flexor

Para animar as deformações de pele, será necessário usar ferramentas de deformação especiais chamadas flexores. Os flexores são ferramentas de alto nível para usar com peles (malha) e esqueletos. O efeito provocado na malha dependerá da posição do esqueleto.

Os flexores podem ser divididos em reticulados (*lattice*), esculturais (*sculpt*) ou de grupo (*cluster*).

Um flexor reticulado influencia a malha em volta das articulações ou os ossos das articulações. Esse flexor enruga e alisa a malha e dá definição muscular em volta do osso.

Um flexor escultural influencia a malha em volta das articulações ou os ossos das articulações criando saliências e inclinações. A Figura 6.14 demonstra a formação da junta do antebraço e do bíceps utilizando o flexor. As deformações anatômicas provocadas pelos flexores podem ainda simular o efeito de juntas do joelho ou cotovelo. Um flexor de grupo controla os pontos da malha em volta das articulações com variações percentuais de influência.

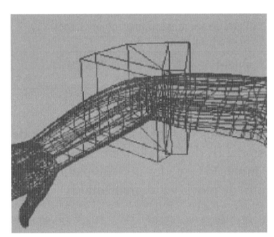 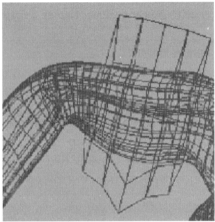

FIGURA 6.14. *Formação da junta do antebraço e do bíceps utilizando o flexor.*

O tempo empregado para construir um esqueleto e criar os flexores é bem gasto. Uma boa construção será recompensada na hora de animar. No exemplo da Figura 6.15, a imagem à direita mostra o número de controladores para animar o dinossauro da imagem à esquerda. A estrutura de animação desse dinossauro usou 138 ossos, 34 músculos, 84 *dummies* ou *helpers*, 10 controladores IK e 18 pontos de referência

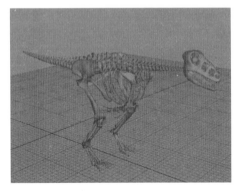 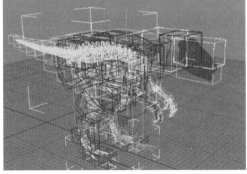

FIGURA 6.15. *A complexa estrutura de animação de um dinossauro.*

6.6.6. Animação Facial

Animação facial refere-se à criação de objetos tridimensionais semelhantes a faces, capazes de simular suas expressões, fala e movimentos característicos. Esse campo tem sido objeto de pesquisa constante nos últimos tempos, e pode ser encontrado em interfaces homem-computador sofisticadas, jogos interativos, multimídias, realidade virtual etc. As tecnologias de suporte incluem síntese da fala e inteligência artificial.

A expressão facial humana foi assunto de investigação científica por mais de 100 anos. Os esforços em relação à expressão facial por computador começaram há aproximadamente 25 anos. É interessante que a maioria das técnicas atualmente empregadas envolvam os princípios desenvolvidos várias décadas atrás.

O mais antigo trabalho com computadores baseado em expressões faciais data do início da década de 1970. Em 1971, Chernoff propôs o uso de faces bidimensionais. A primeira animação tridimensional foi criada por Parke em 1972. Em 1973, Gilleson desenvolveu um sistema interativo para montar e editar imagens faciais a partir do desenho de linha. E, em 1974, Parke desenvolveu um modelo facial tridimensional parametrizado.

Na década de 1980, foram desenvolvidos os primeiros modelos de controle de músculo da face e técnicas de caricatura facial. Em 1985, a película animada do curta "Tony de Peltrie" foi um marco para a animação facial. Pela primeira vez, na animação por computação gráfica, foi mostrado que a expressão facial e a animação da fala eram fundamentais para se contar uma história. Nesse período também foram desenvolvidos modelos de novos músculos por Waters, e um modelo abstrato da ação do músculo por Magnenat-Thalmann.

Quando se fala em animação facial não se pode deixar de mencionar o filme *Shrek*, no qual os personagens são capazes de expressar os diálogos e as emoções por meio de um sistema de animação facial desenvolvido na PDI/DreamWorks. Utilizando ferramentas especiais chamadas *shapers* (basicamente um processo de camadas que deforma a superfície a partir do seu interior), os animadores puderam realizar movimentos aplicando camadas de ossos, músculos, gordura, pele, cabelos e roupas que interagem entre si. Essencialmente, o crânio do personagem é formado no computador e coberto com uma camada que simula os músculos da face. Depois, tudo é coberto com a pele e programado para responder às manipulações dos músculos, como aconteceria num rosto humano, completado por rugas, marcas de expressão e outras imperfeições. Centenas de controles estão ligados no rosto, como se fossem nervos humanos, permitindo aos animadores simularem os fonemas da fala com sincronia labial. No filme, há também avanços na criação de ambientes complexos; de roupas que se movimentam, dobram e reagem à luz como tecidos de verdade; do fogo e fluidos com viscosidades diferentes obtidas pelo Fluid Animation System (FLU), da PDI/DreamWorks.

Existem diversos métodos de animação facial, dentre os quais pode-se citar:

6.6.6.1. Sincronização labial

O processo de animação facial em 3D segue a linha do modelo de animação 2D, onde o animador deve desenhar todas as posições labiais da cena e modificá-las tentando uma sincronização labial (*lip-sync*) da fala.

6.6.6.2. Sequência de texturas

Neste método, a animação é conseguida pela troca do mapeamento para cada posição da boca. Para isso, é necessário um arquivo de posição ou textura para cada mudança de fonema.

6.6.6.3. *Morphing*

Neste método, são modeladas faces para cada fonema e expressão. O software, então, faz a interpolação das faces criando a sincronização. A técnica também é muito útil para caracterizar o envelhecimento do personagem.

6.6.6.4. Esqueleto

Como descrito anteriormente, a ideia de articulações simulando esqueleto pode ser usada para animar qualquer coisa, inclusive a face.

6.6.6.5. Free form deformation

Para criar as diversas posições da boca, utiliza-se uma ferramenta de deformação sobre a malha do rosto, que funciona basicamente da mesma maneira que o esqueleto.

6.6.6.6. Weighted morphing

Da mesma maneira que o *Morphing*, são modeladas as posições da face para cada grupo de músculos faciais, fonemas ou expressões. Essas posições, chamadas *visemes*, são aplicadas como deformação à face inicial (neutra) e podem ser mixadas em diferentes proporções propiciando uma diversidade de poses. Normalmente, esse é o método predileto dos animadores, devido à sua rapidez e facilidade de criação de novas posições.

Independentemente da escolha do método, os fonemas da língua portuguesa podem ser formados por no mínimo doze posições, cinco para as vogais (A, E, I, O e U) e mais sete para o grupo de sons (B-P-M, C-K-G-Q, D-N-T-L, F-V, R, S-Z, J-X-CH). Para isso, deve-se de quebrar o áudio das frases identificando os picos de fonemas e seu tempo em quadros.

Além da definição da quantidade de posições dos fonemas, deve-se definir faces para os sentimentos que o personagem exibirá durante a animação (felicidade, tristeza, surpresa, medo, ódio, desgosto etc.).

Em alguns casos, dependendo do realismo desejado, opta-se pela retirada de alguns fonemas deixando somente aqueles que apresentam uma variação maior entre os picos.

É importante observar alguns aspectos da fala humana, por exemplo, a coarticulação; ou seja, sempre que fala, a boca antecipa a forma de emissão do próximo fonema. É interessante estudar e observar os sotaques e expressões regionais, usar espelhos e demonstrações com o próprio corpo para captar a essência do movimento.

6.7. ANIMAÇÃO DE SUPERFÍCIES DEFORMÁVEIS

Nos últimos anos, percebe-se um crescente interesse no desenvolvimento de modelos de animação baseados na física. Engrenagens capazes de simular colisões, gravidade, entre outros fenômenos, passaram a ser distribuídas em conjunto com os *browsers* mais usados de navegação na internet. Inicialmente, a animação era realizada apenas com objetos rígidos, mais tarde surgiram os objetos articulados e, recentemente, aqueles ditos flexíveis ou deformáveis.

A animação de personagens ou objetos deformáveis exige que se possua um modelo geométrico que permita a mudança de forma ao longo do tempo. Em computação gráfica, isso pode ser definido por meio de métodos numéricos (elementos finitos ou de contorno) ou de modelos físicos de curvas, superfícies ou mesmo sólidos deformáveis.

O objetivo principal na simulação de modelos deformáveis é produzir movimentos fisicamente realistas. Exemplos incluem a simulação da musculatura do corpo humano, a fim de representar realisticamente a pele de um personagem falando; a simulação do fluxo de líquidos viscosos, como, por exemplo, derramamento de óleos ou ainda a simulação de tecidos, parte essencial de qualquer personagem e produto para a indústria de vestuário.

O modelo geométrico para simular uma superfície deformável consiste em uma malha representada por uma matriz de pontos M. Cada elemento M_{ij} dessa matriz contém uma posição xyz correspondente a um ponto da superfície em um espaço tridimensional. Considera-se ainda r como a distância entre os elementos da matriz M.

Para simular fisicamente uma malha flexível, pode-se usar o conceito de mola elástica (ou um conceito que obedeça à lei de Hooke). Esse modelo baseia-se fundamentalmente na aplicação de forças sobre os diversos pontos de massa da malha, gerando novas posições para o equilíbrio dos mesmos.

Considerando a aplicação de apenas três forças distintas: da gravidade, de elasticidade e de curvatura (ou torção), uma força resultante em cada ponto da malha pode ser calculada da seguinte forma:

$$F_{resultante} = F_{gravidade} + F_{elasticidade} + F_{curvatura}$$

Isso, no entanto, não quer dizer que não se possa aplicar outras forças ao modelo. Por exemplo, para incluir a simulação da força do vento, ou qualquer restrição, basta acrescentar este elemento na soma anterior.

A força da gravidade pode ser calculada para cada ponto da malha, da seguinte forma:

$$F_{gravidade} = g.m$$

onde g representa a aceleração da gravidade e m a sua massa do ponto.

A força de elasticidade em um ponto P_{ij}, da matriz M_{ij}, supõe a sua conexão aos seus oito vizinhos, por meio de molas elásticas (Figura 6.16). Sabendo que a força exercida por uma mola elástica que obedece à lei de Hooke sobre um ponto de massa m é:

$$F_{Mola} = -k_m \cdot (P - Pr)$$

onde k_m é a constante elástica da mola (ou melhor, a constante elástica modificada para considerar deslocamentos e não deformações), P representa as coordenadas do ponto em questão e Pr as coordenadas do ponto em repouso; pode-se então definir a força de elasticidade como sendo o somatório das forças exercidas pelas molas, no ponto P:

$$F_{elasticidade} = \Sigma F_{Mola}$$

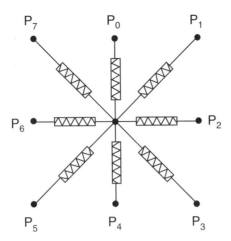

FIGURA 6.16. *A força de elasticidade em um ponto P_{ij}, representado pela conexão aos seus oito vizinhos, por meio de molas elásticas.*

A força de curvatura ou torção indica o grau com que a superfície se curva e torce. Essa força é calculada também em função dos oito vizinhos de um ponto. A simulação desse efeito pode ser concebida colocando molas angulares entre os vizinhos do ponto P, da seguinte forma: uma mola no ângulo formado entre os vértices P_0, P e P_4; entre P_1, P e P_5; entre P_2, P e P_6; e entre P_3, P e P_7. A colocação dessas molas é feita de forma que estejam na posição de repouso quando o ângulo formado entre os três vértices for igual a 180°. Além disso, considera-se que as molas em questão possuem um coeficiente de elasticidade parametrizável, denominado k_c. A alteração que a força exercida por essas molas possa vir a causar na posição do ponto P_{ij} é indicada por uma função f(i, j).

Devemos, ainda, considerar as restrições físicas do modelo ou a força de restrição, (observando a existência de pontos da superfície que não se moverão) e a detecção de colisão entre superfícies deformáveis e objetos sólidos. No caso de haver qualquer tipo de restrição sobre um ponto, é calculada uma força tal que leve o ponto a não se mover ou a se mover obedecendo a restrição em questão.

A colisão da superfície deformável com corpos rígidos é calculada como uma função f(i,j), que verifica para cada ponto da malha se este está dentro do sólido, fora ou na superfície deste. No caso de estar fora ou sobre a superfície, a força de restrição é nula. Entretanto, se o ponto da superfície estiver dentro do sólido, deve ser aplicada uma força que leve o ponto para a superfície.

O algoritmo utilizado na geração dos novos pontos da malha, após cada intervalo de tempo especificado (Δt), é:

Para um tempo igual a t, inicialmente igual a 0 e variando de Δt:

- Calcular a força resultante em cada ponto da malha flexível, por meio dos métodos já descritos;
- Calcular a aceleração de cada ponto pela fórmula F = ma, onde m é a massa e a, a aceleração;
- Com base nessa aceleração, encontrar a velocidade dos pontos através da fórmula: V = V_a + a Δ t, onde V_a representa a velocidade no momento anterior.

Dada a velocidade, encontra-se a nova posição do ponto, usando a fórmula:

$$P = P_a + V \Delta t$$

onde P_a é a posição anterior do ponto, e V a sua velocidade.

Novos melhoramentos a esse algoritmo incluem adicionar características inelásticas ao modelo, considerando a deformação definitiva ou fratura das molas que unem os pontos da malha, e sua extensão para objetos tridimensionais e não somente superfícies.

6.8. PRODUÇÃO DE ANIMAÇÃO

Animação é a criação de uma história. Como em qualquer produto audiovisual, a animação vale-se de métodos, processos criativos e a crítica como forma de criação das melhores histórias.

Neste processo, algumas etapas são necessárias para que um filme animado chegue às telas.

Em países onde o mercado do audiovisual é bem desenvolvido, percebe-se a especialização dos diversos profissionais envolvidos nas etapas de animação. Assim, é comum encontrarmos profissionais que trabalham apenas na etapa de modelagem de personagens, outros focados em criar os esqueletos que serão utilizados pelos animadores, outros que só animam o personagem, e daí por diante.

Nos países onde o mercado do audiovisual ainda está se desenvolvendo, encontra-se predominantemente o generalista. O generalista é aquele profissional que possui diversas habilidades, porém não se especializa em nenhuma delas. De maneira geral, este tipo de profissional é o mais encontrado no Brasil devido às particularidades do nosso mercado.

Assim, no Brasil, as tarefas dos profissionais mudam conforme o projeto. Pode-se descobrir que para uma determinada ação suas habilidades e conhecimentos sejam melhores ou piores.

A produção de uma animação tipicamente segue os seguintes passos:

1. Uma história é inventada a partir de uma ideia;

2. A partir desta ideia, um roteiro é escrito;

3. Os personagens da história são criados, ganhando personalidades e comportamentos;

4. Paralelamente desenvolve-se um storyboard a partir do roteiro. No storyboard, desenha-se cada tomada de cena na ordem que o filme ocorre. O storyboard fornece uma estrutura e um plano global para a animação ou filme, permitindo ao diretor e sua equipe ter uma ideia clara de onde cada tomada se encaixa no filme. Inclui-se uma breve explicação da tomada e descrevem-se os diálogos;

5. Com o storyboard em mãos, são criados os layouts de cena. Estes são os enquadramentos do personagem no cenário de acordo com os desenhos do storyboard. Esse é o guia para o animador realizar seu trabalho.

6. Para testar os movimentos, faz-se o animatic. O animatic é um storyboard animado largamente usado por grandes produtoras graças à popularização dos softwares de animação que agilizam e barateiam o processo;

7. Com base no storyboard e no layout, são criados os quadros-chave da animação;

8. Em seguida são criados os breakdowns e os inbetweens, completando o processo de animação do personagem;

9. A seguir, a cena é iluminada e os diversos passes de render são compostos para a conclusão da cena.

O processo de animação por computador segue todos esses passos. Sua diferença em relação à animação tradicional 2D é simplesmente a não utilização de desenhos à mão.

6.9. PRINCÍPIOS DA ANIMAÇÃO

O desenvolvimento das animações de personagens ocorreu durante o século XX. Neste período, alguns movimentos e poses de personagens foram descobertos de maneira prática pelos primeiros animadores. Esses movimentos foram enumerados como princípios e descritos no livro *The Illusion of Life*, da Disney, em 1981.

ANIMAÇÃO • 325

Considera-se que um personagem bem animado siga esses princípios. Alguns desses princípios indicam fenômenos físicos e propriedades dos materiais envolvidos na animação, porém de maneira exagerada. Esses princípios são descritos a seguir:

Achatar e Esticar (*Squash* e *Stretch*): Todo objeto possui rigidez, elasticidade, amortecimento e massa, que devem ser considerados no processo de animação. Todo personagem segue essas características, entretanto, de maneira exagerada. Esticar e achatar ajuda a acentuar a direção em que o movimento acontece.

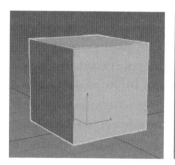
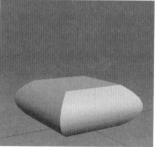
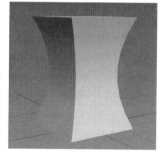

Antecipação (*Anticipation*): A antecipação é um movimento realizado pelo personagem, geralmente na direção oposta ao movimento principal que será realizado. Isto faz com que o público perceba o movimento que será realizado em seguida de forma mais clara. Na vida real, os movimentos humanos possuem pouca antecipação ou esta é pouco exagerada.

Ao desferir um soco, por exemplo, o braço do personagem deve ir para trás e só então para a frente, atingindo seu alvo.

Enquadramento (*Staging*): A tradução mais adequada de *staging* seria "colocar o personagem no palco", entretanto, acreditamos que enquadramento seja adequado neste caso. O enquadramento nada mais é que a colocação apropriada do personagem em cena, de forma que este transmita suas emoções e movimentos para o público de maneira clara.

Animação Direta e Pose-a-pose (*Straight Ahead Animation e Pose-to-Pose*): Animação direta e pose-a-pose são duas técnicas de animação. No primeiro caso, os animadores movimentam seus personagens *frame a frame* sequencialmente, ou seja, não realizam todas as etapas do processo de animação, com a criação de *breakdowns* e *inbetweens*. Uma das vantagens desse processo de animação é a fluidez dos movimentos do personagem.

No segundo caso, os animadores realizam todas as etapas de animação descritas anteriormente. Alguns autores alegam que este tipo de animação deixa o trabalho do animador mais engessado e que uma opção para este tipo de animação seria a utilização de uma combinação de pose-a-pose com animação direta. Neste caso, o animador teria a liberdade para alterar as poses-chave de acordo com a animação realizada.

Follow Through e *Overlaping Action*: *Follow through* é um termo difícil de traduzir para o português. Alguns autores o chamam de continuidade, o que também se aplica parcialmente à ideia deste princípio.

Follow through é a propriedade que dita que as partes maleáveis do corpo de um personagem ou objeto têm de continuar a ação quando o personagem para ou muda a direção da ação. Um bom exemplo disso é a cauda de um cão ou a fita em laço na cabeça de um personagem. Quando ambos estão correndo e subitamente param, seus corpos param, porém essas partes mais maleáveis continuam se movimentar, seguindo por um breve momento a direção da parte principal, onde estão conectados.

Já o *overlapping action*, ou sobreposição de ações, é a realização de diversas partes de ações ao mesmo tempo. Imaginemos os mesmos personagens do exemplo anterior parando. As suas partes não se movem ao mesmo tempo. As suas ações se sobrepõem. Isto é o princípio do *overlaping action*.

Aceleração e Desacelaração (*Slow in e Slow out*): Todo personagem começa seu movimento de maneira lenta (*slow out*) e pode terminá-lo de maneira lenta, desacelerando gradualmente (*slow in*). Em português, a melhor tradução para *slow in* e *slow out* é aceleração e desaceleração, e é exatamente a isto que estes movimentos se referem, ou seja, o quanto um personagem acelera ou desacelera, o que torna seus movimentos mais naturais.

Entretanto, nem sempre um personagem precisa desacelerar lentamente. Caso ele esteja chocando-se contra uma parede, seu movimento será brusco e ele fará uma parada rápida. O mais importante é que o animador perceba e saiba aplicar corretamente esse princípio.

Arcos: Os arcos de movimento são aplicados na animação de personagens pois geram animações mais fluidas e movimentos mais graciosos. Assim, ao animar um personagem, o animador precisa observar se seus movimentos estão seguindo arcos. Por exemplo, ao animar um personagem humano, o animador preocupa-se com o movimento em arcos do quadril, das pernas, dos braços, dentre outros, para que seu movimento pareça mais "natural".

Ação secundária: É a ação secundária do personagem que suporta a ação principal. Um bom exemplo é: "Uma pessoa desorientada coloca seus óculos enquanto recobra sua compostura". Ou seja, o movimento principal aqui é o de recobrar sua compostura. Colocar os óculos é apenas suporte à ação principal.

Timing e spacing: O *timing*, em conjunção com o *spacing*, é um dos princípios mais importantes de animação. Ele determina o tempo em que um personagem ou suas partes levam para chegar de uma pose-chave a outra. O *timing* de um personagem determina sua personalidade — se ele é mais lento ou mais agitado — e seu estado de espírito — apressado, deprimido, alegre, triste.

O *spacing* é o espaçamento de cada desenho entre um frame e seu sucessor. Ele determinará a aceleração e desaceleração do personagem.

Exagero: O exagero é a característica principal de personagens *cartoons*. Imagine um personagem *cartoon* correndo. Ele não correrá da mesma forma que um ser humano. Ele poderá esticar seus braços ao máximo, comprimir suas pernas, esbugalhar seus olhos, ou seja, tudo aquilo que faz com que um personagem seja considerado um *cartoon*.

Desenho Sólido: Em animação 2D, esse princípio realmente referia-se ao traço do personagem. Em animação 3D, costumamos falar de uma pose sólida, ou seja, aquela que, por meio da linha de ação do personagem, transmite seus movimentos de maneira clara.

Apelo (*Appeal*): Este princípio refere-se ao design do personagem. O personagem deve ser atraente para o público e isto é feito através de um bom *concept* de personagem, aliado a bons modeladores/escultores digitais que traduzirão o *concept* em um personagem 3D.

A animação é, em muitos casos, o objetivo final dos estudos da computação gráfica. Este capítulo não tem a pretensão de ser mais do que uma introdução inicial ao assunto. Dependendo de seu interesse específico na área, pode ser muito difícil ou bastante fácil encontrar trabalhos que o auxiliem. Talvez a melhor dica que poderíamos fornecer nesse sentido seria procurar os sites dos grupos de animação mais atuantes.

Referências

Anand, V. B. (1993). *Computer Graphics and Geometric Modeling*. New Jersey: John-Wiley.

Andersson, L., & Stewart, N. (2010). Introduction to the Mathematics of Subdivision Surfaces. *Society for Industrial and Applied Mathematics (SIAM)*.

Angel, E. (2003). *Interactive Computer Graphics – A Top-Down Approach with OpenGL* (3rd ed.). Boston: Addison-Wesley.

Azevedo, E., & Conci, A. (2003). *Computação Gráfica: Teoria e Prática*. Rio de Janeiro: Elsevier

Balakrishnan, R. (1999). *A Textbook of Graph Theory*. Universitext.

Berger, M. (1986). *Computer Graphics with Pascal*. São Francisco: Benjamin Cumming Pub. Co..

Blinn, J.F. (1978) Computer Display of Curved Surfaces. PhD thesis, CS Dept., University of Utah.

Blinn, J. F. (1978). Simulation of Wrinkled Surfaces, Computer Graphics. *SIGGRAPH '78 Proceedings*, *12*(3), 286-292.

Blinn, J.F. (1977) Models of Light Reflection for Computer Synthesized Pictures. Proc. 4th Annual Conference on Computer Graphics and Interactive Techniques, 192-198.

Blinn, J. F., & Newell, M. E. (1976). Texture and Reflection in Computer Generated Images. Communications of the ACM *CACM*, *19*(10), 542-547.

Brazil, A. L., Conci, A., Clua, E., Bittencourt, L. K., Baruque, L. B., & Conci, N. S. (2018). Haptic Forces and Gamification on Epidural Anesthesia Skill Gain. *Entertainment Computing Journal*(25), 1-13.

Catmull, E.A. (1974) Subdivision Algorithm for Computer Display of Curved Surfaces, PhD thesis, Dept. of CS, University of Utah, dez.

Cignoni, P., Montani, C., Scopigno, R., Rocchini, C. (1998) A General Method for Preserving Attribute Values on Simplified Meshes. IEEE Visualization, Proceedings of the Conference on Visualization, p. 59-66.

Cohen, J., Olano, M., Manocha, D. (1998) Appearance-Preserving Simplification. Proceedings 25th Annual Conference on Computer Graphics and Interactive Techniques. SIGGRAPH, p. 115-122.

Cook, R. L. (1984). Shade Trees, Computer Graphics. *SIGGRAPH '84 Proceedings, 18*(3), 223-231.

Conci, A., Brazil, A.L., Ferreira, S.B.L., MacHenry, T. (2015) AES Cryptography in Color Image Steganography by Genetic Algorithms. IEEE/ACS 12th International Conference of Computer Systems and Applications.(AICCSA).

Conci, A., & Castro, E. M. M. M. (2002). Image Mining by Content. *Expert Systems with Applications, 23*(4), 377-383.

Conway, J., & Smith, D. A. (2003). *On Quaternions and Octonions: Their Geometry, Arithmetic, and Symmetry*. Massachusetts: A. K. Peters.

Corrigan, J. (1994). *Computer Graphics – Secrets &Solutions*. New Jersey: Sybex.

Everett, R.R. The Whirlwind I Computer. Collection of the Computer History Museum. (www.computerhistory.org).

Earnshaw, R. A., & Wiseman, N. (1992). *An Introduction Guide to Scientific Visualization*. Berlim: Springer Verlag.

Farebrother, R. W., Groß, J., & Troschke, S-O. (2003). Matrix Representation of Quaternions. *Linear Algebra and its Applications, 362*, 251-255.

Farin, G. (1997). *Curves and Surfaces for CAGD: a Practical Guide*. Massachusetts: Academic Press.

Farin, G., & Hansford, D. (1998). *The Geometric Toll Box for Graphics and Modeling*. Massachusetts: A.K. Peters.

Faugeras, O. (1993). *Three-Dimension Computer Vision*. Massachusetts: MIT Press.

Foley, J. D., van Dam, A., Feiner, S. K., & Hughes, J. F. (1990). *Computer Graphics- Principles and Practice*. Massachusetts: Addison-Wesley.

Gardner, G. Y. (1985). Visual Simulation of Clouds, Computer Graphics. *SIGGRAPH '85 Proceedings, 19*(3), 297-303.

Gomes, A., Voiculescu, I., Jorge, J., Wyvill, B., & Galbraith, C. (2009). *Implicit Curves and Surfaces: Mathematics, Data Structures and Algorithms*. Berlim: Springer.

Gouraud, H. (1971). Continuous Shading of Curved Surfaces. *IEEE Transactions on Computers, C–20*(6), 623-629.

Hamilton, W. R. (1844). On Quaternions, or on a new System of Imaginaries in Algebra. *Philosophical Magazine, 25*(3), 489-495.

Hamilton, W. R. (1853). Lectures on Quaternions. *Royal Irish Academy*.

Hoffmann, C. M. (1989). *Geometric and Solid Modeling: an Introduction*. Burlington: Morgan Kaufmann.

Joselli, M., Clua, E., Montenegro, A.A., Conci, A., Pagliosa, P.A. (2008) New Physics Engine with Automatic Process Distribution between CPU-GPU. SIGGRAPH Sandbox Conference Proc., p. 149-156.

Krishnamurthy, V., Levoy, M. (1996) Fitting Smooth Surfaces to Dense Polygon Meshes. SIGGRAPH '96 Proceedings of the 23rd annual conference on Computer graphics and interactive techniques. 313-324.

Kolchin, V. F. (1998). *Random Graph*. Cambridge: Cambridge Press.

Lattari, L., Conci, A., Montenegro, A.A., Clua, E., Mota, V., Vieira, M. (2010) Colour based human skin segmentation using graph-cuts. Proceedings of IWSSIP, p. 223-226.

Mäntylä, M. (1988). *An introduction to solid modeling*. Computer Science Press.

Miller, G.S., Hoffman, C.R. (1984) Illumination and Reflection Maps: Simulated Objects in Simulated and Real Environments. SIGGRAPH '84 Advanced Computer Graphics Animation seminar notes.

Moran, M.B.H., Ochi, L.S., Conci, A., Araújo, A.S., Saade, D.C.M. (2018) Iterated Local Search for RGB Image Steganography. IWSSIP Proc.

Phong, B. T. (1975). Illumination for Computer Generated Pictures. *Communications of ACM, 18*(6), 311-317.

Rusinkiewicz, S. (1997) A Survey of BRDF Representation for Computer Graphics. https://www.cs.princeton.edu/~smr/cs348c-97/surveypaper.html

Thalmann, N. M., & Thalmann, D. (1990). *Computer Animation - Theory and Practice* (2ª ed.). Berlim: Springer Verlag.

Tufte, E. (1990). *Envisioning Information*. Connecticut: Cheschire.

Watt, A. H. (2000). *3D Computer Graphics*. (3ª ed.). Boston: Addison-Wesley.

Watt, A. H., & Policarpo, F. (1998). *The Computer Image*. Boston: Addison-Wesley Pub Co.

Watt, A. H., & Policarpo, F. (2001). *3D Games – Real-time rendering and Software Technology*. Boston: Addison-Wesley.

Watt, A. H., & Watt, M. (1994). *Advanced Animation and Rendering Techniques: Theory and Practice*. Boston: Addison-Wesley.

Índice

Aceleração , 223 , 322 , 324 , 327 ,
    328
Aliasing , 15 , 16 , 185
Amortecimento , 310 , 311 , 326
Anatômicas , 318
Animatic , 325
Anti-aliasing , 16
Aramada , 19 , 20
Arquitetura , 93 , 102 , 315

Bastonetes , 259 , 260
Bernstein , 121 , 122 , 147
Bézier , 105 , 114 , 120 , 122 ,
    124 , 125 , 126 , 127 , 128 ,
    130 , 132 , 136 , 137 , 138 ,
    140 , 145 , 147 , 148 , 150 ,
    151 , 152
Bicúbica , 105 , 145 , 146 , 147 ,
    148 , 149 , 150
Bilinear , 105 , 141 , 142 , 249 ,
    250 , 254
Biomecânica , 312
Bípede , 316
Blur , 212
B-rep , 20 , 23
Bresenham , 167 , 168
B-Spline , 105 , 126 , 127 , 128 ,
    129 , 130 , 131 , 132 , 133 ,

    136 , 138 , 149 , 150 , 151 ,
    152
Buffer , 3 , 13 , 160 , 161 , 162 ,
    164 , 171 , 181 , 183 , 184 ,
    185 , 186
Bump , 232 , 242

Cabinet , 101
Câmeras , 3 , 4 , 13 , 93 , 96 , 155 ,
    164 , 276 , 292 , 302
Captura , 15 , 240 , 285 , 289 ,
    293 , 297 , 299 , 300 , 301 ,
    302 , 303 , 307
Cartoon , 291 , 328
Catmull , 133 , 134 , 183 , 232
Cavaleira , 101
Cena , 4 , 5 , 6 , 8 , 10 , 12 , 36 ,
    37 , 38 , 39 , 40 , 54 , 86 ,
    87 , 88 , 89 , 93 , 96 , 07 ,
    102 , 103 , 104 , 155 , 157 ,
    158 , 161 , 172 , 181 , 182 ,
    184 , 185 , 186 , 187 , 188 ,
    189 , 193 , 196 , 199 , 200 ,
    201 , 203 , 205 , 211 , 212 ,
    213 , 214 , 215 , 220 , 221 ,
    223 , 225 , 226 , 227 , 228 ,
    233 , 239 , 240 , 241 , 242 ,

252 , 256 , 287 , 296 , 299 , 305

Ciclo , 317

Cinemática , 285 , 302 , 307 , 308 , 309 , 311 , 312 , 313 , 314

Cisalhamento , 61 , 63 , 64 , 65 , 66 , 71

Colisão , 323

Cones , 259 , 260 , 261 , 265 , 268 , 272 , 283

Cônicas , 100 , 110 , 113 , 135 , 138 , 140 , 151

Coordenadas , 13 , 14 , 18 , 20 , 25 , 26 , 29 , 31 , 32 , 33 , 34 , 35 , 36 , 37 , 38 , 39 , 40 , 41 , 42 , 43 , 44 , 47 , 56 , 57 , 59 , 63 , 68 , 69 , 70 , 72 , 84 , 86 , 87 , 89 , 90 , 91 , 92 , 93 , 94 , 96 , 97 , 99 , 101 , 102 , 103 , 104 , 107 , 109 , 111 , 112 , 113 , 115 , 116 , 117 , 135 , 136 , 139 , 150 , 158 , 159 , 164 , 165 , 178 , 182 , 233 , 234 , 236 , 244 , 266 , 322

Criaturas , 300 , 305 , 310

Culling , 153 , 176

Decomposição , 58 , 210

Defi ciência , 259 , 282

Deformáveis , 286 , 321 , 323

Descartes , 107

Desenho , 5 , 6 , 13 , 100 , 102 , 122 , 127 , 138 , 161 , 259 , 287 , 288 , 290 , 291 , 292 , 293 , 294 , 305 , 319 , 325 , 328

Designer , 36

Difusa, refl exão , 198 , 203 , 204 , 219 , 221 , 225 , 232 , 239

Dimensões , 8 , 17 , 18 , 20 , 42 , 54 , 59 , 61 , 64 , 78 , 136 , 151 , 184 , 218 , 231 , 235 ,

244 , 249 , 255 , 292 , 293 , 298

Dimétricas, projeção geométrica , 101

Disney , 290 , 294 , 325

Disparidade binocular , 12

DNA , 261

DOFs , 310

Educação , 156 , 290

Efeitos , 15 , 16 , 61 , 70 , 186 , 88 , 192 , 194 , 196 , 199 , 208 , 212 , 219 , 220 , 229 , 230 , 231 , 232 , 234 , 256 , 278 , 288 , 297

Elástico , 21 , 310

Elipsoide , 24

Emissoras de luz, fontes , 153 , 187 , 188

Engenharia , 93 , 152 , 223 , 226 , 292

Escala , 54 , 55 , 56 , 61 , 63 , 71 , 94 , 103 , 109 , 141 , 230 , 235 , 253 , 255 , 289 , 308 , 316

Espelhamento , 61 , 63 , 264

Esqueleto , 302 , 303 , 306 , 310 , 312 , 313 , 318

Estéreo , 13

Estereoscópicas , 1 , 5 , 12 , 13

Estímulo , 264 , 291

Euclides, 617 , 18

Euler , 23 , 24 , 25 , 58 , 59 , 60 , 61 , 73 , 74

Fenômenos , 107 , 195 , 199 , 224 , 279 , 283 , 321 , 326

FK , 308

Flexíveis , 17 , 321

Flexores , 306 , 317 , 318

Flipbook , 288

Fluidos , 320

Fogo , 187 , 231 , 296 , 320

Fonema , 319 , 320 , 321

Fotografi a , 3 , 213 , 229 , 230 ,
240 , 289 , 290
Fronteira , 111 , 142 , 143

Genus , 23
Gouraud , 206 , 208 , 209 , 211

Hermite , 105 , 114 , 115 , 116 ,
119 , 120 , 125 , 126 , 132 ,
140 , 145 , 146 , 147
Homogêneas, coordenadas , 29 ,
68 , 69 , 70 , 97 , 99 , 101 ,
135 , 136 , 137 , 150 , 233
IK, animação , 309 , 314 , 315 ,
316 , 317 , 318

Inbetweens , 304 , 325 , 327
Incandescentes, luz , 264
Indústria , 3 , 16 , 156 , 218 , 290 ,
300 , 321
Inércia , 218
Interação , 5 , 6 , 80 , 153 , 165 ,
186 , 187 , 194 , 195 , 199 ,
205 , 214 , 215 , 259 , 297 ,
306
Interface , 3 , 16 , 89 , 293 , 297 ,
317 , 319
Interpolações , 105 , 130 , 131 ,
133 , 141 , 143 , 144 , 145 ,
160 , 249
Invisível , 20 , 180
Isométrica, projeção
geométrica , 101

Jogos , 6 , 17 , 150 , 156 , 223 ,
225 , 228 , 291 , 297m , 299 ,
300 , 307 , 319

Kinematics , 308 , 309

Lâmpadas , 187 , 191 , 221
Lentes , 10 , 11

Malha , 36 , 37 , 38 , 54 , 155 ,
156 , 157 , 163 , 164 , 177 ,
178 , 179 , 205 , 206 , 207 ,
208 , 211 , 215 , 221 , 222 ,
229 , 232 , 234 , 242 , 243 ,
246 , 317
Manifold , 20 , 21 , 22 , 27
Marcadores , 298 , 301 , 302 ,
303
Mecânica , 60 , 72 , 301 , 312
Medicina , 16 , 156 , 292
Memória , 13 , 19 , 41 , 52 , 160 ,
161 , 171 , 184 , 186 , 235 ,
253
Mola , 322 , 323 , 324

Natureza, 4224 , 261
Newton , 261
NURBS , 105 , 151 , 152

Observador , 5 , 6 , 7 , 8 , 10 , 12 ,
13 , 38 , 86 , 87 , 89 , 94 ,
153 , 159 , 172 , 176 , 178 ,
179 , 180 , 181 , 182 , 183 ,
185 , 197 , 199 , 201 , 204 ,
205 , 207 , 208 , 213 , 214 ,
215 , 216 , 220 , 225 , 234 ,
239 , 240 , 264 , 268 , 270 ,
275 , 278 , 288
Oclusão , 7 , 153 , 172 , 181 , 183 ,
184 , 302
Octante , 33
Olho , 5 , 9 , 10 , 11 , 12 , 13 , 39 ,
89 , 179 , 180 , 197 , 199 ,
212 , 213 , 215 , 216 , 225 ,
265
Óticos, sistemas , 299 , 300

Paramétrica , 105 , 109 , 11 , 112 ,
113 , 114 , 121 , 133 , 138 ,
139 , 145 , 215 , 216 , 234 ,
235 , 240
Partícula , 190 , 212

Patches , 143 , 145
Pelos , 241 , 297
Percepção , 1 , 5 , 10 , 207 , 259 , 282
Perspectiva , 5 , 6 , 95 , 96 , 97 , 99 , 100 , 101 , 102 , 109 , 135 , 136 , 151
Phong , 160 , 200 , 202 , 203 , 204 , 205 , 210 , 211
Pixel , 13 , 16 , 41 , 103 , 155 , 164 , 165 , 166 , 171 , 184 , 185 , 206 , 208 , 213 , 214 , 215 , 246 , 247 , 253 , 295
Poliedros , 22 , 23 , 179
Ponteiros , 72 , 144
Popularização , 3 , 290 , 301
Pose-to-Pose , 293 , 294 , 295
Primitivas , 4 , 14 , 16 , 156 , 157 , 158 , 159 , 160 , 163 , 172
Procedural, animação , 297
Programadores , 4 , 52
Projeção , 30 , 39 , 40 , 86 , 87 , 88 , 91 , 92 , 93 , 95 , 96 , 97 , 98 , 99 , 100 , 101 , 102 , 135 , 136 , 137 , 214 , 216 , 218 , 235 , 236 , 288
Projeto , 3 , 16 , 93 , 107 , 120 , 127 , 133 , 138 , 152 , 164 , 218 , 266

Quadrúpedes , 316

Radiosidade , 3 , 218 , 221 , 225 , 226 , 227 , 228
Raio , 56 , 57 , 86 , 91 , 111 , 140 , 170 , 171 , 189 , 196 , 198 , 207 , 212 , 213 , 214 , 215 , 216 , 217 , 218 , 219 , 220 , 221 , 224 , 225 , 239
Raster , 164
Rasterização , 153 , 157 , 160 , 164 , 171 , 206 , 211
Ray-tracing , 3
Realidade Virtual , 6 , 13 , 319

Realismo , 3 , 13 , 16 , 22 , 155 , 156 , 180 , 212 , 223 , 225 , 228
Realizáveis , 1 , 18 , 23
Real-time , 223 , 225 , 228
Recorte , 40 , 158 , 172 , 173 , 174 , 175 , 176
Reflexão , 5 , 8 , 61 , 62 , 63 , 188 , 195 , 197 , 198 , 199 , 200 , 201 , 202 , 203 , 204 , 205 , 215 , 219 , 220 , 225 , 232 , 239 , 242 , 265
Refração , 195 , 196 , 197 , 199 , 212 , 215 , 219 , 220 , 221 , 222 , 224
Resistência , 223 , 302 , 310 , 311 , 312
Resolução , 4 , 16 , 41 , 51 , 107 , 183 , 235 , 244 , 245 , 246 , 252 , 253 , 254 , 255
Reticulado , 317
Retina , 5 , 9 , 10 , 11 , 259 , 260 , 261 , 268 , 279 , 280 , 283
Riemann , 18
Rigidez , 18 , 326
Robótica , 150 , 307
Rotação , 11 , 18 , 29 , 56 , 57 , 58 , 59 , 60 , 61 , 71 , 72 , 73 , 74 , 77 , 83 , 84 , 90 , 139 , 140 , 309 , 310 , 311 , 312 , 315 , 316
Rotoscopia , 285 , 294 , 295
Ruídos , 246 , 289 , 302

Scanners , 4 , 13
Script , 296 , 309
Sensores , 4 , 300 , 302 , 303
Serrilhamento , 186 , 248
Shading , 153 , 205
SIGGRAPH , 3
Simulações , 17 , 156 , 297
Sincronização , 320
Síntese , 4 , 155 , 164 , 212 , 219 , 306 , 319
Sintética , 4 , 13 , 14

Solar, luz , 189 , 190

Sólidos , 14 , 16 , 17 , 18 , 19 ,
20 , 22 , 23 , 27 , 218 , 321 ,
323

Sombra , 5 , 8 , 9 , 10 , 186 , 189 ,
212 , 214 , 220 , 224 , 225 ,
228

Sombreamento , 8 , 153 , 160 ,
186 , 194 , 205 , 206 , 207 ,
208 , 209 , 210 , 211 , 212 ,
225 , 226

Sons , 321

Sotaques , 321

Storyboard , 305 , 325

Suavização , 228

Subdivisão , 27 , 163 , 176 , 209 ,
211

Sweeping , 140

Tecidos , 17 , 229 , 282 , 297 ,
320 , 321

Topologia , 14 , 20 , 21 , 25

Track , 285 , 298

Trajetória , 150 , 194 , 196 , 212 ,
307

Transparência , 186 , 212 , 232

Tricromática, percepção , 257 ,
259

Trilineares , 105 , 143 , 144

Unicidade , 19

Varredura , 171 , 172 , 214

Visão , 6 , 8 , 11 , 12 , 39 , 40 , 93 ,
97 , 98 , 181 , 195 , 213 ,
214 , 259 , 260 , 264 , 270 ,
280 , 281 , 287

Viscosos , 321

Warping , 295

Z-Buffer , 3 , 13 , 161 , 181 , 183 ,
184 , 185 , 186

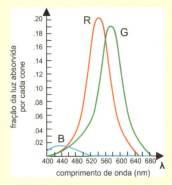

FIGURA 4.1. *Absorções relativas das células cones com comprimentos de ondas próximos da cor azul (B), em torno do verde (G) e próximos da cor vermelha (R), que, junto com os bastonetes, formam a superfície de absorção de nossa retina e dos circuitos neurais associados.*

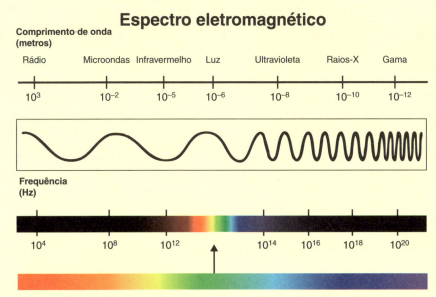

FIGURA 4.2. *Espectro eletromagnético em comprimento de ondas e frequências.*

FIGURA 4.3. *Com um comprimento de onda menor (azul < vermelho) tem-se uma frequência maior (mais ondas azuis que vermelhas) em um mesmo intervalo de tempo ou em uma mesma região do espaço.*

FIGURA 4.4. *Luz branca: sem saturação ou concentração de energia em qualquer faixa de comprimento de ondas.*

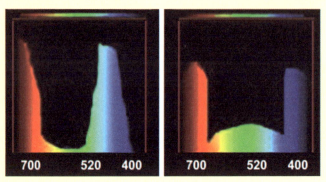

FIGURA 4.5. *Dois espectros de emissão luminosa que produzem a mesma sensação visual de cor magenta (mistura de vermelho e azul): metâmeros.*

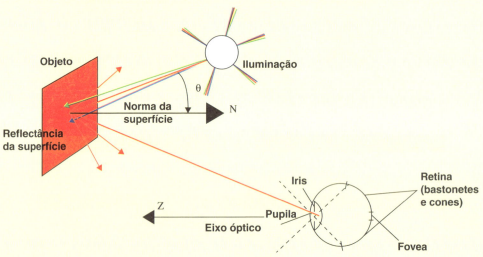

FIGURA 4.6. *Principais "atores" do processo de visão colorida.*

FIGURA 4.7. *Superfícies interagindo com os comprimentos de ondas da luz branca: a reflexão e a absorção influenciam a cor que a superfície aparenta ter.*

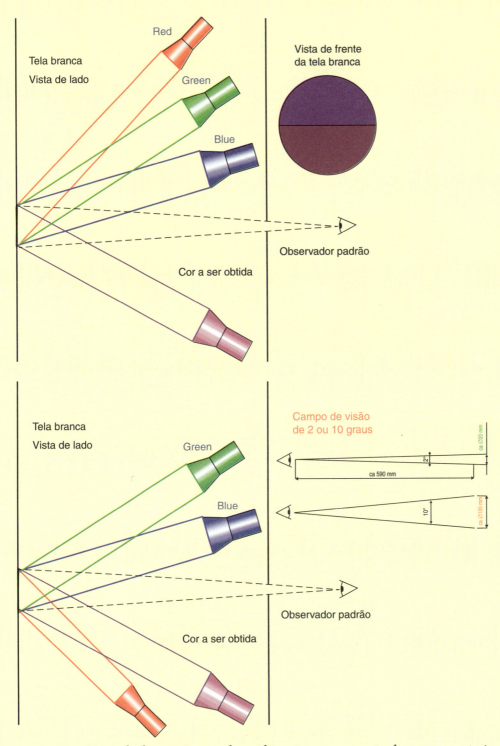

FIGURA 4.10. *Exemplo de experimento de combinação e comparação de cores e possíveis artifícios para casamento da metade de baixo (cor apresentada) e de cima (cor composta pelas primárias), usando um observador humano médio, que visualiza as cores por uma abertura que lhe proporciona um campo de visão de 2 graus.*

FIGURA 4.14. *Cores visíveis descritas em XYZ, vistas em uma projeção na direção ortogonal ao plano X + Y + Z = 1 e no plano XY, possibilitando visões 2D do mesmo plano.*

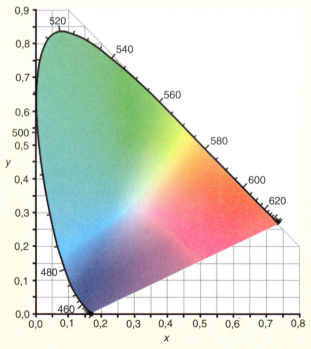

FIGURA 4.15. *Diagrama de Cromacidade CIE.*

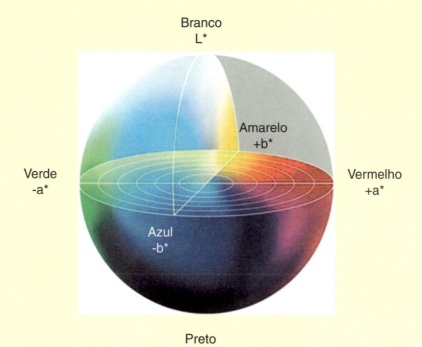

FIGURA 4.20. *CIE/Lab ou La*b**.

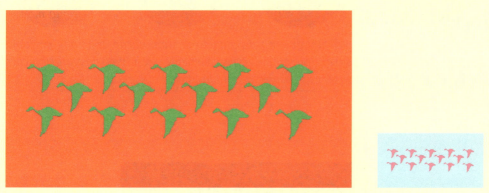

FIGURA 4.21. *Se você ampliar a primeira imagem de modo que preencha toda a tela do seu computador e fixar seu olhar nela por pelo menos 20 segundos, ao olhar para uma parede branca você irá ver as cores da outra imagem.*

TABELA 4.1 Algumas cores no RGB e no LAB

Cor	RGB			LAB		
	R	G	B	L	a	b
	255	0	0	53	80	67
	0	255	0	88	-86	83
	0	0	255	32	79	-109
	255	255	0	97	-21	94
	255	0	255	60	99	-72
	255	100	0	61	56	70
	100	100	100	42	0	0
	100	0	100	22	49	-31
	0	60	0	20	-30	28
	0	50	255	36	65	-101

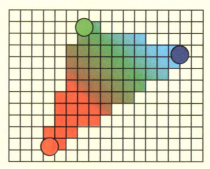

FIGURA 5.4. Interpolação da cor associada aos vértices de um triângulo nas cores dos fragmentos durante a rasterização de primitivas.

FIGURA 5.42. Iluminação de um objeto pelo modelo de iluminação de Phong por uma fonte de luz branca: as figuras apresentam respectivamente o resultado das contribuições dos termos ambiente, difuso, especular e resultado final.

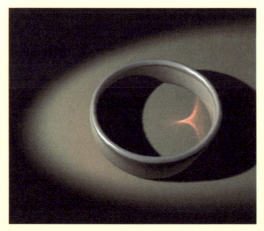

FIGURA 5.55. Concentração de raios em um determinado ponto criando o efeito luminoso chamado Caustic.

FIGURA 5.56. *Exemplo de Radiosidade e sua variação de sombreamento gradual.*

FIGURA 5.59. *Textura 1D e sua aplicação em uma esfera.*

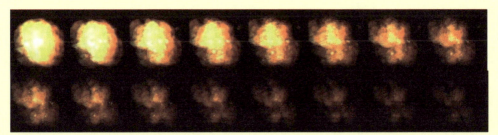

FIGURA 5.61. *Efeito de explosão pré-armazenado em textura. O tempo é usado durante o mapeamento de textura para definir que instante da explosão retratar.*

FIGURA 5.73. *Renderização utilizando (da esquerda para a direita): textura de pele de cobra; mapeamento de rugosidade puro; textura de pele de cobra e mapeamento de rugosidade; e ilustração da malha inalterada após a aplicação do mapeamento de rugosidade.*

B. Canais R, G e B do mapa de normais

A. Mapa de normais

FIGURA 5.75. *(A) Mapa de Normais, onde cada pixel armazena a normal descrita no espaço de coordenadas tangente ao plano utilizando os três canais de cores; (B) canais de cores do mapa de normais, onde o canal vermelho representa a direção horizontal (esquerda-direita), o canal verde representa a direção vertical (para cima-para baixo) e o canal azul representa a direção profundidade (para fora ou para dentro da superfície).*

Projetos corporativos e edições personalizadas
dentro da sua estratégia de negócio. Já pensou nisso?

Coordenação de Eventos
Viviane Paiva
viviane@altabooks.com.br

Assistente Comercial
Fillipe Amorim
vendas.corporativas@altabooks.com.br

A Alta Books tem criado experiências incríveis no meio corporativo. Com a crescente implementação da educação corporativa nas empresas, o livro entra como uma importante fonte de conhecimento. Com atendimento personalizado, conseguimos identificar as principais necessidades, e criar uma seleção de livros que podem ser utilizados de diversas maneiras, como por exemplo, para fortalecer relacionamento com suas equipes/ seus clientes. Você já utilizou o livro para alguma ação estratégica na sua empresa?

Entre em contato com nosso time para entender melhor as possibilidades de personalização e incentivo ao desenvolvimento pessoal e profissional.

PUBLIQUE SEU LIVRO

Publique seu livro com a Alta Books. Para mais informações envie um e-mail para: autoria@altabooks.com.br

 /altabooks   /alta-books   /altabooks   /altabooks

CONHEÇA OUTROS LIVROS DA ALTA BOOKS

Todas as imagens são meramente ilustrativas.

Para completar
A sua coleção...

Neste segundo volume de *Computação Gráfica: Análise de Imagens* são ampliadas as possibilidades de entendimento, implementação e adequada utilização desta tecnologia. Além disso, são apresentados de maneira simples e independente de qualquer conhecimento anterior, todos os subsídios teóricos para que os usuários atuais de imagens digitais, em qualquer de suas formas (de simples aplicativos fornecidos com sua câmera digital, freewares, open sources ou sistemas comerciais mais sofisticados como o Photoshop, Photostyler, CorelPhotoPaint, Premiere e After Effects, ou ainda sistemas específicos como os das scanners médicas e biométricas) possam ampliar seus conhecimentos melhorando a forma como se relacionam, aproveitam e utilizam as imagens.

Imagem meramente ilustrativas.

Este livro foi impresso nas oficinas gráficas da Editora Vozes Ltda.,
Rua Frei Luís, 100 – Petrópolis, RJ.